古代歷史文化研究輯刊

二 編

王明蓀 主編

第 28 冊

信心行傳：中國內地會在華差傳探析（1865～1926）

*The Acts in Faith: The Study of China Inland Mission
and Its Missionary Endeavor in China from 1865 to 1926*

林美玫 著

國家圖書館出版品預行編目資料

信心行傳：中國內地會在華差傳探析（1865～1926）
The Acts in Faith: The Study of China Inland Mission and Its Missionary Endeavor in China from 1865 to 1926／林美玫 著 --
初版 -- 台北縣永和市：花木蘭文化出版社，2009〔民98〕
序 6+ 目 4+214 面：19×26 公分
（古代歷史文化研究輯刊 二編；第 28 冊）
ISBN：978-986-254-005-3（精裝）
1. 中國內地會　2. 傳教史　3. 中國
248.2　　　　　　　　　　　　　　98014323

ISBN - 978-986-254-005-3

9 789862 540053

古代歷史文化研究輯刊
二 編　第二八冊　　　　　ISBN：978-986-254-005-3

信心行傳：中國內地會在華差傳探析（1865～1926）

作　　　者	林美玫	
主　　　編	王明蓀	
總 編 輯	杜潔祥	
出　　　版	花木蘭文化出版社	
發 行 所	花木蘭文化出版社	
發 行 人	高小娟	
聯 絡 地 址	台北縣永和市中正路五九五號七樓之三	
	電話：02-2923-1455／傳真：02-2923-1452	
網　　　址	http://www.huamulan.tw 信箱 sut81518@ms59.hinet.net	
印　　　刷	普羅文化出版廣告事業	
初　　　版	2009 年 9 月	
定　　　價	二編 30 冊（精裝）新台幣 46,000 元	

信心行傳：中國內地會在華差傳探析（1865～1926）

The Acts in Faith: The Study of China Inland Mission and Its Missionary Endeavor in China from 1865 to 1926

林美玫　著

作者簡介

林美玫，美國德州大學奧斯丁分校（University of Texas at Austin, Austin, Texas, U.S.A.）歷史學博士，曾任教於國立中正大學歷史學系暨研究所（嘉義民雄），目前任教於國立東華大學歷史學系（花蓮壽豐）。多年投入基督宗教在華傳播史的研究，學術著作諸如《婦女與宗教：跨領域的視野》（與李玉珍合編）（2003）；《婦女與差傳：十九世紀美國聖公會女傳教士在華差傳研究》（2005）；《追尋差傳足跡：美國聖公會在華差傳探析（1835～1920）》（2006）；《禱恩述源：台灣學者基督宗教研究專書論文引得（1950～2005）》（2006）；以及其他美國聖公會在華差傳研究和台灣聖公會相關研究論文。個人簡歷獲得刊登於 Marquis *Who's Who in the World*（2006～2009），*2000 Outstanding Intellectuals of 21ˢᵗ Century*（2005～2008），*Asia/Pacific Who's Who*（2007～2009）等；目前擔任 *Journal of Anglican and Episcopal History* 的編輯委員（2008～2012）。

中文摘要

關鍵字詞：基督宗教、基督新教、中國內地會、戴德生、教會史、
　　　　　近現代中國、教案、差傳學

　　本書《信心行傳：中國內地會在華差傳探析（1865～1926）》是以十九世
紀中後葉來華的英國籍基督新教傳教士戴德生個人早期在華的宗教傳播經
歷，他本於個人差傳理念籌建中國內地會的經過，以及中國內地會從清季創
立之後對中國內地所進行的教務拓展和傳教事業的建立，為探析主軸。此個
案研究是以戴德生個人決定投入中國差傳的預備期為研究始點，並以民國十
五年（1926 年）中國內地會總主任何斯德致函申明退出中華全國基督教協進
會為研究止點。中國內地會經過長達半個世紀以上在華傳教事業的拓植與差
傳策略的摸索，決定不再寄望透過中華全國基督教協進會作為基督新教跨宗
派為發展中國教會的聯合行動與努力的管道，而堅守戴德生所樹立內地會「純
福音派」的差傳理念，繼續以內地會的傳教方法、差傳策略及宣教理念，繼
續在華開拓傳教事業。

　　對十九世紀中後期到二十世紀前半葉基督新教在華的教會史而言，《信心
行傳：中國內地會在華差傳探析（1865～1926）》是有其特殊意義的。戴德生
個人早期在華進行宗教傳播的經驗，可視為延續自一八○七年基督新教入華傳
播以來早期傳教士先驅者諸如英國倫敦會的馬禮遜、米憐、麥都思，美國公
理會的裨治文、衛三畏，以及原屬荷蘭傳道會的郭實獵等，在清政府因中英
鴉片戰爭戰敗簽訂南京條約（清道光二十二年，1842 年）前後的傳教方法和
差傳模式，再經由戴德生從一八五四年到一八六○年間自己入華後在傳教活動

中摸索合適的傳教策略，並逐漸形塑自己的差傳理念。戴德生面對清政府因天津條約（清咸豐八年，1858 年）和北京條約（清咸豐十年，1860 年）給予西方基督宗教（包括天主教和基督新教）傳教士享有護教權和居住條約口岸的傳教新契機時，返回英國，籌建以他個人差傳理念——以基要主義為本的純福音派——的新傳教團體。由戴德生領導的中國內地會的差傳模式，經由內地會的籌建時期（1860～1865）、初創時期（1866～1874）、茁壯時期（1875～1890）、和轉型時期（1891～1926），在在顯示該傳教團體以及其所屬的外國傳教士和中國教牧團隊在中國境內，包括浙江、江蘇、安徽、江西、山西、雲南、陝西、甘肅、貴州、廣西、四川、湖南、河南、山東、直隸（今「河北」）、新疆等十六省，並開始延伸到福建省以及東北和西藏地區，逐步開展內地會的傳教事業。隨著教會工作的開展，傳教士足跡範圍也相對擴大，中國教牧和教理助手的工作也逐漸加強及受到重視。戴德生和以他的差傳理念所發展純福音派傳教團體的差傳策略，是完全憑信心來籌措內地會經費。有鑑於此，內地會屬於「信心差會」，有別於其他基督新教所支持的「宗派差會」。由戴德生所領導的內地會，為了能將基督宗教廣傳於中國各地，要求所屬傳教士均身穿華服、學習華語來從事各項教務工作。內地會所屬傳教士和中國教牧團隊也同樣憑信心在華生活及管理內地會所屬的中國教會。不論是外國傳教士或中國教牧和信徒，都如同《新約聖經》〈使徒行傳〉裡的初代教會教牧和信徒般，努力高舉「純福音派」差傳理念在中國建立教會。鑑於戴德生與內地會的以基要主義為本的差傳理念，使得內地會在拓展其教域的同時，也主動協助中國教會的自立、自傳與自養。因此，內地會的教務開拓可視作教會本色化的前期工程。由外國傳教士將基督宗教傳給中國人民，再由中國信徒（基督徒）在教會自傳與自養上操練。由此可見，中國內地會的個案研究不但凸顯純福音派傳教團體在教務推展上的差傳力道，同時也隱含此種差傳理念和傳教策略與中國教會的自立、自傳和自養之間的利基與限度，更反應基督新教傳教團體在十九、二十世紀之交是如何適應近現代中國在政治、經濟和社會變遷下的教務拓展形貌。

　　全書共計六章，分別是第一章緒論、第二章戴德生早年事蹟及中國內地會之籌建、第三章初創時期的中國內地會、第四章茁壯時期的中國內地會、第五章轉型時期的中國內地會、以及第六章結論。全書的主要資料來自中華福音神學院圖書館及該神學院的中國教會史研究中心，以及中央研究院近代

史研究所的郭廷以圖書館。書後除參考書目之外附有十個附錄，包括內地會中國助手中文譯名對照表、內地會傳教士名錄中英對照表、內地會佈道所開拓時間表、內地會經費收入一覽表、基督新教來華傳教團體代號與名稱對照表，以及一八六九年、一八八六年、一八九八年、一九〇五年總計四個基督新教在華各傳教團體的事業發展表，最後再以一九二一年中國內地會在中國十六省的教務實力表來展現內地會在基督新教在華傳播史上各重要階段的傳教實力和教務實貌。

總結的說，本書《信心行傳：中國內地會在華差傳探析（1865～1926）》是以筆者當年在政治大學歷史學研究所的碩士論文〈中國內地會之研究（1865～1926）〉為本，做了一些必要的文字潤釋和資料補充而成。但，對於晚近基督宗教（尤其是基督新教）在華差傳研究，尤其是教會中國化、本色化、和處境化的課題方面，十九、二十世紀之交中國內地會在華差傳個案仍是一個不可忽略的起始。全書各章所展現的內地會教務拓展實貌，也將成為筆者日後進一步探析教會本色化（廣義的）的本質與新意的基礎。中國內地會差傳探析所展現內地會各階段的教務拓展實貌，深信將有助於提升基督宗教入華史、差傳學、宗教與文化（特指教案而言）、近現代中國等研究領域的內涵與層次。

英文摘要

Key words: Christianity, Protestantism, China Inland Mission, James Hudson Taylor, mission studies, Modern China, anti-Christian riots, missiology

The Acts in Faith: The Study of China Inland Mission and Its Missionary Endeavor in China from 1865 to 1926 (Xin-xin xing-zhuan: Zhong-guo nei-di-hui zai- hua chai-chuan tan-xi, 1865-1926) is a revised and elaborated edition from the author's former M.A. thesis completed in 1984. To the author, who later becomes a professional historian in mission history and mission studies, the original research on the formation and development of the China Inland Mission (*Zhong-guo nei-di-hui zhi yan-jiu*) successfully serves as a window to explore the academic latitude of the history of Christian missions in China, of which the spiritual strength those male and female missionaries had equipped, the institutional power and efficiency those Protestant missions, either denominational, or undenominational, and or interdenominational, had demonstrated, and the evangelical spirit those Chinese pastors, preachers, evangelists and church helpers had embraced and radiated. As the author has been totally immersed herself in reading those precious missionary resources, all the church history, mission studies, and missionaries' devotional stories related to Christian missions and their evangelical endeavor in China come to be so fresh, amazing, fascinating and inspirational.

For publishing this book, the author has been diligently engaged in a very solid research on *the Occasional Papers* and the *China's Millions*, the two most essential missionary magazines published by the China Inland Mission to detail its evangelical endeavor and church work in the interior of China. To make the study of the C. I. M. missionary enterprise more meaningful, the author also heavily relied upon the information given by the interdenominational missionary magazine *Chinese Recorder and Missionary Journal* (usually abbreviated as *Chinese Recorder*), the archives of the late Qing court in managing the anti-Christian riots and all their consequences from 1860 to 1912 (*Jiao-wu jiao-an-dang*), and the Chinese Christian Year Book from 1914 to 1936 (*Zong-hua ji-du-jiao-hui nian-jian*). More than that, a number of biographies and the stories of the China Inland Mission and its missionaries are very helpful in presenting the C. I. M., its missionary ideology, and its missionary sphere of influence together. Most of these mission work-related biographies and stories were written by James Hudson Taylor (1832-1905), the founder of the China Inland Mission, his son Dr. F. Howard Taylor (1862-1946), his daughter-in-law Mrs. F. H. Taylor (1862-1949, who sometimes used her maiden name Mary Geraldine Guinness in her works), and other important family members and descendents, particularly Messrs. Marshall Broomhall (1866-1937) and Anthony James Broomhall (1911-1994). The reports of the C. I. M. of 1915, 1921 and 1930, and the directories of the C. I. M. of 1910, 1920 and 1930 are very important and helpful in research to understand how many missionaries had been working for the mission in those adventurous years. Most of these precious archives and documents related to the C. I. M. study are conserved in China Evangelical Seminary Library and the Library of Modern History Institute at Academia Sinica, both at Taipei, Taiwan. Because "faith is the substance of things hoped for, the evidence of things not seen," the missionaries came to visit each city, town, and county on mainland China by their own faith in Christ. What the missionaries had experienced was like those early Christians spreading the Gospel in the age of "The Acts" of the Bible. In other words, the study of the C. I. M. and its missionaries in China at the turn of twentieth century can be considered as a book of *The Acts* in faith.

More importantly, the study of the China Inland Mission and its missionary endeavor full of evangelical fervor at the turn of twentieth century still deserves our special attention today if we really want to understand the nature of missionary strategy in the context of so-called "Treaty Century (1842-1943)" in the history of Modern China. The case study will provide some insightful information, if we, as Chinese Christians and non-Christians, continue to inquire the meaning of indigenization of Christianity with its advantages and disadvantages in China and Taiwan at the present time and in the near future. As a matter of fact, the book—*The Acts in Faith: The Study of China Inland Mission and Its Missionary Endeavor in China from 1865 to 1926* can be seen as a case-in-point that highlights how the so-called evangelistic missionary strategy based on fundamentalism in missiology could be put into personal practice and mission's operation from the second half of nineteenth century to the early twentieth century. Of course, J. Hudson Taylor's missionary motto—"Had I a thousand pounds China should have it. Had I a thousand lives China should claim every one."—had been deeply rooted in the evangelical spirit of his age. The book vividly illustrates J. Hudson Taylor, his pious character, how he became a prominent and influential missionary leader in the Protestant missionary circle in China during the late nineteenth century, how he formulated his vision of spreading the Gospel into every possible place in the interior of China, and why he succeeded in making the C. I. M. as an ineradicable part of the vocabulary of Protestant missions in world history. After more than half a century's endeavor, the mission, its missionaries and Chinese workers were fully confident in establishing and managing its missionary stations and out-stations in sixteen provinces. They even tried to do itineration in Fujian, Manchuria and Tibet.

The Acts in Faith is composed of six chapters and ten appendixes. The author attempts to expound the missionary strength of J. Hudson Taylor as an individual, the C. I. M. fellow missionaries and Chinese evangelists as a team, and the whole evangelical missionary enterprise based on fundamentalist theology as an efficient institution. In addition to J. Hudson Taylor's family background (1832-1849) and his early preparation to be a missionary in England (1850-1854), the case study put more emphasis upon the mission's preparation period from 1854 to 1865 when J. Hudson Taylor had his first in-the-field evangelical learning and experience mainly in Eastern China. Near the end of such a preparation, he went back to England with his own missionary vision, and decided to terminate his working relationship with the Chinese Evangelization Society. From 1865 to 1866, he tirelessly advocated the necessity of establishing a new missionary organization aiming at converting the Chinese in the interior. As a result, the C. I. M. had been established with its home office in London to manage mission's financial affairs as well as to recruit new missionaries from England and Europe. To make the mission in good operation, he entitled himself as director general in the China mission field to shoulder all the responsibilities over mission matters. After recruiting the first group of C. I. M. missionaries, J. Hudson Taylor with his fellow workers, 18 adults and 4 children and 22 people in total, took the ship "Lammermuir" in 1866 to China and formally began a new page of their missionary adventure collectively in faith.

After the preparation period, the C. I. M. had undergone its early establishment period (1866-1874), its later enlargement period (1875-1890), and its final transformation period (1891-1926), to formulate the so-called C. I. M. missionary strategy. The case study ends in 1926 when Dixon E. Hoste (1861-1946), who succeeded J. Hudson Taylor in 1903 as the director general to oversee the C. I. M. work, represented the C. I. M. to send an official letter and terminated the mission's cooperation, connection and relationship with the National Christian Council (*zhong-hua quan-guo ji-du-jiao xie-jin-hui*), an inter-denominational organization in the pursuit of making the concerted efforts from all Protestant missions when Christianity enjoyed its zenith of converting hundreds and thousands of Chinese people and of expanding its missionary enterprises all over China on the one hand, and had been threatened for its very existence from the shocks and challenges given by the second wave of nation-wide anti-Christian and anti-foreign nationalism movement during the 1920s on the other.

Nevertheless, after more than half a century of persistent evangelical endeavor, the China Inland Mission zealously and faithfully maintained its pure, evangelical, gospel-oriented missionary approach, which put more emphasis upon the biblical teaching, Christian character education and the medical clinical work, to establish at least one church if possible in every mission station and out-station in the interior.

Near the end of 1926, perhaps it is owe to the missionaries, male and female, mainly under J. Hudson Taylor's supervision, and their faithfulness in implementing the mission's evangelical strategy, the mission succeeded in spreading the Gospel to sixteen provinces. The C. I. M. missionaries enthusiastically made Zhejiang, Jiangsu, Anhui, Jiangxi, Shanxi, Yunnan, Shaanxi, Gansu, Guizhou, Hubei, Sichuan, Hunan, Henan, Shandong, Zhi-li (present Hebei) and Xinjiang, all in their evangelical sphere of influence. After the C. I. M. trained its missionaries to make their best adjustments in their designated stations and out-stations, the missionaries also made great efforts in accommodating themselves to the local customs and Chinese culture by wearing typical Chinese dresses in their itineration routes and speaking the local dialects and the Mandarin official language while doing biblical teaching and other church-related work. All the C. I. M. missionary enterprise had been financed in donations through prayers.

From their deep faith in Christ, it is of no doubt that the C. I. M. led by J. Hudson Taylor first and Dixon E. Hoste later would be so firmly insisted in holding the mission's own perception to spread the Gospel and laid a solid groundwork for Christianity in China, especially when all Protestant missions encountered a great anti-Christian movement led by the Chinese young students during the 1920s. As the book has shown, the C. I. M., with its own interpretation of how to make the indigenous Chinese church in the interior, decided to take its own way to direct all the churches under its auspice to reach the goal of establishing "national church" on the Chinese soil, generally in "three-self" principle—self-governing, self-propagating, and self-supporting. However, based on its own missionary experiences and financial condition, the mission unquestionably intended to practice self-supporting first and reaching the other two goals—self-governing and self-propagating later. In fact, as China had endured one turmoil after another from 1920s to the early 1950s, so did the C. I. M. grasp no opportunity to accomplish its ultimate "three-self" goal of making the indigenous "Chinese Church". The Chinese Communist Party took over the mainland China after the civil war of 1945-1949, and the Communist government claimed its sovereignty over China by forcing all Christian missions out of China in the early 1950s. In the face of such an unprecedented challenge, the C. I. M. itself once again reorganized to be the Overseas Missionary Fellowship in the hope of continuing J. Hudson Taylor and his fellow missionaries' vision of spreading the Christian faith among the Chinese and non-Chinese in Asia, Southeast Asia, and other parts of the world. In sum, the evangelical endeavor of the C. I. M. from 1865 to 1926 provides for all readers who are interested in cultural dialogue through mission studies a magic mirror to the process of transmission of faith from the first missionary stage to the second convert stage in World Christianity.

目
次

推　薦　序

　　林美玫博士日前來舍下敘談時告知，她的新著《信心行傳：中國內地會在華差傳探析（1865～1926）》將由花木蘭文化出版社於近期付梓問世，這一令人欣喜的訊息，不僅我個人感到興奮不已，相信關心此一領域的中外學術界的人士也寄望殷切，盼望早日一睹為快。

　　研究基督教在中國的傳教史雖然對於近代中西文化交流及近代中國社會變遷有其密不可分的關係，但是研究成果質與量還是十分有限，潛心專注長期作研究的學者可謂寥寥可數。林美玫博士在大學生時期的後一兩年發現了進一步瞭解內地會在華差傳經過復原的重要性，及至升到研究所申報碩士論文題目的時候，就決定從事這一方面的探索。在撰寫論文期間，不論是論文的論述主軸或史料的鑑別與取捨都做了仔細的討論，加上林博士天資聰慧，治學勤勉，使這篇論文對於學術研究的貢獻獲得廣泛的讚許和肯定。

　　從大學生時代開始，我就有很多的機會潛心學習與探討基督教的歷史與教義。以後到美國留學，課餘假日多半和一些志同道合的朋友參加教會的聚會與活動，使我的留學生活更覺得豐富與充實。前一世紀七○年代前後在英國求學期間，我交了許多英國國教的年輕朋友，星期天跟他們一起進教堂做禮拜。過去從書本上得來的一些對於英國國教的認識，得到了親身的體驗。那種真實的感覺與書本上文字的描述是截然不同的。當然，受益更多的是修習基督教思想與發展的全年三個學期的課程，讓我正確的瞭解如何以學術研究的態度去探討宗教思想與宗教發展的內容及過程。以上的陳述或者可以說明為什麼我會毫不猶豫的願意承諾寫這一篇序文。

　　林美玫博士最近二、三十年以來一直以研究宗教史和婦女史為她治學與

撰寫論文的重心。她主持有關研究計畫的進行，不辭辛勞的參加國內外相關領域的學術會議，她在學術期刊上發表了為數甚多的論文，她也出版了多種專書論著。本書的出版雖然是以原來碩士論文為基礎，但這些年來，她不斷的在國內外蒐集資料，補充了很多珍貴而必要的材料。因為新材料大量的加入，在敘述與分析討論的部分也隨著要大幅度的增補與翻新。所以舊作只是個引子。新著不只具有新貌，也包含很多新的內容。

　　在青壯派的學者當中，林美玫博士對於教學研究的熱忱與執著，可謂堅定不移，獨樹一幟。一九九四年自美國德州大學奧斯丁分校（University of Texas at Austin, Austin, Texas, U.S.A.）獲得博士學位後回國任教才有短短十五年的時間，能夠努力不懈，獲致如此令人羨慕的豐碩成就，使我這一教育界的老卒彌覺欣慰。

閻沁恆，政大歷史系退休教授

二○○九年八月一日

自 序

「耶和華我的力量阿，我愛祢。耶和華是我的磐石，我的山寨，我的救主，我的神，我的磐石，我所投靠的。祂是我的盾牌，是拯救我的角，是我的高台。……。我遭遇災難的日子，他們來攻擊我，但耶和華是我的倚靠。祂又領我到寬闊之處，祂救拔我，因祂喜悅我。……。至於神，祂的道是完全的。耶和華的話是煉淨的。凡投靠祂的，祂便作他們的盾牌。……。惟有那以力量束我的腰，使我行為完全的，祂是神。……。耶和華是活神。願我的磐石被人稱頌，願救我的神被人尊崇。」節錄自《舊約聖經》〈詩篇〉第十八篇第一～二、十八～十九、三十、三十二及四十六節。

　　當收到花木蘭文化出版社願意將個人當年就讀國立政治大學歷史研究所時完成有關基督宗教在華傳播史的碩士論文——《中國內地會之研究，1865～1926》，重新校訂增潤出書，實在是喜樂、雀躍與感謝。雖然中國內地會之研究碩論的完成是本人進入基督宗教在華傳播史的入門習作，但自校閱論文內容、增補修訂相關史料、檢索核對內地會的各時期的教務拓展表，在在感受到當年深受基督新教基要主義（fundamentalism）和純福音傳教策略（Evangelical missionary strategy）影響的內地會創辦人戴德生（James Hudson Taylor, 1832～1905）和龐大的內地會差傳團隊的那股宗教熱忱、虔敬愛主的心，使得傳教士們，不論男女，願意憑信心進入中國內地，將基督宗教傳給與他們文化與信仰截然不同的中國人民。當然，中國內地會所從事的宗教傳播，僅止於雙向度和多方位文化對話的開始，傳教士們熱心有餘，是否為中國人民所接受又是另一個課題。但，無論如何，內地會從戴德生基於個人早

期在華差傳經驗所創立內地會，在他個人領導下逐步地發展出內地會式的福音派傳教理念與差傳模式。經過超越半個世紀以上的摸索與調整，到一九二六年該會總主任何斯德（Dixon E. Hoste, 1861～1946）正式行文退出由中華全國基督教協進會所主導在華新教傳教團體跨宗派教務推展的合作。此舉不僅顯示內地會堅守其特有的差傳模式，不認同當時協進會的差傳理念和其對政教關係的看法，也代表內地會自一八六五年創立以來隨其傳教事業的拓展而對後續教會工作發展的自信。雖然本書各章節僅能呈現冰冷的教務拓展數據與教會工作圖像，在那些傳教工作數據、圖像背後所無法呈現內地會差傳團隊當年那種雖千萬人吾往矣的宗教信念，或許可以從自序中所節錄《舊約聖經》〈詩篇〉第十八篇的文字裡，獲得一些心靈對話的機會。

　　筆者從這次修改增補碩論的內容中，再次感受到台灣教會史的研究前輩林治平教授在——〈心靈與誠實：從生命教育的角度談中國基督教史的研究〉（二〇〇五年香港舉行「第四屆近代中國基督教史研討會」的專題演講）中所指出從事基督宗教研究者應掌握的研究態度。他強調研究基督教者必須以心靈和誠實的態度，發揮同理心，才能「進得去」傳教士及傳教團體的差傳世界，瞭解基督教信仰中的宣教狂熱。同時，研究者不應堅持僵硬、客觀、專業的學術訓練，為保持「出得來」的客觀而拒絕研究中「進得去」的必須。研究者應勇於在該進去時「進得去」，該出來時「出得來」。從本書的字裡行間，筆者當年便已不自覺地且並不全然純熟地懷抱此種學術心情，處理戴德生個人傳記資料和中國內地會的教務史料。《信心行傳：中國內地會在華差傳探析（1865～1926）》能正式成書，首先要感謝的是當年指導此論文的閻沁恆教授給我的學術訓練，以及查時傑教授和陳一萍老師在教會史和內地會資料上的專業指導與提供。沒有他們在學術上的提攜與要求，就沒有今天的我。閻師和查師雖已相繼從政治大學和台灣大學退休，但仍無時無刻地教導我為人、處事和問學。陳一萍老師在內地會史料解讀和戴德生家族關係建構方面，給予我很多指引。陳老師離開中華福音神學院中國教會史研究中心多年，目前為美國波士頓郊區華人聖經教會師母。另一方面，遺憾的是，當年在社會史方面給予我相當鼓勵的戴玄之教授（1922～1990）已過世多年，在碩論口考時積極鼓勵我出國進修且繼續鑽研教會歷史，無法親見這本書的出版。除了向專業研究的師長致謝，也須向當年在台灣基督長老教會公館教會從事牧養的陳獻平牧師和大學摯友蔡素娥女士表達感恩。在筆者處理龐雜英文資料

和中文檔案而身心疲憊時，陳牧師一直在信仰上給予許多的勉勵和提醒。素娥則是無時無刻地伸出援手，抒解研究中的焦慮，幫忙校對碩論文稿，盯住修稿進度，和協助排版打字和印刷。如今，陳牧師已退休，但仍是筆者信仰上的導師。素娥也成爲美國紐約哥倫比亞大學亞洲圖書文獻典藏的專家了。筆者相信他們都會爲內地會研究碩論的增修和出版而倍覺歡欣。

在接受花木蘭文化出版社的邀請準備修潤碩論底稿之時，筆者最親愛的母親林石全美女士（1918～2008），且始終是我多年投身教會史研究的忠誠支持者和財務供應者，已於二〇〇八年農曆春節時回到天家，無法親觀這本論文改寫成書的果實。由於母親一直以外祖父石紫階牧師（屬瑞典行道會早期中國教牧，主理湖北黃州〈今「黃岡」〉福音堂）和外祖母郝葆眞女士希望後代子孫能爲教會歷史留下記錄的心願爲念，尊重與容忍當年身爲碩士生的我，初次處理教會歷史資料的茫然與失措，竟將內地會研究資料攤放散置在家中除了廚房和家母臥室之外的每一個角落。家中飯廳的長型大餐桌充作研究書桌更長達兩年半之久。通過碩論口考之後，母親才告訴我外祖母在拳亂發生時還是一位未出嫁的姑娘。因她全家都是瑞典行道會的中國教友，爲了保護兩位行道會傳教士，不僅住屋被焚燬，兩位傳教士仍難逃死劫，外祖母自己則勇敢地背著幼弟逃出拳匪包圍而倖免於難。當然，《教務教案檔》中也記載了清政府對此教案個案的後續處理和賠款金額。這眞實生命故事或許是一向律己甚嚴且重視家中清潔秩序的母親，能展現最大包容度背後的眞正原因。支持我盡力將碩士論文完成，也成爲她紀念外祖母親恩的表達。往事歷歷在目，當我有機會增修內地會的碩論，也成爲我紀念母親親恩的心情。除此之外，戴德生的曾孫戴紹曾（James Hudson Taylor III, 1929～2009）院長，我曾在二〇〇七年香港紀念馬禮遜來華傳教二百週年的學術研討會上短晤和交談。原以爲會有機緣再度相會，並將內地會的著作向戴院長當面請益。難過的是，這位全心延續戴家爲中國人民及海外華人社會而高舉差傳之火，且曾先後擔任過高雄聖光神學院院長（1960～1970）和台北中華福音神學院首任院長（1970～1980）的第四代家族代表和教界領袖，已於二〇〇九年三月辭世，遂無緣讀到這本論述內地會差傳精神的論著。

但，筆者深信「一粒麥子不落在地裏死了，仍舊是一粒。若是死了，就能結出許多子粒來。」（摘自《新約聖經》〈約翰福音〉第十二章第二十四節）對參與內地會在華傳教事業的眾傳教士們和中國教牧們而言，雖然絕大多數

已經不在人世，但他們的差傳精神和宗教理念，誠如《舊約聖經》〈詩篇〉第十八篇所展現的，將延續在他們的子子孫孫的身上。以戴氏家族爲例，自戴德生以降已經歷了戴德生、戴存仁（Herbert Hudson Taylor, 1861～1950）、戴永冕（James Hudson Taylor II, 1894～1978）、戴紹曾和戴繼宗（James Hudson Taylor IV, 1959～）整整五代投入基督宗教植根於華人社會的福傳運動。至於從事教會歷史寫作的我，將秉持文字傳心，理念傳意，信仰傳情的信念，繼續忠實地記錄基督新教傳教士們來華開展教會事業的差傳足跡。總結的說，《信心行傳：中國內地會在華差傳探析（1865～1926）》將提供今日全球化社會如何進行宗教對話與宗教傳播一面鏡子，鑒往知來，爲二十一世紀文化地球村的和平進展而努力。

第一章　緒　論

　　基督宗教（Christianity）〔註1〕傳教團體（mission）〔註2〕在華活動，是近代中西接觸、文化交流不可忽視的一環。清代之前，基督宗教傳教團體及個人均未帶給中國強烈文化震撼與社會衝突。唐代，基督宗教之中的景教聶斯托留派（Nestorianism）傳入中土。景教在宗教用語、教義理念、會堂建築上力求與中土習俗相吻合，甚至披染道、釋二教色彩，藉以伸展教勢，但仍無法免於武宗禁佛的波及，終致一蹶不振。〔註3〕其主因在景教既未深入中國文化核心，也未發揮宗教特色廣納信徒，景教僧侶又愛參與政治，教勢盛衰遂完全繫於政潮起伏和帝王好惡。元代的基督宗教被稱作「也里可溫」教（Arkägün）；因也里可溫爲蒙古語，是蒙古人對基督徒的稱謂。〔註4〕「也里可溫」教雖因蒙古

〔註1〕關於"Christianity"一字的中譯，有鑑於國人常習於將"Christianity"與
　　　　"Protestantism"皆譯作「基督教」；但，本文因強調"Christianity"的教義及
　　　　歷史傳統，筆者使用「基督宗教」一詞來表示"Christianity"。此外，文中提
　　　　及"Protestantism"和"Catholicism"，爲了避免造成這些專有名詞的字義上
　　　　的混淆，筆者將"Protestantism"中譯爲「基督新教」或「新教」，著重在新
　　　　教各宗派的宗派發展及特色。至於"Catholicism"，筆者沿用國人所熟悉的
　　　　「天主教」或「羅馬天主教」或「舊教」一詞作爲中譯，以釐清這三者之間
　　　　的差異。
〔註2〕有關"mission"在基督宗教中的意涵，可參考 *The Encyclopedia of Americana*
　　　　(Danbury, Connecticut: Grolier Incorporated, c 2000), pp. 187～188.
〔註3〕楊森富，〈唐元兩代基督教興衰原因之研究〉，林治平主編，《基督教入華百七
　　　　十年紀念集》（台北：宇宙光出版社，1978年4月再版），頁31～51。
　　　　涂世華，〈景教在中國天主教傳教史上的地位與興衰〉，《道風漢語神學學刊》，
　　　　第五期，頁150～165（1996年）。
〔註4〕「也里可溫」意作福份人，或有緣人，或信奉福音之人。此轉引蔡錦圖，《戴

人多神崇拜的宗教態度及皇室的支持而興盛一時，却因信徒道德行為低劣、發展過於集中在京城通衢、講道和聖經未改用中文等因素，難逃隨元室衰亡而沉寂的命運。〔註5〕明代，基督宗教主流之一的天主教（Catholicism）因地理大發現，隨西、葡海外貿易再度來華，其中以耶穌會利瑪竇（Matteo Ricci, 1552～1610）的傳教方式——習華語、著華服、以西學為媒介，結交上層社會知識分子和政府官員——最為成功。然因其儀式殊異於道、佛二教、又積極參與朝政致毀譽參半，引起部分士人懷疑天主教傳教士懷有領土野心，〔註6〕破壞中國倫常之說風傳一時，致眾口鑠金，更加深情代紳民對基督宗教的誤解。〔註7〕清初，復因禮儀之爭，導致康熙帝與羅馬教廷衝突。清廷與羅馬教廷的衝突，並未因禮儀之爭的落幕而告一段落，反而因天主教傳教士在宗教、政治、文化上的衝撞，導致雍正帝的禁教，西學也隨之中斷。〔註8〕綜觀基督宗教（尤其是指天主教）在雍正禁教前的傳佈，確實有其根本困境。對天主教在華的宗教傳播而言，如何調和中國傳統文化並保存自己特有宗教原質的難題，隨著時空的演變已無法漠視，兩者的衝突迫在眉睫，使得雙方以後的接觸將再難如往昔般平靜詳和。

　　基督新教（Protestantism，或稱作「新教」），為基督宗教在十六世紀歐洲宗教改革（The Reformation）後的另一主流，自嘉慶十二年（1807 年）倫敦會（London Missionary Society）派馬禮遜（Robert Morrison, 1782～1834）來華，便迎向這個難題挑戰。〔註9〕馬禮遜、米憐（William Milne, 1785～1822）、郭實

德生與中國內地會（1832～1953）》（香港：建道神學院出版社，1998 年 2 月初版），頁 27。

〔註5〕王治心，《中國基督教史綱》（台北：文海出版社，1966 年），頁 56～60。龔天民，《唐朝基督教之研究》（香港：輔僑出版社，1960 年 6 月初版），頁 13。

〔註6〕Kenneth Scott Latourette（賴德烈或來德里），*A History of Christian Missions in China* (Taipei: Ch'eng-wen Publishing Company, reprinted, 1973), pp. 85～101.

〔註7〕張維華，〈南京教案始末〉，包遵彭編，《中國近代史論叢》（台北：正中書局，1959 年 3 月台二版），第二輯，第二冊，頁 201～236。

〔註8〕楊森富，《中國基督教史》（台北：台灣商務印書館，1978 年 4 月三版），頁 126～146，155～158。另一方面，本書中所謂「傳教士」，是指基督宗教信仰的傳播者，尤其是指向未曾接觸基督宗教之地傳教的人，參見蔡錦圖，《戴德生與中國內地會（1832～1953）》，頁 3。

〔註9〕唐遠華，《基督教教會及其傳教方法在近代中國本土化之發展》，國立師範大學歷史研究所碩士論文，1981 年 12 月，台灣台北。第一章，第二節，頁 7～11。作者指出基督宗教與中國文化調和的原則在於聖經與文化並重、因時因

獵（Karl Friedrich August Gützlaff, 1803～1851）等人的傳教事蹟，﹝註10﹞是基督新教對華傳教準備時期（1807 年～1842 年）的活動剪影。﹝註11﹞傳教士礙於中國閉關自守政策，僅能在澳門、南洋等地從事聖經翻譯，撰寫福音小冊，編訂華英字典、文法，向來往中國商販學習華語兼及傳教。﹝註12﹞道光二十年（1840年），中英鴉片戰爭爆發，中國戰敗，簽訂南京條約（道光二十二年七月二十四日；1842 年 8 月 29 日），開廣州、福州、廈門、寧波、上海五口通商，使新教傳教團體得以正式踏入中土，傳教事業重現曙光。﹝註13﹞再加上兩次英法聯軍，中國戰敗，簽訂天津（咸豐八年，1858 年）、北京（咸豐十年，1860 年）條約，使傳教士活動合法化，賦予深入內地的權利。﹝註14﹞新教各傳教團體和傳教士趁機擴張教力，亦蒙上「帝國主義工具」的罪名。﹝註15﹞中國內地會（以下為行文方便，有時簡稱作「內地會」）創辦人戴德生（James Hudson Taylor, 1832～1905）於咸豐四年（1854 年）到華，其後建立內地會（同治四年、1865 年）便是掌握此有利傳教的新形勢，成為新教內地傳教拓展及發展時期（1860 年～1911年）一個出色的個案。﹝註16﹞民國成立以後，由內地會在華傳教事業的延續，

地制宜，並保存教義原質。
關於馬禮遜入華傳教的種種挑戰，可參考蘇精，《中國，開門！馬禮遜及相關人物研究》（香港：基督教中國宗教文化研究社，2005 年 6 月）。

﹝註10﹞ Marshall Broomhall（海恩波），ed. *The Chinese Empire: A General & Missionary Survey* (London: Morgan & Scott, 1907), pp. 11～16.

﹝註11﹞ 趙天恩，〈從華人教會發展史看教會增長〉，林治平主編，《近代中國與基督教論文集》（台北：宇宙光出版社，1981 年 11 月初版），頁 347。
關於鴉片戰爭前基督新教傳教活動的研究成果及研究進路，可參見林美玫，《追尋差傳足跡：美國聖公會在華差傳探析（1835～1920）》（台北：宇宙光全人關懷機構，2006 年 7 月初版），頁 34～48。以下簡稱《追尋差傳足跡》。

﹝註12﹞ 查時傑，〈一百七十年來的基督教〉，林治平主編，《基督教入華百七十年紀念集》，頁 5～10。

﹝註13﹞ 李定一，《中國近代史》（台北：台灣中華書局，1974 年 7 月台十八版），頁 47～54。

﹝註14﹞ 郭廷以，《近代中國史事日誌》（台北：編者自印，1963 年 3 月初版），第一冊，頁 278～282。

﹝註15﹞ T'ang Liang-li（湯良禮），"Missions, the Cultural Arm of Western Imperialism", Jessie G. Lutz（魯珍晞）ed., *Christian Missions in China, Evangelists of What ?* (Boston and D. C.: Health & Company, 1996), pp. 51～56.此書及文章的中譯，參見 Jessie G. Lutz 編，王成勉譯，《所傳為何？：基督教在華宣教的檢討》（台北縣新店市：國史館，2000 年），頁 115～130。

﹝註16﹞ *China's Millions* 為中國內地會教務刊物。台北中華福音神學院藏有清光緒元年到二十五年（1875～1889）的微卷。此刊物由陳一萍譯為「億萬華民」。*China's*

更能看出這個新教的「純福音派」（Evangelism）團體在教會本色化（Indigenization，或稱作「本土化」，亦可譯作「處境化」〈contextualization〉）潮流〔註17〕與中國政治、經濟、社會、文化變遷中適應的實貌。

再就基督新教傳教團體如何順應清季到民初變局而論，自光緒三年（1877年）起，新教各宗派（denomination）〔註18〕在華傳教團體開始陸續在上海召開全國教務會議（General Missionary Conference），討論傳教工作性質及範圍，研究儒、釋、道與基督宗教的關係，比較團體和個人傳教方法並交換心得，重視醫療傳教、婦女工作、文字宣傳的功能，分析雇用本地助手（native assistant）的利與弊及中國教會自傳的可行性，注視鴉片對基督宗教傳播的負面影響，商討教會對中國祭祖應有的態度和傳教士在民教糾紛中應該把握的分寸。〔註19〕不論是傳教團體抑或是傳教士個人，都期待在中英滇案簽訂煙台條約（光緒二年七月二十六日；1876 年 9 月 11 日）所給予的傳教契機中，能將觸角更深入中國內地。〔註20〕光緒十六年（1890 年），新教傳教團體面對日益蓬勃發展的自強運動，〔註21〕欲有效運用西方工業革命後社會所提供的財力，〔註22〕再度調整在華傳教事業的方針，乃舉行第二屆全國教務會議，〔註23〕檢討前次大會

Millions v. 1877, no. 9, pp. 104, 119～121.

關於戴德生，創立內地會時的相貌，可參見顧衛民輯，《鏡頭走過：內地會在華百三十年圖片集》（台北：宇宙光傳播中心，1998 年 4 月初版），頁 3。以下簡稱作《鏡頭走過》。

關於鴉片戰爭後基督新教在華傳教活動的研究成果及研究進路，可參見林美玫，《追尋差傳足跡》，頁 48～75。

〔註17〕 林榮洪，《風潮中奮起的中國教會》（香港：天道書樓，1980 年 5 月初版），頁 90～96。所謂 "indigenization" 的定義，依據 *Webster's Third International Dictionary* (U.S.A.: Merriam-Webster, c1961, 1993), p. 1151，為 "to cause to have indigenous characteristics; adapt to indigenous conditions or practices (an excellent way of indigenizing what would otherwise remain a foreign system…)"。

〔註18〕 所謂 denomination 或 denominationalism 的意涵，參見 "Denominationalism" in *The Encyclopedia of Religion*, ed. by Mircea Eliade (New York: Macmillian Publishing Co., 1987), volume 4, pp. 292～298.

〔註19〕 趙天恩，〈從華人教會發展史看教會增長〉，林治平主編，《近代中國與基督教論文集》，頁 348～352。

〔註20〕 郭廷以，《近代中國史綱》（香港：中文大學出版社，1980 年第二次印刷），上冊，頁 220～221。

〔註21〕 李定一，《中國近代史》，頁 121～126。

〔註22〕 David Thomson, *Europe Since Napoleon* (New York: Alfred A, Knopt, 2nd edition, 1965), pp. 347～362.

〔註23〕 *China's Millions*, v. 1890, no. 63, p. 108.

決議執行的成效與因應新局之道。此次會議重點在強化大會組織；比較中國字和羅馬拼音的優缺點，謀求制訂統一聖經文理譯本；探討傳教士品質，平信徒團體（Lay agency）工作範圍及堂內、街頭、巡迴傳教三種方式的適用性；交換婦女工作及教會女子學校辦理的心得，及單身未婚女傳教士投入在華傳教事業的可行性；檢討教會醫療、慈善、教育事業已有的工作成效；繼續加強新教文學與中國古典書籍交流、傳教團體與中國政府的溝通。〔註24〕與會者希望能兼顧教會發展、文化調適與政教合諧。光緒三十三年（1907 年）新教團體為紀念馬禮遜來華傳教一百週年，應付日漸緊張中外政治情勢，〔註25〕和充分運用西方新興學生海外獻身運動（Student Foreign Volunteer Movement）所提供的人力，〔註26〕召開第三屆全國教務會議。平心而論，第三屆會議議題並未超出以往兩屆會議的範疇；但，中國教會本身發展導向已是本次大會各方矚目的焦點。如何提昇信徒精神生活，培植中國教會領袖人才，面對反教民族文學的挑戰，爭取中國高級知識分子歸主，改善教會學校品質，扶助中國教會本色化發展並尊重信徒自立、自傳、自養的意願等，皆成為核心議題。〔註27〕各項核心議題的討論對往後傳教事業的延續影響至大。民國二年（1913 年），第四屆全國教務會議通過成立「中華基督教續行委辦會」（China Continuation Committee），負責執行全國教務會議決議案，提倡宗派合作以因應民國以來傳教事業的發展。〔註28〕民國十一年（1922 年），第五屆全國教務會議促成「中華全國基督教協進會」（The National Christian Council of China）的誕生，取代「中華基督教續行委辦會」的地位，提供新教各傳教團體諮商服務，幫助中國教會健全發展。〔註29〕第四、五兩屆大會顯示出新教各傳教團體對調合文化、宗教間差異所做

〔註24〕 S. L. Baldwin（包德溫），*Chinese Recorder and Missionary Journal.*（教務雜誌）Foochow, Rozarie Mareal and Co., microfilmed by Micro Photo Inc., v. 20 no. 1, pp. 27～31 (1889). 以下簡稱 *Chinese Recorder*。

〔註25〕 郭廷以，《近代中國史綱》，頁 351～399。

〔註26〕 *Chinese Recorder* v. 27, no. 10, pp. 476～478 (1896).
C. J. Phillips, "The Volunteer Movement and Its Role in China Missions, 1886～1920", John King Fairbank（費正清）ed., *The Missionary Enterprise in China and America* (Cambridge Mass.: Harvard University Press, 1974), pp. 91～109.

〔註27〕 *Chinese Recorder* v. 37, no. 6, pp. 316～322 (1906).

〔註28〕 中華續行委辦會編，《中華基督教會年鑑（一），1914》（台北：中國教會研究中心與橄欖文化基金會重印，1983 年 3 月，台再版），頁 140～146。

〔註29〕 中華續行委辦會編，《基督教全國大會報告書》（上海：商務印書館，1923 年版），第六章，頁 93。

的努力；和中國教會領袖及信徒地位提昇、肩負中國教會本色發展重任的教會新形勢。〔註30〕

　　由上述五屆基督新教傳教團體全國教務會議所關心的問題，使吾人得以認識其傳教事業演變的梗概。新教傳教事業發展過程中，雖然多次調整腳步，中西文化交流並未因是得以順利開展。清季教案頻仍，加深民教之間的誤會。此係傳教事業與西方砲艇侵略政策和行動難以分離，中西社會習俗差異致詆目取睛、丸藥惑人等謠傳引發民憤，再加上傳教士恃約違法恣行，以及中國官紳維護尊嚴私利的鼓動所致。〔註31〕民初，知識分子視反教爲救國必要手段，改以西方傳來的理性、科學向基督宗教大加撻伐。〔註32〕自由主義者如胡適對宗教持疑而倡「社會不朽」，〔註33〕無政府主義者如李石曾、劉師復因反對任何形式的權威遂反對宗教，〔註34〕馬克斯主義者如陳獨秀、李大釗強調科學和唯物主義，〔註35〕蔡元培則力主以美育代替宗教。〔註36〕學生更因日本對華提出二十一條要求（民國4年，1915年），巴黎和會（民國8年，1919年）未予中國合理待遇以收回山東權益，華盛頓會議（民國10年，1921年）強權對中國關稅

〔註30〕查時傑，〈民國基督教會史（二）〉《國立台灣大學歷史學系學報》，第九期，頁279～284（1982年2月）。此論文已收入查時傑，《民國基督教史論文集》（台北：宇宙光傳播中心出版社，1994年3月初版），頁59～125。
　　　　關於中華續行委辦會和中華全國基督教協進會的性質及發展，可參考王成勉，〈基督教合作運動之困境——「中華全國基督教協進會」之研究〉，張啓雄主編，《二十世紀的中國與世界》（臺北：中央研究院近代史研究所，2001年），頁695～732。此論文已收入王成勉，《教會、文化與國家：對基督教史研究的思索與案例》（台北：宇宙光全人關懷機構，2006年7月初版），頁99～140。

〔註31〕呂實強，《中國官紳反教的原因（1860～1874）》（台北：中國學術著作協助委員會，1973年8月再版），頁3～8。

〔註32〕Ka-che Yip（葉嘉熾），*Religion, Nationalism and Chinese Students: The Anti-Christian Movement of 1922～1927* (Bellingham Weshington: Western Washington University, 1980), pp. 1～3.

〔註33〕胡適，〈不朽〉，《新青年》，1919年2月15日（東京：大安株式會社，1963年1月影印本），第六冊。

〔註34〕劉師復，〈無政府共產主義釋名〉，《師復文存》（廣州：1928年），頁14、19。李石曾，〈北京非宗教大會演講之二〉，張欽士編，《國內近十年來之宗教思潮》（北京：燕京華文學會，1927年），頁201～207。

〔註35〕陳獨秀，〈再論孔教問題〉，《新青年》，1917年1月1日（東京：大安株式會社，1962年8月影印本），第二冊。

〔註36〕蔡元培，〈以美育代宗教〉，《新青年》，1917年8月，前引書，第二冊。

自主、取消治外法權的請求根本置之不理，以及國內軍閥派系戰爭方熾，各自擁有列強作後盾等政治情勢感到不滿，遂將憂國情緒宣洩在另一帝國主義象徵——教會及其在華傳教事業上。〔註37〕此迥異於清季的反教浪潮，加速了新教傳教團體培植中國教會人才的作為，更促使中國教牧眞正由幕後走向幕前，肩負教會本色化的責任，使基督宗教（尤其是指基督新教）成為中國的基督宗教。

中國內地會（China Inland Mission）在華傳教活動，正是十九、二十世紀基督新教傳教團體在華事業發展的一個縮影。內地會面對清季到民國時代的變遷所發生迎戰、調整、順應的過程，有助於吾人對新教團體在華推展教務之實質的基本認識。當然，內地會的發展模式無法涵蓋新教乃至整個基督宗教（主要包括天主教、東正教及新教）傳教團體在華事業的全貌。但是，內地會的個案研究可以提供其他基督宗教（尤其是指新教）傳教團體個案研究的線索，如此追蹤探討，不失為窺得全豹的途徑。綜觀台灣學界在近代基督新教教會史偏重中國層面的研究趨勢裏，民教衝突、教育事業、教會本土化、文字工作方面皆有內容精闢的作品。〔註38〕然而在西方基督新教傳教團體如

〔註37〕 Ka-che Yip, *Religion, Nationalism and Chinese Students*, pp. 5～14.
　　　　關於二十世紀初期二十年基督新教在華傳教活動的研究成果及研究進路，可參見林美玫，《追尋差傳足跡》，頁281～297。

〔註38〕 （一）民教衝突方面有呂實強，《中國官紳反教的原因（1860～1874）》；林文慧，《清季福建教案之研究》（台北：國立政治大學歷史研究所，碩士論文，1981年6月；台北：臺灣商務印書館，1989年4月初版）；陳銀崑，《清季民教衝突的量化分析（1860～1899）》（台北：國立師範大學歷史研究所，碩士論文，1980年6月；台北：臺灣商務印書館，1991年9月初版）等著作。

　　　　（二）教育事業方面有胡國台，《早期美國在華教育事業之建立（1830～1900）》（台北：國立政治大學歷史研究所，碩士論文，1979年6月）；李玉瑛，《近代中國基督教教育之發展（1842～1930）》（台中：私立東海大學歷史研究所，碩士論文，1983年4月）等著作。

　　　　（三）教會本土化方面有唐遠華，《基督教教會及其傳教方法在近代中國本土化之發展》，前引文。另外，關於清季到民初教會本土化（亦稱為「本色化」的討論，可參看林治平主編，《基督教與中國本色化國際學術研討會論文集》），（台北：宇宙光出版社，1990年3月初版），頁258～547。

　　　　（四）文字工作方面有朱麗芝，《西方傳教士在華早期的報業探討》（台北：私立文化大學哲學研究所，碩士論文，1976年6月）；黃昭弘《清末萬華西教士之政論及其影響》（台北：國立政治大學政治學研究所，碩士論文，1970年6月；台北：宇宙光播中心出版社，1993年9月初版）；蔡忠梅，《從教會新報看今日教會文字功能》（台北：中華福音神學院，道學碩士論文，1979年6月）等著作。

何因應中國對基督宗教各項反應並加以調適的研討上，仍是隱晦不明。有鑑於此，中國內地會個案研究正是針對這較弱研究層面所作的初步嘗試。筆者期許在這迷濛的層面上見出其輪廓。

內地會本於戴德生早年在華傳教經驗，孕育其特有的傳教原則。即不干擾在華各傳教團體原有工作，組織成員不分宗派國籍，民教衝突不訴諸本國政府以求取報復，不自動募款籌措經費，傳教士皆著華服、習華語，且主動協助中國教會自立、自傳、自養，〔註39〕逐漸發展成超宗派具相當規模的傳教團體。〔註40〕此種特質在差傳組織性質上屬「信心差會」，有別於基督新教宗派教會所支持的「宗派差會」〔註41〕內地會結合德國、芬蘭、挪威、瑞典、丹麥等國傳教團體力量。在戴德生的領導下，其事業發展至民初為止，該會踪跡已遍布浙江、江蘇、安徽、湖北、山西、陝西、甘肅、四川、雲南、貴州、山東、直隸（今名「河北」）、河南、湖南、福建、新疆十六省及西藏、東北（昔名「滿州」，Manchuria）兩地區。〔註42〕由於戴德生「基要派」（Fundamentalism）〔註43〕的神學觀念——重視人「屬靈方面的需要」、言行舉止完全倚靠神，尤其強調以禱告支取日常生活所需，〔註44〕支配全部會務發展方向；因此，內地會成員被要求具備良好信仰根基，能吃苦耐勞，以信心克服生活、工作上的困難。〔註45〕戴氏個人偏重巡迴傳教發展事業的方式，自有其合乎聖經、適於中國地廣語雜、避免民教糾紛、且能在最短時間擴展到最遠地區的優點，〔註46〕也成為內地會拓展教務

〔註39〕 K. S. Latourette, *A History of Christian Missions m China.*, pp. 385～386.

〔註40〕 楊森富，《中國基督教史》，頁 210。

〔註41〕 J. Herbert Kane, *A Concise History of the Christian World Mission: A Panoramic View of Missions from Pentecost to the Present* (Grand Rapids, Michigan: Baker Book House, 1978)，pp. 80～86.十九世紀英美基督新教傳教團體已發展出四種類型的差會：（1）超宗派差會，（2）宗派差會，（3）信心差會，及（4）專門性差會。

〔註42〕 *Report of the China Inland Mission, 1930: We Wrestle* (London: China Inland Mission, 1930), p. 57 and Appendix pp. 6～30.（以下簡稱「一九三〇年內地會年冊」）

〔註43〕 所謂 fundamentalism，參見"evangelical and fundamental Christianity" in *The Encyclopedia of Religion,* ed. by Mircea Eliade, volume 5, pp.190～197.此派神學堅信聖經是最高權威，唯有重生才能得救。信徒應有讀經、禱告、道德行為、參與傳教等重生表現。

〔註44〕 Dr. and Mrs. F. Howard Taylor（戴存義），*Hudson Taylor and the China Inland Mission: The Growth of a Work of God* (London: China Inland Mission, 7th edition, 1925), pp. 250, 407～409.（以下簡稱 *Hudson Taylor and the C. I. M.*）

〔註45〕 *China's Millions* v. 1888, no. 54 p. 76.

〔註46〕 *China's Millions*, v. 1877, no. 9, pp. 122～123.

基本模式。具體地說，巡迴傳教和屬靈要求成為內地會傳教事業的內力，使它能以全賴各界不定期奉獻的經費，龐大的人力，伸入中國內地。〔註 47〕內地會內部組織，自一八八○年代起，亦自戴德生獨挑大樑，擴大為英國、北美、德國、澳洲分會，並各設委員會協助在華委員會（China Council）處理會務。〔註 48〕其後，隨著各教區教務擴展，內地會以資深富差傳經驗的傳教士擔任總監督（Superintendent），而會務整體策劃仍是由戴德生負責，直到光緒三十一年（1905年）他去世為止。〔註 49〕內地會由何斯德（Mr. Dixon. E. Hoste, 1861～1946）接棒，掌管會務。〔註 50〕何斯德仍延續戴氏著重巡迴傳教特色，肯定其較醫療、教育工作更能接近中國廣大農業階層，幫助中國教牧獲得實務經驗；〔註 51〕持守「基要派」神學觀點，強調原罪（original sin），注重信徒宗教生活的品質，〔註 52〕和一切傳教活動與政治無涉的原則。〔註 53〕

　　本書《信心行傳：中國內地會在華差傳探析（1865～1926）》，以筆者碩士論文為本，修改增潤而成。在時間斷限上，由創辦人戴德生早年事蹟述起，一直到內地會總主任何斯德致函申明退出中華全國基督教協進會的教務運作為止。由於內地會是一個全憑信心仰望基督宗教的上帝供應生活所需的傳教團體，而內地會傳教士向中國內地各省和西藏及東北從事教務開拓的工作，也儼如《新約聖經》〈使徒行傳〉中初代信徒傳播信仰的足跡，因此，本書以「信心行傳」為題，探索十九、二十世紀之內地會在華的傳教事業的本質與

〔註 47〕 *China's Millions*, v. 1890, no. 64, p. 170～176.

〔註 48〕 一九三○年內地會年冊，頁 58～60。
　　　　 China's Millions v. 1899, no. 118, p. 170.

〔註 49〕 Paul Cohen（柯保安）著，蘇文峯譯，〈戴德生與李提摩太宣教方式之比較〉，林治平主編，《基督教入華百七十年紀念集》，頁 88。

　　〔註 50〕　　 Marshall Broomhall（海恩波），*The Jubilee Story of the China Inland Mission* (Philadelphia: China Inland Mission, 1915), p.371（以下簡稱 *The Jubilee Story of the C. I. M.*）何斯德於光緒二十八年十二月三日（1903 年 1 月 1 日）擔任總主任 (General Director)。有關何斯德的圖片，請參見顧衛民輯，《鏡頭走過》，頁 18～24。徐欣嫻，《全然奉獻為中國的戴家：從戴德生到戴繼宗》（台北：宇宙光全人關懷機構，2006 年 7 月初版），頁 273～274。何斯德於 1935 年交棒。唐進賢 (George W. Gibb, 1869～1940) 負責會務，從 1935 年到 1940 年接任總主任。在內地會退出中國前，再由華福蘭（Frank Houghton, 1894～1972）總理 1940 年到 1951 年的會務。

〔註 51〕 *China's Millions* v. 41, no. 3, pp. 197～210 (1910).

〔註 52〕 *China's Millions*, v. 45, no. 12, pp. 741～744 (1914).

〔註 53〕 *China's Millions*, v. 39, no. 12, pp. 671～675 (1908).

形貌。〔註 54〕全書共分六章探討：

第一章：緒論，是敍述基督宗教傳教團體來華傳播簡史、基督新教各宗教傳教團體在華所召開的五屆全國教務會議（1877 年、1890 年、1907 年、1913 年及 1922 年）所反應的教務問題，以及中國內地會的特色和個案研究的意義。

第二章：戴德生早年事蹟及中國內地會之籌建（1832～1865），乃說明戴德生個人家庭生活對其宗教觀念的鑄成，以及他早年在華傳教經驗和內地會成立的情形。

第三章：初創時期的中國內地會（1866～1874），在探討內地會傳教士搭乘「蘭茂密友爾」（Lammermuir）號輪船入華開創事業，一直到戴德生回英成立委員會、擴大差會組織，開拓浙江、江蘇、安徽、江西四省教務的經過。

第四章：茁壯時期的中國內地會（1875～1890），在分析以戴德生傳教經驗為主的內地會發展模式。探討此種教務發展模式在原有教區經營實質，和內地會運用此種模式向新教區——山西、雲南、陝西、甘肅、貴州、廣西、四川、湖南、河南、山東、直隸等十一省開拓的嘗試。

第五章：轉型時期的中國內地會（1891～1926），說明自清末內地會組織再調整後，在歐美各分會及相關傳教團體支援下對華南、華中、華北各地區更深入活動形貌，以及民初內地會在華各省傳教事業發展趨勢。

第六章：結論，其重心在比較內地會各期教務發展，並檢討其差傳模式所建構出的傳教事業在基督宗教（尤其是基督新教）在華傳播史上的地位。

雖然中國內地會到民國三十九年（1950 年）開始被迫退出大陸；並於民國四十二年（1953 年）傳教士全部撤出後，才結束其在華傳教事業；〔註 55〕但，由於直接史料不易獲得，且民初內地會教務活動大勢在其退出中華全國基督教協進會時已可歸結，而內地會純福音派的差傳模式也已全然成型（from

---

〔註 54〕中華全國基督教協進會編，《中華基督教會年鑑（九），1927》（台北：中國教會研究中心與橄欖文化基金會重印，1983 年 8 月台再版），頁 17。信函日期為 1926 年 3 月 15 日。

〔註 55〕徐欣嫻，《全然奉獻為中國的戴家：從戴德生到戴繼宗》，頁 281～282。
1951 年時，內地會已經開始轉型，向東亞地區宣教，易名作「中國內地會海外基督使團」（China Inland Mission Overseas Missionary Fellowship，簡稱為 CIM／OMF）。
1952 年將總部遷至新加坡，到 1965 年時不再使用「中國內地會」，而直接以「海外基督使團」（Overseas Missionary Fellowship）為名，在東亞及東南亞繼續發揚戴德生與內地會的差傳願景（missionary vision）。

pattern to paradigm），遂僅將內地會在華傳教研究個案研析到民國十五年（1926年）為止。筆者在閱讀撰寫期間，由於主要研究資料，包括戴德生個人傳記、內地會出版刊物均是英文，無法追蹤核對每位中國助手，外國傳教士甚至傳教據點的中文名稱而作更深入的研究。此種教會史研究的侷限，雖有遺憾，但難以避免。有鑑於此，書中所提（1）中國助手的中文名字全自羅馬拼音轉譯，中、英轉譯對照表詳見附錄一；（2）地名無法自地圖核對者，僅以原資料中英文字母直書；（3）傳教士有中文姓名者列入本文，未能查出中文姓名者在自譯後附加「＊」為記，以示區別，並就手邊所有搜集到的資料編列傳教士名錄列於附錄二；（4）內地會在各省佈道所開拓時間表列於附錄三；（5）內地會各年經費收入一覽表列於附錄四；（6）內地會與其他新教傳教團體代號、譯名及在華事業發展表列於附錄五到附錄十。民國以後，由於內地會直接史料較少，筆者故僅能勾描其事業發展的輪廓。至於戴德生個人神學思想、內地會傳教士家世背景、各分會及相關團體組織發展演變等子題，均有待日後更完備的材料再加以補充。〔註56〕本書主要資料來源為戴德生家譜，《戴德生傳》（*Hudson Taylor in Early Years—The Growth of a Soul; Hudson Taylor and the China Inland Mission: The Growth of a Work of God*），《不定期報》（*The Occasional Papers of the China Inland Mission*），《億萬華民》（*China's Millions*），《內地會三十年故事》（*The Story of the China Inland Mission*），《內地會四十年故事》（*These Forty Years: A Short History of the China Inland Mission*），《內地會創立五十金禧年故事》（*The Jubilee Story of the China Inland Mission*），一九一五、一九二一、一九三〇年內地會年冊，一九一〇、一九二〇、一九三〇內地會名錄（*Directory of the China Inland Mission 1910，1920，1930*）。除此之外，筆者另以《教務雜誌》（*Chinese Recorder and Missionary Journal*）、《中華基督教會年鑑》、《中華歸主》（*The Christian Occupation of China*）、《教會新報》、《萬國公報》、《教務教案檔》及地方志為輔，參考相關

〔註56〕　在筆者碩士論文完成後迄今，關於內地會相關著作，值得推存的，諸如蔡錦圖，《戴德生與中國內地會（1832～1953）》前引書；黃錫培，《捨命的愛：中國內地會宣教士小傳》（加州：美國中信出版社，2006 年）；Alvyn Austin, *China's Millions: The China Inland Mission and the Late Qing Society, 1832～1905* (Grand Rapids, Michigan: Willion B. Eerdmans Publishing Co., 2007); Phyllis Thompson, *D. E. Hoste: A Prince with God, Hudson Taylor's Succesor as General Director of the China Inland Mission, 1900～1935* (London: China Inland Mission, 1935)等。

博、碩論文、期刊論文及研究專書而寫成。資料集中保存在中華福音神學院
中國教會史研究中心和圖書館，以及中央研究院近代史研究所圖書館。

　　本書以碩士論文爲本。碩論在一九八四年順利完成，也爲往後基督宗教
（尤其是基督新教）方面的研究打下紮實基礎。〔註57〕筆者須再次以誠摯感
恩的心向當年碩論指導老師閻沁恆教授致謝，因他當年任教於國立政治大學
歷史研究所，又擔任訓導長，教學與公務都非常吃重。沁恆師在百忙中多次
與我討論安排章節並細心修閱內容。此外，中央研究院近代史研究所的呂實
強教授、王樹槐教授和張朋園教授，台灣大學歷史學系的查時傑教授，及中
華福音神學院的陳一萍老師等諸位師長在論文撰寫期間所給予我的資料及教
誨，亦永誌於心。中華福音神學院及中央研究院近代史研究所圖書館在資料
提供上的協助，也在此一併致謝。最後，筆者以思念的心，將本書化爲馨香
之禱紀念於二○○八年春返回天家的母親林石全美女士。沒有母親的支持與鼓
勵，筆者無法多年投身於教會史方面的研究。同時，也須再次感謝家人的培
育和所有關心協助我的朋友。親友的關心與扶持成爲我爲學術努力的動力。
文稿增補期間，楊智雯、蘇柏宇、林宜儂同學在附錄部分的校對和正文資料
檢索上的幫忙，亦感念在心。拙著得以出版，更感謝花木蘭出版社願意讓這
本關於中國內地會由清季到民初的差傳研究正式出書，爲二十一世紀的基督
宗教在華傳播史及世界宗教研究盡上一份心力。

〔註57〕筆者多年在基督宗教在華傳播方面的研究成果，結集成專書的有：林美玫《婦
　　　　女與差傳：十九世紀美國聖公會女傳教士在華差傳研究》（台北：里仁書局，
　　　　2005 年 2 月初版）；《追尋差傳足跡：美國聖公會在華差傳探析（1835～
　　　　1920）》，前引書；和《禱恩述源：台灣學者基督宗教研究專書論文引得（1950
　　　　～2005）》（台北：世界宗教博物館發展基金會附設出版社，2006 年 9 月初版）。

第二章　戴德生早年事蹟及中國內地
　　　　會之籌建（1832～1865）

　　中國內地會創始人戴德生的家庭背景、教育過程、生活鍛鍊、傳教準備和其早期在華實際經歷，與建立中國內地會的關係至為密切。咸豐十年（1860年），當他首度返回英國休假療病時，曾發抒斯言：「……假使我有千鎊英金，中國可以全數支取，假使我有千條生命，決不留下一條不給中國。……」（"…Had I a thousand pounds China should have it. Had I a thousand lives China should claim every one.…"）以明心志。〔註1〕

　　本章擬就戴德生的家世，童年時代，青年時代，早期在華傳教活動和回英後籌建內地會（以下均用此簡稱，特殊意義時仍用全名）的情形，分別加以討論，俾對戴氏建立內地會的經過有所瞭解。自本章起，凡是涉及宗教教義時，以「基督宗教」來涵蓋整個宗教意涵；至於文中有關基督新教的文字，

〔註1〕　Dr. and Mrs. F. Howard Taylor（戴存義夫婦）, *Hudson Taylor in Early Years: The Growth of a Soul* (London: Morgan & Scott, reprinted, 1919), p. 503. 以下簡稱 *Hudson Taylor in Early Years*.
　　　關於戴德生中文名正式使用於何時，尚待查證。據 Alexander Wylie（偉烈亞力）, *Memorials of Protestant Missionaries to the Chinese: Giving a List of Their Publications, and Obituary Notices of the Deceased with Copious Indexes* (Shanghai: American Presbyterian Mission Press, 1867; Taipei: Ch'eng-wen Publishing Company, reprinted, 1967), pp. 222～223. 同治六年（1867年）之前，他仍用「戴雅各」這個名字。又據中央研究院近代史研究所編印，《教務教案檔》（台北：中研院近代史研究所，1974年2月初版），第二輯，同治六年～同治九年（1867～1870），第二冊，頁639。以下簡稱「教務教案檔」。他在同治七年（1868年）揚州教案時，已更名為「戴德生」。

爲行文方便，有時以「新教」稱之。另一方面，筆者在正文之中，引用外國
學術專著論文時，對專書書名和期刊論文名稱，一律採取中文譯名於正文而
保留英文原意在註釋的寫法；但，關於外國學者專家的姓名，爲便利讀者日
後查考，採取保留其英文姓名於正文的處理，不做中譯。該學者專家如有漢
文名字，筆者盡量在該學者專家第一次出現於正文時寫明其漢名。另在註釋
部分，也盡量標記學者專家的漢名。

第一節　戴德生的家世與童年時代（1832～1849）

　　戴德生於道光十二年四月二十二日（1832 年 5 月 21 日）誕生於英國北部
約克郡的邦士立鎮（Barnsley, Yorkshire）。其名乃爲紀念父母而取。〔註 2〕抵
華後，爲配合中國習俗而更名爲「戴德生」。〔註 3〕

　　戴氏的宗教背景可溯自曾祖戴雅各（James Taylor, 1749～1795*）與曾祖母
姜貝娣（Betty Johnson or Elizabeth Johnson*，生卒年不詳）結合所建立的基督
教家庭開始。他們熱心參與教會工作，是衛理公會會友（The Methodists），且
和該會創始人衛斯理（John Wesley, 1703～1791）私交甚篤。〔註 4〕祖父戴約翰

〔註 2〕 Marshall Broomhall（海恩波）, *Hudson Taylor: The Man Who Believed God*
（London, China Inland Mission, 1929）, p. 19.作者海恩波 (Marshall Broomhall,
1866～1937) 爲戴德生之甥，其母戴賀美 (Mrs. Amelia Hudson Taylor
Broomhall, 1835～1918*) 爲戴德生之妹。參見戴德生家譜，中華福音神學院
中國教會史研究中心專檔，頁 3。（以下簡稱「戴氏家譜檔」）戴德生父名戴雅
各二世 (James Taylor II, 1807～1881*)，母名賀美雅 (Amelia Hudson, 1808～
1881*)，戴德生英文名爲"James Hudson Taylor"以紀念雙親。

〔註 3〕 同註 1。另外，Barnsley 的中譯，見徐欣嫻，《全然奉獻爲中國的戴家：從戴
德生到戴繼宗》，頁 7～8。

〔註 4〕 戴氏家譜檔，頁 1。
關於衛斯理個人事蹟詳見 Clarence L. Barnhart ed., *The New Century Cyclopedia
of Names* (New York: Appleton-Century-Crofts, 1954), vol. 3, p. 4104. 他爲英國
著名佈道家，生於林口郡的愛波士 (Epworth, Lincolnshire)，逝於倫敦，是衛理
公會 (The Methodists) 的創始者。
關於戴氏家族的宗教背景及衛斯理所引領的英國宗教復興運動，可參見
Herbert Kane, *A Concise History of the Christian World Mission: A Panoramic
View of Missions from Pentecost to the Present* (Grand Rapids, Michigan: Baker
Book House, 1978), pp.80～86.
關於戴雅各夫婦與衛斯理的私誼，可參見 Alvyn Austin, *China's Millions: The
China Inland Mission and the Late Qing Society, 1832～1905*, pp.38～40.

（John Taylor, 1778～1834*），為人忠厚、勤奮，從事紡織業。他與妻子（Mary Shepherd, 1776～1850*）主持教堂詩班、聖經班，倡導主日學。教會因而興旺，信徒日增。〔註5〕父戴雅各二世（James Taylor II, 1807～1881*），習化學，尤好研讀聖經、神學，擔任衛理公會地方牧師（Wesleyan local preacher）達二十四年之久。〔註6〕母賀美雅（Amelia Hudson, 1808～1881*）為牧師之女，勤儉持家、謙虛為懷，協助丈夫傳道並帶領婦女聖經班。〔註7〕戴德生為戴雅各二世與妻賀美雅的長子，在這充滿濃郁宗教氣息的家庭中成長。

　　戴德生自幼聰敏，但身體羸弱。雙親冀盼他能以教會工作為職志。年約四、五歲，即對中國產生一種無以名狀的好奇心，曾表示長大成人後要去中國傳教。〔註8〕中國，一個模糊又遙遠的名詞，已在其心中烙印。祖父戴約翰和兩位弟弟（William Shepherd Taylor〈1834～1841〉and Theodore Taylor〈生卒年不詳〉）相繼去世，促使他積極探索自然的奧秘，養成其好學深思的個性。〔註9〕戴德生父母以身作則、教育即生活的態度，也使他擁有誠實、認真、勤奮、刻苦的美德。雙親信仰的澆灌下，戴德生被引導過著虔敬的宗教生活。另一方面，父親戴雅各二世對國外差傳的關注，帶領全家熟讀巴彼得所著的「中國」一書（Peter Parley's *China and the Chinese*），更加深戴氏赴華傳教的意向。〔註10〕年十一，離家入學，他開始接觸宗教以外的世界。思想既自由，行動上又可獨來獨往，但事後總未如他預期般稱心如意。〔註11〕年十三，因

〔註5〕 戴氏家譜檔，頁1。*Hudson Taylor in Early Years*, pp. 20～24.
〔註6〕 戴氏家譜檔，頁1。*Hudson Taylor in Early Years*, pp. 24～27.
〔註7〕 戴氏家譜檔，頁1～2。*Hudson Taylor in Early Years*, pp. 25～34.賀美雅的父親賀哲明 (Benjamin Brook Hudson，約1785～1865*) 為衛理公會牧師 (Wesleyan Methodist minister)。
〔註8〕 James Hudson Taylor（戴德生）, *A Retrospect* (London: China Inland Mission, 17th edition, 1951), p. 10.
〔註9〕 戴氏家譜檔，頁1。徐欣嫻，《全然奉獻為中國的戴家：從戴德生到戴繼宗》，頁15，247。
　　　 戴德生為長兄，其下有戴惠廉 (William Shepherd Taylor, 1834～1841*)、戴賀美 (Ms. Amelia Taylor, later as Mrs. Benjamin Broomhall, 1835～1918*)、戴狄奧多 (Theodore Taylor*)、戴路莎 (Ms. Louisa Shepherd Taylor, 1840～？*)。但除兩位妹妹外，兩位弟弟均早夭。因此，戴德生在家中既是長子，又是獨子。
〔註10〕 *Hudson Taylor in Early Years*, pp. 37～52；徐欣嫻，《全然奉獻為中國的戴家：從戴德生到戴繼宗》，頁15～16。
〔註11〕 *Hudson Taylor in Early Years*, pp. 58～62.

學校改組遂返回邦士立鎮，在父親所開的藥店中學藝，對宗教依舊保持冷漠。〔註12〕年十五，轉任銀行見習生（junior clerk），深受周遭鑽營氣氛感染，時以華屋、駿馬、錢財爲念。〔註13〕

　　簡要的說，童年時代的戴德生，走出單純的家庭環境，面對外在非基督宗教世界的挑戰，度過一段獨自摸索、追求物質享受的生活。在家人關懷下，又重新肯定基督宗教的價值。〔註14〕

第二節　戴德生的青年時代（1850～1853）

　　肯定基督宗教的價值後，戴德生開始認眞閱讀聖經，重新過著規律的宗教生活。向中國傳教的願望再度昇起，祈盼佔全人類四分之一人口的中國能接受基督。〔註15〕從此，他便進行自我傳教訓練。

　　因爲在家鄉邦士立鎮無人熟悉遠東事務，戴德生透過當地主日學創辦人惠華德（John Whitworth*, the founder and superintendent of the Sunday School，生卒年不詳）和大英聖書公會（The British and Foreign Bible Society）的關係，得到一本中國官話本的〈路加福音〉（The writings of *St. Luke*, in the Mandarin dialect）。又蒙惠華德引介，自當地公理會牧師（The Congregational minister of my native town）處借到倫敦會（London Missionary Sociery）來華資深傳教士麥都思（Walter Henry Medhurst, 1796～1857）所著有關中國的書——《中國：現況與展望》（*China: Its State and Prospects*）。戴德生鑒於麥都思對醫療傳教的重視，決定以研究醫藥作爲向華傳教的預備。此外，他充分運用〈路加福音〉官話本學習中文，檢出常用字、斟酌字義，將能確定者依樣繪型、編成字典，總計四百五十三個中國字，尚餘約二百字待考。〔註16〕

〔註12〕 *Hudson Taylor in Early Years*, pp. 62～63.

〔註13〕 *Hudson Taylor in Early Years*, pp. 63～65.

〔註14〕 James Hudson Taylor, *A Retrospect*, pp. 11～14.

〔註15〕 *Hudson Taylor in Early Years*, pp. 69～80.

〔註16〕 James Hudson Taylor, *A Retrospect*, pp. 16～17.
　　　　關於麥都思個人事蹟，詳見 Alexander Wylie, *Memorials of Protestant Missionaries to the Chinese*, pp. 25～41；而李定一，《中美早期外交史》（台北：傳記文學出版社，1978 年 5 月 1 日初版），頁 67，則譯爲「麥胡士」。本章仍以 A. Wylie 本爲準。
　　　　再者，關於麥都思所著有關中國的書，應爲 Alexander Wylie, *Memorials of Protestant Missionaries to the Chinese*, p. 37 所列 *China: Its State and Prospects*,

　　另一方面，戴德生由惠華德借給他的資料中，獲悉倫敦「中國協會」（The Chinese Association）正進行雇用中國本地男傳道（native evangelist）以配合現有傳教團體（existing missions）發展在華事業的計畫。其中，尤以協助郭實獵向中國內地拓展教務為主。郭實獵海外傳教活動，包括建立並領導「福漢會」（The Chinese Union）向中國內地十八個省傳教，翻譯新、舊約聖經成中文，爭取歐洲教會關注在華事工等，在在深獲戴氏共鳴。「福漢會」成立後六年來會務興盛的成果──諸如擁有一百三十名會員，分發為數上萬的宗教書冊和單張，受洗人數不下二千八百七十一名，傳教士足跡遠及蒙藏──都令他雀躍不已。戴德生自「福漢會」的工作報導中，認識西方基督新教宗派教會所屬傳教團體在中國發展的概況，遂寫信給「中國協會」秘書皮爾士（George Pearse，生卒年不詳*）表明自己願盡綿薄之力。後來，郭實獵的傳教報告因下屬提供不實資料而失去準確性的事實，雖然使西方教會人士大失所望，卻未改變戴德生傳教中國的初衷。實際上，郭實獵早期在華奮鬥的事蹟已成為他构描自己傳教藍圖的張本。〔註17〕

　　戴德生對中國傳教的意念經此強化，更積極收集有關中國的資料，同時自修拉丁文、希臘文、神學和醫藥，繼續和皮爾士保持聯繫，條述自己到中國傳

---

　　　　　with Special Reference to the Spread of the Gospel: Containing Allusions to the Antiquity, Extent, Population, Civilization, Literature, and Religion of the Chinese (London: 1838) 一書。此外，麥都思的中文、馬來文、英文著作甚豐。

〔註17〕 *Hudson Taylor in Early Years*, pp. 88～93.
　　　　Hudson Taylor: The Man Who Believed God, pp. 30～31.戴氏視郭實獵為內地會的祖師 (The grandfather of the China Inland Mission)
　　　　關於皮爾士個人事蹟，詳見 Anthony James Broomhall（海恆博，1911～1994），*Hudson Taylor & China's Open Century, Book Three: If I Had a Thousand Lives* (London: Hodder & Stoughton and The Overseas Missionary Fellowship, 1982), p.500. 以下簡稱 *Hudson Taylor & China's Open Century, Book Three.*皮爾士乃倫敦股票經紀人 (stockbroker)，中國傳道會國外事務秘書 (foreign secretary)，後來創立北非傳道會 (North Africa Mission)。
　　　　關於郭實獵個人事蹟，詳見 Alexander Wylie, *Memorials of Protestant Missionaries to the Chinese*, pp. 54～66.及 Clarence L. Barnhart ed., *The New Century Cyclopedia of Names*, v. 2, p. 1870.他生於皮里茲（Pyritz, in Prussian Pomerania），逝於香港，是出名的日耳曼傳教士，著有中、日、荷、英語等著作約八十五本，並在道光二十四年（1844 年）建立「福漢會」，又稱為「漢會」。另外，關於郭實獵的研究，可參考 Jessie G. Lutz（魯珍晞），*Opening China: Karl F. A. Gützlaff and Sino-Western Relations, 1827～1852* (Grand Rapids, Michigan: William B. Eerdmans Publishing Company, 2008).

教的志願。〔註18〕年十九，他經姨母賀漢娜（Mrs. Hannah Maria Hudson Hardy，生卒年不詳*）介紹，擔任赫爾市（Hull）哈勞伯（Dr. Robert Hardy，生卒年不詳*）醫生的助手。〔註19〕在赫爾市習醫期間，他兼顧醫學理論和實際經驗，力行什一奉獻，居陋室並儘量節衣縮食，作爲去中國之前的生活磨練。他又趁參觀倫敦萬國博覽會（International Exhibition）之便，拜訪皮爾士（時任「中國傳道會」"The Chinese Evangelisation Society"秘書）。經其介紹，戴德生結識在托登漢（Tottenham*）一群志同道合的朋友，並自剛從華返英的日耳曼傳教士羅存德（Wilhelm Lobscheid，生卒年不詳）個人在廣東南部活動經歷中，證實醫療傳教深入中國內地的可行性。此外，皮爾士帶他參加貴格會（The Quakers）活動，也結識許多朋友。〔註20〕經過這段習醫與操練並重的宗教生活後，戴德生決定赴倫敦接受更嚴格的醫學訓練。〔註21〕他獲得中國傳道會及父親戴雅各二世財力補助的允諾，如願地到倫敦一家眼科醫院（Opthalmic Hospital）學習。〔註22〕習醫期間，他又婉拒兩方面經濟支援的美意，自原先寄宿的親戚家中搬出，過著比在赫爾市時更簡單的生活。如此，戴德生不但鍛鍊了自己適應環境的能力，又有餘款接濟旁人的急需，更把握機會向醫院裏的病患做生活見證。〔註23〕同時，中國傳道會也尊重他，暫時不取得外科畢業證書，先派往中國傳教的意願。〔註24〕在該會首肯下，戴德生返回邦士立鎮向家人告別，

〔註18〕 *Hudson Taylor in Early Years*, pp. 97～104.

〔註19〕 戴氏家譜檔，頁2。*Hudson Taylor in Early Years*, pp. 104～105.
賀漢娜乃哈理查（Richard Hardy，生卒年不詳）之妻，而哈理查與哈勞伯是兄弟。因此，戴德生與哈勞伯是姻親。

〔註20〕 *Hudson Taylor in Early Years*, pp. 107～125.
有關中國傳道會，可參見 *Chinese Recorder* v. 8, no. 4, p. 318 (1877)；及徐欣嫺，《全然奉獻爲中國的戴家：從戴德生到戴繼宗》，頁39，中國傳道會在1852年5月組成。
羅存德個人事蹟，詳見 Alexander Wylie, *Memorials of Protestant Missionaries to the Chinese*, pp. 184～187.他由禮賢會（Rhenish Missionary Society）於道光二十八年四月二十日（1848年5月22日）派到香港。道光三十年（1850年）返歐。咸豐三年正月十一日（1853年2月18日）回香港，擔任「中國傳道會」代表至咸豐七年（1857年）止，著有〈普度施食文〉等中、英著作二十一種。

〔註21〕 James Hudson Taylor, *A Retrospect*, pp. 20～29.戴德生在赫爾習醫期間，常用禱告支取日用所需。

〔註22〕 James Hudson Taylor, *A Retrospect*, pp. 30～34.

〔註23〕 James Hudson Taylor, *A Retrospect*, pp. 35～42.

〔註24〕 *Hudson Taylor in Early Years*, pp. 170～183.
戴德生前往中國前，約二十歲的相貌，可參見顧衛民輯，《鏡頭走過》，頁20。

於咸豐三年八月十七日（1853 年 9 月 19 日），在利物浦（Liverpool）搭乘達姆福利斯號（Dumfries*）輪船，前往中國。〔註25〕

第三節　戴德生早期在華傳教活動（1854～1860）

　　戴德生早期在華傳教經歷對中國內地會組織、信條的建立具有極大影響。他來華時，正逢歐洲克里米亞戰爭（The Crimean War, 1854～1856），〔註26〕而中國太平天國之亂（The Taiping Rebellion, 1850～1864）亦方興未艾。〔註27〕戴氏經長期旅途勞累，於咸豐四年二月三日（1854 年 3 月 1 日）安抵上海。〔註28〕

　　入滬後，戴德生頓覺人海茫茫。他所携三封介紹信中，前二封欲聯繫的對象，一過世，一返美。他手持第三封信，找到倫敦會會址，遇到艾約瑟傳教士（Joseph Edkins, 1823～1905），始知他欲聯絡的麥都思夫婦爲逃避戰禍已遷居英國領事館。他接受雒魏林醫生（Dr. William Lockhart, 1811～1896）的邀請，暫居倫敦會會館，且只需支付少許伙食費。並經雒氏引薦，與該會傳教士慕維廉（William Muirhead, 1822～1900）夫婦、偉烈亞力（Alexander Wylie, 1815～1887），和英行教會（Church Missionary Society，乃英國聖公會持守低派〈Low Church〉神學的傳教團體）的包約翰（John Shaw Burdon, 1829～1907）夫婦等相識。〔註29〕之後，由麥都思安排他先學中國官話（Mandarin dialect），

〔註25〕James Hudson Taylor, *A Retrospect*, pp. 43～44.

〔註26〕關於克里米亞戰爭，參看 David Thomson, *Europe Since Napoleon*, pp. 222～227.

〔註27〕關於太平天國之亂，參看郭廷以，《中國近代史事日誌》，第一冊，頁 163～473。

〔註28〕Geraldine Guinness（金樂婷），*The Story of the China Inland Mission* (London: Morgan and Scott, 3rd edition, 1894), v. 1, pp. 98～105.以下簡稱 *The Story of the C. I. M.* 作者後爲戴德生之媳和戴存義之妻（Mrs. F. Howard Taylor, 1862, 12, 25～1949, 6, 6）

James Hudson Taylor, *A Retrospect*, pp. 45～48.

〔註29〕*The Story of the C. I. M.*, v. 1, pp. 106～108; James Hudson Taylor, *A Retrospect*, pp. 48～51.

關於艾約瑟、雒魏林、慕維廉、包約翰、偉烈亞力等人的事蹟，詳見 Alexander Wylie, *Memorials of Protestant Missionaries to the Chinese*, pp. 187～191, 112～115, 168～172, 222, 173～175.另一方面，關於艾約瑟、慕維廉的中文小傳，可參考魏外揚，《中國教會的使徒行傳：來華宣教士列傳》（台北：宇宙光全人關懷機構，2006 年 7 月初版），頁 322～331，372～376。以下簡稱《中國教會的使徒行傳》。

並代聘語文教師，做密集的傳教訓練。〔註 30〕戴德生在這些由英國早期來華傳教士的細心照顧下，倍覺他鄉遇故知般的親切；而此時的上海，則使他感到一片紛亂、破舊和嚴寒的景象。〔註 31〕相較之下，他發現自己所隸屬的中國傳道會對教會在中國發展的情形相當隔閡。該會推展教務的措施不當，頗遭其他在華傳教團體的譏諷。中國傳道會所撥滙的薪資甚爲菲薄，也使戴德生處處得依賴他會傳教士的幫助。在此情況下，戴氏向中國傳道會提議購地建堂，作爲該會在華的會館，以備長遠發展之計，但未獲其答覆，而他又因對中國氣候的不適應致身患眼疾。在這精神痛苦、物質匱乏雙重壓力下，唯有藉著家書得到心靈上的安慰。〔註 32〕雖然如此，戴氏仍感謝該會一些同僚所給予的協助，但對其組織本身及教務政策則徹底失望。他原來擬訂的旅行計畫也因太平天國亂事的擴大而取消，只得勤練中文，溫習醫藥和化學功課，並提供福漢會教務雜誌（*The Gleaner in the Missionary Field*，簡稱 *The Gleaner*）雜誌有關中國的消息。另隨包約翰冒險從事探訪工作。中國傳道會顯然並未重視其在華所遭遇的困難，又派傳教士巴格爾（William Parker, 1824～1863）攜眷來華加入傳教陣營。〔註 33〕

這段個人傳教摸索期間，戴德生租得靠近上海城北間的屋舍，雇工修繕後開辦日間學校（Day School），由徐先生（Mr. Sï）—— 一熱心基督徒 —— 主持，兼收男、女生。學生除正課外，並在星期日協助戴氏在街頭佈道分發福音單張。校舍則充分運用，兼具學校、教堂、診所三種功能。此外，戴氏隨同艾約瑟、卦德明（John Winn Quarterman, 1821～1857）到吳淞口分發聖經等宗教書籍，遇上中國水師，有被船夫指爲「白鬼子」（"White Devil"）的經驗；又獲得好友包約翰喪妻所轉讓的房舍，才能逃避戰火波及並安頓巴格爾全家。〔註 34〕身處於自我摸索期間，戴德生既須承受他會傳教士對新屋簡陋、

〔註 30〕 *Hudson Taylor in Early Years*, pp. 207.
〔註 31〕 *Hudson Taylor in Early Years*, pp. 208～210.
〔註 32〕 *Hudson Taylor in Early Years*, pp. 210～218.
〔註 33〕 *Hudson Taylor in Early Years*, pp. 219～223. 至於巴格爾個人事蹟，詳見 Alexander Wylie, *Memorials of Protestant Missionaries to the Chinese*, pp. 232～233. 另一方面，關於 *The Gleaner* 的性質，參見徐欣嫻，《全然奉獻爲中國的戴家：從戴德生到戴繼宗》，頁 26，該份教務雜誌自 1850 年 3 月創刊。
〔註 34〕 *Hudson Taylor in Early Years*, pp. 230～244. 其中，pp. 233～236 戴德生寫給父母信中，說明他對房舍運用計畫及情形。走讀學校起初有男學生十人、女學生五人，另有三人已決定前來就讀。藉看病，學習疾病、症狀的中文名稱。

不適於住家的指責，還得爲中國傳道會薪資久未滙到而張羅生活。這些傳教挫折，促使他下定決心，找出傳教事業難以開展的癥結。

此後，戴德生進行十次傳教旅行，並獲得大英聖書公會供應書冊及支助部分旅費，重新檢討傳教方略。咸豐四年十月二十七日（1854 年 12 月 16 日），他應艾約瑟之邀做首次傳教旅行，爲期一週。兩人參觀松江府鄰近的寺院，所到之處民眾皆爭覩其面。訪問嘉善，見到婦女拜偶像，便在地方官「保護」下，由艾約瑟向百姓闡述基層教有關罪、正義和最後審判的教義，戴德生則另立一旁祝禱並分發書冊。走訪嘉興，則驚羨其地文風鼎盛、絲棉紡織、印刷出版等事業興旺氣象。此外，艾、戴兩教士更深入鄉區，赴六里街佈道，遊覽煙雨樓風光，仍受民眾矚目，並順南湖從事醫療工作。〔註 35〕咸豐四年十一月到五月正月（1855 年 1 月～3 月）間，戴德生因倫敦會欲以其所借用的房舍安頓該會新派來華的傳教士，遂購船做自我傳教訓練，共從事三次傳教旅行。既可順道下鄉採買糧米、柴米以節省開支，又能藉機復習上海方言和中國官話。第二次傳教旅行，他走訪川沙，白天往街頭發單張、到廟前講道，晚間則留宿船人替人看病，並進行個人談道。行到南滙，經地方官證實他係單獨一人、既未携槍械又知禮數，始開東門准其入城傳教，後由周浦回滬。第三次傳教旅行，他沿蘇州河走訪清浦。旋因上海城被清軍攻克，遂匆匆返滬。隨即與巴格爾做第四次傳教旅行，前往嘉定。民眾聽信流言紛紛走避，待其宣稱能治內外雜症後才改變態度，並以「善人」讚揚其醫術高超。此行，戴、巴兩傳教士獲得英國柏迦氏（William Thomas Berger, 1812～1899*）的贈款和當地居民捐獻五十元購置醫院基金，才紓解他倆因久未收到薪資所陷入的經濟困境。〔註 36〕咸豐五年二、

此外，約二十人參加聚會。

The Story of the C. I. M., v. 1, pp. 111～112.

關於卦德明個人事蹟，詳見 Alexander Wylie, *Memorials of Protestant Missionaries to the Chinese*, pp. 158～159. 他屬美北長老會（The Board of Foreign Missions of the Pusbyterian Church），於道光二十六年十一月十日（1846 年 12 月 27 日）抵澳門，道光二十七年一月二十二日（1847 年 3 月 8 日）到寧波並以此爲工作中心。

〔註 35〕*Hudson Taylor in Early Years*, pp. 255～262.

〔註 36〕*Hudson Taylor in Early Years*, pp. 263～277.

關於 William Thomas Berger 的個人簡介，可參見 Anthony James Broomhall（海恆博），*Hudson Taylor & China's Open Century, Book Seven: It is not Death to Die!*（London: Hodder & Stoughton and the Overseas Missionary Fellowship, 1989），p.663.以下簡稱 *Hudson Taylor & China's Open Century, Book Seven.*

三月間（1855 年 4 月），戴德生和包約翰往崇明作第五次傳教旅行。當地民風良善，他們又得地方官員禮遇，在寺廟內傳教及醫病，並訪問各學校、分送聖經等宗教書籍。後轉往海門，被民誤會爲太平天國亂黨，幾乎引起騷動。經他們剴切解釋始得順利傳教。另遊狼山，沿途欣賞江南景緻，曾在通州（今名「南通」）遭軍隊挾持，向地方官說明後獲釋。〔註37〕由於中國傳道會尚未批准戴德生上海建屋計畫，他在咸豐五年三月二十三日至四月十七日（1854 年 5 月 8 日～6 月 1 日）間獨自從事第六次傳教旅行，走訪靖江、吳淞、瀏河、橫涇、龍王廟、張家祠、登州祠、八廟、韓家祠、常熟、楊舍、華墅、江陰、江都等地。經過第六次旅行，戴德生眞正深入民間，發現中國百姓對她起初雖懷疑懼，最後仍接納他。這項事實帶給他向內地傳教心願莫大鼓舞。〔註38〕四月二十七日至五月十二日間（1854 年 6 月 11～25 日），戴德生租到上海南門附近房舍後，與巴格爾、包約翰進行第七次傳教旅行，爲期二週。由上海出發，經過拓林；他獨自到乍浦，鳥瞰杭州灣，並在天后宮分發書冊；再會合巴、包兩位傳教士經蟹浦到寧波。在寧波，由英國聖公會所屬英行教會的哥伯播義（Robert Henry Cobbold，生卒年不詳）夫婦招待，見到十一位英美傳教團體工作者，尤對在學校教書的二位戴女士（Ms. Burella Hunter Dyer, 1835～1858; & Ms. Maria Jane Dyer〈戴瑪莉亞〉, 1837～1870）印象深刻。另外，他們也注意到寧波教會缺乏醫院的事實。此次旅行因包約翰的獨子重病而結束返滬。〔註39〕

　　戴德生回滬後，正逢霍亂猖獗，更積極佈道。中國傳道會來函言明不准在上海建會所，巴格爾遂接受寧波教會邀請去行醫，而戴氏亦決定著華服、剃頭、留辮，深入內地發展。〔註40〕改變服飾、飲食，戴德生體會如此花費

〔註37〕 James Hudson Taylor, *A Retrospect*, pp. 52～58.
〔註38〕 *Hudson Taylor in Early Years*, pp. 292～303.
〔註39〕 *Hudson Taylor in Early Years*, pp. 304～309, 403～405.
　　　　關於哥伯播義個人事蹟，詳見 Alexander Wylie, *Memorials of Protestant Missionaries to the Chinese*, pp. 182～183.
　　　　他屬英行教會（乃英國聖公會持守低派神學的傳教團體），於道光二十八年三月十四日（1848 年 4 月 17 日）抵滬，四月十一日（5 月 13 日）到寧波，八月（9 月）回英。咸豐二年十一、十二月間（1853 年 1 月）携妻返寧波。咸豐七年二月（1857 年 3 月）全家回英。
　　　　二位戴女士乃戴撒母耳（Samuel Dyer, 1804～1843*，另譯作「台約爾」）之女，亦詳見 Alexander Wylie, *Memorials of Protestant Missionaries to the Chinese*, pp. 51～54 及 *Hudson Taylor & China's Open Century, Book Seven*, p.665.
〔註40〕 *Hudson Taylor in Early Years*, pp. 309～316.

不但經濟，而且內地百姓較能接受他的存在。咸豐五年七月十二日至十九日
（1855 年 8 月 24～31 日），他又從事第八次傳教旅行，沿途皆通行無阻，後
經海鹽回滬。戴氏此種旅行傳教方式，雖然頗具成效，但亦引起其他傳教士
的批評和譏笑。倫敦柏迦氏的奉獻適時給予他一劑強心劑，致力尋求最合適
的傳教方法。〔註41〕九月上旬（1855 年 10 月中旬），戴德生將上海南門的工
作交給徐先生負責，自行去崇明進行第九次傳教旅行。由於舊地重遊，又懂
醫術，頗受當地居民歡迎，但也引起藥商的攻擊。原擬在新開河久住，旋因
崇明不在中英南京條約所規格的五口之內，經上海英國副領事赫維（Frederick
Harvey*，生卒年不詳）通知後，結束崇明醫療事業。〔註42〕未能長居崇明，
又無法向領事包令爵士（Sir John Bowring, 1792～1872）陳述意願，他遂和英
國長老會傳教士賓惠廉（William C. Burns, 1815～1868）相約在十一月上旬
（1855 年 12 月半）同往浙江南潯展開第十次傳教旅行，足跡遍及鄉村、城鎮，
並拜訪各地的寺廟、學校、學校、茶館，解答民眾提出的問題。賓惠廉也穿
着華服、剃了頭髮佈道，體驗它縮短與民眾距離的方便。〔註43〕十一月三十
日（1856 年 1 月 7 日），船泊烏田（Wu-tien），他倆在街道分發書冊，遇暴民
索取銀兩及鴉片，所幸及時離開回滬。〔註44〕十二月下旬，他們又去江蘇松
江府佈道。其後，戴德生與賓惠廉在麥都思家庭聚會中，自包瓦船長（Captain
Bowers*，生卒年不詳）處得悉汕頭煙毒走私和苦力貿易盛行，遂連袂訪汕頭，
始知西人從事此慘無人道的勾當及毒害是中國百姓痛恨西人的主因。〔註45〕

〔註41〕 *Hudson Taylor in Early Years*, pp. 317～323.

〔註42〕 *Hudson Taylor: The Man Who Believed God*, pp. 70～72.

〔註43〕 James Hudson Taylor, *A Retrospect*, pp. 59～61.另一方面，包令爵士個人事蹟，
參看 *Hudson Taylor & China's Open Century, Book Three*, p. 490.其中文名字，則
見郭廷以，《近代中國史事日誌》，第二冊，附錄，頁83。他在咸豐三年至八
年（1853～1858 年）爲英國在華全權公使兼香港總督。
賓惠廉個人事蹟，詳見 Rev. Islay Burns, *Memoir of the Rev. William C. Burns, M.
A.: Missionary to China from the English Presbyterian Church* (New York: Robert
Carter and Brothers, 1870; San Francisco: Chinese Materials Center, Inc., 1975),
pp. 1, 443～446, 540.以下簡稱 *Memoir of the Rev. W. C. Burns*.賓氏乃英國蘇格
蘭人 (Kilsyth, Stirlingshire, Scotland)，爲第一位英國長老會 (English
Presbyterian Church) 來華傳教士，於道光二十七年九、十月間（1847 年 11 月）
抵華。

〔註44〕 *Memoir of the Rev. W. C. Burns*, pp. 445～446.
James Hudson Taylor, *A Retrospect*, pp. 62～70.

〔註45〕 *Memoir of the Rev. W. C. Burns*, pp. 447～450.

　　爲能長居汕頭佈道，戴德生體會唯有開設醫院最受人民歡迎。〔註 46〕戴氏回滬積極籌備醫療傳教計畫。旋因寄放在倫敦會的醫藥設備遭燬，只得到寧波找巴格爾醫生幫忙，途中因僕人竊其行李而倍增辛苦。〔註 47〕其時，寧波爲英行教會、大美國浸禮會眞神堂（American Baptist Missionary Union）、美北長老會（American Presbyterians）合作的新教區。戴氏到寧波後，與祝恩賜（John Jones, 1825～1863）住慈谿傳教，又和卦德明往鎮海佈道。而巴格爾亦準備充足的醫藥器材供他帶回汕頭。由於賓惠廉在汕頭被捕、押往廣州，迫使汕頭醫療傳教計畫取消，戴氏只得暫留寧波協助巴格爾於吳家橋行醫佈道。〔註 48〕寧波因此成爲內地會在華第一個傳教中心。

　　暫居寧波，戴德生與戴瑪莉亞交往日久，感情愈深。中英關係日漸緊張，他護送教會婦孺到滬後，就和祝恩賜向中國傳道會辭職，再返寧波工作。由於戴瑪利亞所服務學校校長歐達世女士（Ms. Mary Ann Aldersey, c 1800～1864*）堅決反對，戴氏寫信給她在英國的監護人譚偉廉（William Tarn, Sr.*，生卒年不詳）先生，徵求其同意。戴德生與戴瑪莉亞於咸豐七年十二月六日（1858 年 1 月 20 日）在英國領事館，由英行教會的岳牧師（Rev. Frederick Faster Gough，生卒年不詳）證婚，赫德爵士（Sir Robert Hart, 1835～1911）代表領事，禆理哲（Richard Quarterman Way, 1819～1896，屬美北長老會）夫婦代表

James Hudson Taylor, *A Retrospect*, pp. 71～74.
〔註 46〕 *Hudson Taylor in Early Years*, pp. 374～384.
James Hudson Taylor, *A Retrospect*, p. 74.
〔註 47〕 James Hudson Taylor, *A Retrospect*, pp. 77～89.
〔註 48〕 James Hudson Taylor, *A Retrospect*, pp. 75～76, 90～97.
祝恩賜個人事蹟，詳見 Alexander Wylie, *Memorials of Protestant Missionaries to the Chinese*, pp. 240～241.他屬中國傳道會，於咸豐六年（1856）春攜眷抵香港，七月（8 月）到滬。隨後與戴德生訪寧波，決意定居上海。同治二年（1863）因健康不適在回英途中去世。
歐達世女士個人事蹟，參看 *Hudson Taylor and China's Open Century, Book Three*, p. 489. 歐女士於道光四年至五年間（1824～1825）向馬禮遜學習中文。道光二十三年至咸豐九年間（1843～1859）居寧波。
譚偉廉（William Tarn, Sr.*，生卒年不詳）個人事蹟，參看 *Hudson Taylor & China's Open Century, Book Three*, p. 503 及 A. J. Broomhall, *Hudson Taylor & China's Open Century, Book Five: Refiner's Fire*（London: Hodder & Stoughton and the Overseas Missionary Fellowship, 1985）, p.490. 以下簡稱 *Hudson Taylor & China's Open Century, Book Five*.他爲戴瑪利亞的舅父，倫敦會負責人（Director），且爲兩位戴女士的監護人。

女方家長主婚，結為連理。〔註49〕從此兩人同心協力獻身傳教事業。

　　婚後，時逢太平軍入浙，寧波人心惶惶，求鬼問卜事大行其道。戴氏夫婦則努力傳教，並以彩色照片配合說明，結果聽眾大增。其中以竹匠方能貴（Fang Neng-kuei*）最熱心。此外，戴氏用羅馬字（Roman letters）教方能貴及其他問道者閱讀《新約聖經》，彌補其不識漢字的缺陷。更由於天津條約的簽訂准許外國人入內地旅行，使戴氏能實現教會往內地發展的夢想。〔註50〕咸豐九年七月二日（1859 年 7 月 31 日），戴氏夫婦得一女，取名恩惠（Grace）。後因巴格爾喪妻須攜兒回英，戴氏接下寧波醫院門診工作，業務日增，九個月內有十六人受洗，登記加入寧波教會超過三十人。年底之前，門診人數超過六百人，入院治療六十人。此時，戴氏健康隨醫院業務發展而日漸衰竭，遂決定停辦醫院，攜妻兒及寧波會友王來全（Wông Læ-djün, ?～1901）回英，〔註51〕為內地會的誕生作進一步籌畫。

第四節　戴德生與中國內地會的籌建（1860～1865）

　　戴德生回英後，受到友人皮爾士、柏迦氏等熱誠歡迎。除養病外，繼續讀完原先早已中斷的醫學課程；並修改寧波語《新約聖經》，經岳牧師介紹，由大英聖書公會印行。適逢英國國內宗教復興，〔註52〕接受宓道生（James J. Meadows,

---

〔註49〕James Hudson Taylor, *A Retrospect*, pp.98～105.

　　　　岳牧師個人事蹟，詳見 Alexander Wylie, *Memorials of Protestant Missionaries to the Chinese*, pp. 198～199. 他屬英行教會，於道光三十年二月十六日（1850 年 3 月 29 日）到香港，後轉往寧波工作。同治元年至八年間（1862～1869）居倫敦並與戴德生修改寧波語新約聖經。

　　　　赫德爵士個人事蹟，參看 *Hudson Taylor & China's Open Century, Book Three*, p. 494.

　　　　關於禪理哲個人事蹟，參看 *Hudson Taylor & China's Open Century, Book Three*, p. 504; *Hudson Taylor & China's Open Century, Book Five*, p.491;及 Alexander Wylie, *Memorials of Protestant Missionaries to the Chinese*, pp. 139～140.

〔註50〕*Hudson Taylor in Early Years*, pp. 457～477.

〔註51〕James Hudson Taylor, *A Retrospect*, pp. 106～110.

　　　　另依據徐欣嫻，《全然奉獻為中國的戴家：從戴德生到戴繼宗》，頁 69，提及 1859 年 8 月，巴格爾之妻死於霍亂，須攜五名子女回蘇格蘭。

　　　　至於戴恩惠 (Grace Dyer Taylor, 1859～1867)，生於浙江寧波，葬於江蘇鎮江，參見戴氏家譜檔。

〔註52〕John R. H. Moorman, *A History of the Church in England* (New York: Morehouse – Barlow Company, 2nd edition, 1967), pp. 293～360.

1835～1914）、樂曼（Ms. Jean Notman，生卒年不詳*）、白克敵（Stephan Paul Barchet，生卒年不詳）、江朗筆（George Crombie，生卒年不詳）、施金娜（Ms. Anne Skinner，生卒年不詳*）等五人申請，入華協助寧波教會工作。〔註53〕

此外，他積極爭取英人重視在中國內地的傳教事業。在倫敦英國浸信會牧師魯易士（Rev. William. G. Lewis*，生卒年不詳）鼓勵下，爲浸信會雜誌（Baptist Missionary Magazine）撰寫一系列關於中國的文章。他詳細查考咸豐十年至十一年（1860 年～1861 年）基督新教各傳教團體及個人在中國傳教概況，發現傳教士人數由一一五人降爲九一人且均居於五口城市。經長期籌思，終於在同治四年五月三日（1865 年 6 月 25 日）決定爭取二十四名工作人員，加強寧波教務並向內地拓展。〔註54〕五日（27 日），皮爾士往倫敦郡立銀行（The London & County Bank），存英金十鎊，戶名「中國內地會」；並將其調查到的中國教務資料集文成冊，名爲《中國屬靈的需求及要求》（China's Spiritual Need and Claims），〔註55〕廣傳其構想。〔註56〕戴德生本著早期在華傳教經驗，擬議採取不分宗派、信仰堅貞、不負債、薪資不固定等原則，組織一個新的傳教團體。〔註57〕是年秋天，續派曹雅眞（George Stott ?～1889）和范約翰（John Whiteford Stevenson, 1844～1918）到華，開啓傳教新頁。〔註58〕

方向既定，戴德生參加同治四年（1865 年）秋第三次蘇格蘭柏斯（Perth, Scotland）靈修會，並到利物浦演講。與金尼斯（Henry Grattan Guinness, 1835

〔註53〕 *The Story of the C. I. M.*, v. 1, pp. 189～211.

〔註54〕 *The Story of the C. I. M.*, v. 1, pp. 212～225.
　　　　James Hudson Taylor, *A Retrospect*, pp. 113～115.
　　　　關於 Rev. William G. Lewis 的個人資料參看 *Hudson Taylor & China's Open Century, Book Five*, p. 484.
　　　　所謂五口城市是指中英南京條約（1842 年）所開放的五口（treaty port）——廣州、福州、廈門、寧波和上海。

〔註55〕 James Hudson Taylor, *China's Spiritual Need and Claims* (London: Morgan & Scott, 7th edition, 1887).

〔註56〕 James Hudson Taylor, *China's Spiritual Need and Claims*, p.87.
　　　　其構想有三：（1）任何適格的傳教士申請人，不論宗派，只要在基要眞理上有健全信仰，都會被接受。（2）傳教士在生活上完全信靠神，清楚明白差會不保證收入，知道不可借貸，只能運用按時送來的專款。（3）不可有任何集體或個人的勸捐。

〔註57〕 *The Story of the C. I. M.*, pp. 226～242. *China's Spiritual Need and Claims* 此文冊於同治四年八、九月間（1865 年 10 月）出版。

〔註58〕 *Hudson Taylor and the C. I. M.*, pp. 34～35.

～1910*）同往愛爾蘭都柏林（Dublin），科克（Cork），利麥里克（Limerick），伯爾發斯特（Belfast）等地，向教會人士傳講創立中國內地會的目的。[註59]

　　內地會成立後，戴德生擬訂出版介紹該會工作目標的小冊子，名爲《不定期報》（Occasional Papers），並自同治四年十二月二十一日（1866 年 2 月 6 日）開始發行創刊號。該會組織方面，自柏迦氏家庭聚會中，決議由他擔任內地會在倫敦的負責人（Director at home），戴氏則自任在華負責人兼總主任（Director in China），並運用寧波教會現有基礎，擴大爲「中國內地會」。同治五年四月十三日（1866 年 5 月 26 日），戴氏率領男、女傳教士及其子女一行二十二人乘「蘭茂密友爾」號輪船（Lammermuir）來華。[註60]

[註59] *Hudson Taylor and the C. I. M.*, pp.3～9, 56～59；徐欣嫻，《全然奉獻爲中國的戴家：從戴德生到戴繼宗》，頁 241。

[註60] *Hudson Taylor and the C. I. M.*, pp. 49～55, 59～65.
James Hudson Taylor, *A Retrospect*, pp. 116～120. p. 116 中國內地會於同治四年（1865 年）正式成立。
Marshall Broomhall（海恩波）, *The Jubilee Story of the China Inland Mission* (Philadelphia: China Inland Mission, 1915), pp. 31, 34～40.
徐欣嫻，《全然奉獻爲中國的戴家：從戴德生到戴繼宗》，頁 84～85。
Alvyn Austin, *China's Millions: The China Inland Mission and the Late Qing Society, 1832～1905*, pp.106, 109～110.有關「蘭茂密友爾」號內地會傳教士的個人背景介紹，和全體合照的相片。
「蘭茂密友爾」號內地會教士包括戴德生夫婦（James Hudson Taylor and Mrs. Maria Dyer Taylor），倪義來夫婦（Lewis Nicol and Mrs. Eliza Nicol），麥珍（Ms. Jane McLean*），巴恩絲（Ms. Susan Barnes*），白愛妹（Ms. Emily Blatchley），夏安心（Ms. Louise Desgraz 或狄樂義），白克敵師母（Mrs. Mary Barchet, née Bausum），宓玫（Mrs. J. J. Meadows, maiden name as Elizabeth Rose*），福珍妮（Ms. Jane E. Faulding*），貝瑪利（Ms. Mary Bell*），包瑪莉（Ms. Mary Bowyer*），衛養生（James Williamson），童跟福（George Duncan），史洪道（John Robert Sell），路惠理（William D. Rudland），蔡文才（Josiah Alxander Jackson）和戴家名子女——長女戴存恩（Grace Dyer Taylor），長子戴存仁（Herbert Hudson Taylor），次子戴存義（Frederick Howard Taylor）及三子戴存禮（Samuel Dyer Taylor）。

第三章 初創時期的中國內地會（1866～1874）

　　同治五年到十三年（1866 年～1874 年）間，內地會在華推展教務，建立該會傳教特色，並以原有寧波教會爲基礎，擴充組織，延續戴德生早年在華的傳教事業。同治五年八月二十二日（1866 年 9 月 30 日），「蘭茂密友爾」輪船號內地會傳教士安抵上海，揭開該會在中國活動的序幕。〔註 1〕戴德生經舊識姜先生（William Gamble）協助安排住宿後，〔註2〕便帶領女教士宓玖（Ms. Elizabeth Rose，？～1890 後爲宓道生師母*）和巴瑪利（Ms. Mary Bausum，後爲白克敵師母*）到寧波視察教務。在戴氏回英期間，寧波教會日常會務改由宓道生負責。該會教士白克敵、江朗筆、曹雅眞、范約翰等更積極開拓寧公橋（Ning-kong-gyiao*）、奉化、紹興爲內地會傳教新據點，〔註3〕爲該會進一步教務發展作舖路工作。此後，戴德生也決定往杭州建立新的佈道所（station），遂於九月十二日（1866 年 10 月 20 日）離滬。到杭州，由美北長老會的葛林（Mr. D.D. Green*）安排他暫居大美國浸禮會眞神堂傳教士客來亞（Carl T. Kreyer*）

〔註 1〕 *The Story of the C. I. M.*, v.1, p. 282.
〔註 2〕 *The Story of the C. I. M.*, v. 1, pp. 283～285.
　　　　關於姜先生個人事蹟，詳見 Alexander Wylie, *Memorials of Protestant Missionaries to the Chinese*, p. 249.他是美北長老會在華印刷出版事業負責人。
〔註 3〕 *The Story of the C. I. M.*, pp. 285～287.
　　　　自本章起，（1）內地會傳教士的個人資料中，未能查到出卒年者，將不再附註「生卒年不詳」的文字。（2）傳教士的中文姓名不確定者，仍繼續在其英文姓名之後加註 "*" 記號以示區別。（3）內地會中國助手的羅馬拼音姓名，除非有確切中文資料佐證之外，一律使用中文音譯。（4）中國羅馬拼音地名，無法確定其中文原名者，由筆者自譯，並在羅馬拼音地名後加註 "*" 記號。

的屋舍。〔註4〕戴氏從此以杭州爲中心，積極發展內地會在浙江省的會務。然
而其攜婦女著華服往中國內地傳教的方式，被視作違反西方倫理且置婦女同胞
於危險的舉動，引起旅華西人廣泛的爭論和不滿。〔註5〕內地會首批差傳團隊——
——「蘭茂密友爾教士團」（Lammermuir Party）——的傳教行爲，導致他們被戲
稱作「豬尾佈道團」（Pigtail Mission）。內地會強調女傳教士在開拓工作的角色，
也使戴德生被譏爲「蠢人」。〔註6〕

第一節　浙江教務的開拓

一、寧　波

　　咸豐七年五月（1857年6月），戴德生和祝恩賜（兩人當時皆屬中國傳道會）
在寧波（今名「鄞縣」）創設佈道所。〔註7〕戴氏回英療養後，會務交宓道生代
理。同治六年（1867年）時，寧波內地會由宓道生擔任牧師；其時，教會已擁
有六十四名固定會友。〔註8〕宓道生除負責寧波教務外，並於是年六月（1867
年7月）與該會傳教士蔡文才（Josiah A. Jackson, ？～1909）相伴到台州（今名
「臨海」）訪問，遂決定由蔡文才負責推展台州教務。〔註9〕十一、二月（1868
年1月）間，宓道生又和柯亨力（Henry Cordon*）循童跟福（George Duncan, 1844

〔註4〕 *The Story of the C. I. M.*, v. 1, pp. 288～294.
　　　　關於客來亞個人事蹟，詳見 Alexander Wylie, *Memorials of Protestant Missionaries to the Chinese*, p. 277.
　　　　關於葛林個人簡介，參看 *Hudson Taylor & China's Open Century, Book Five*, p. 482.
　　　　所謂「佈道所」是指傳教士的居處，亦同時是教堂、學校或教室、醫院或葯房。典型的佈道所多位在城市內，常駐有外國傳教士及中國助手。參見蔡錦圖，《戴德生與中國內地會（1832～1953）》，頁153。

〔註5〕 *Hudson Taylor and the C. I. M.*, pp. 89～91.

〔註6〕 A. J. Broomhall（海恆博）, *Hudson Taylor & China's Open Centuzy, Book Four: Surviror's Pact* (London: Hodder & Stoughton and The Overseas Missionary Fellowship, 1984), pp. 226～227.

〔註7〕 *The Occasional Papers of the China Inland Mission* (From November 1872 to March 1875), (London: Morgan and Scott, 1875; Taipei: Ch'eng-wen Publishing Company, reprinted, 1973), p. 200 之後的圖表。此爲中國內地會早期教務刊物，中文譯名爲「不定期報」。以下簡稱 *Occasional Papers*。

〔註8〕 *The Story of the C. I. M.*, v. 1, p. 310.

〔註9〕 *The Story of the C. I. M.*, v. 1, pp. 338～339.

～1873）巡迴傳教路線到江蘇蘇州（今名「吳縣」），欲成立新的佈道所。〔註10〕
同治七年（1869 年）初，寧波教會由麥加弟（John McCarthy, 1840～1911）接掌
會務。〔註11〕同治十年（1871 年），改由本地會友王來全管理教會，並得徐國貴
（Tsiu Kyuo-kew）協助。〔註12〕從此，寧波內地會的傳教工作完全由中國信徒
推動。外國傳教士則居於輔導地位，負責考察各傳教站（out-station）的教務狀
況、測試待領洗者（candidate for baptism）的信仰意願等工作。同治十二年五、
六月間（1873 年 6 月），寧波教會有約三百名會友按月參加聯合祈禱會。〔註13〕
由此可見，其傳教工作已略具成績。

二、奉　化

　　同治五年一月（1866 年 3 月）宓道生、江朗筆到奉化訪問並租屋留住。
〔註14〕是年三、四月間（1866 年 5 月）正式開拓奉化為內地會佈道所，由
江朗筆夫婦和曹雅真負責推展會務。〔註15〕十、十一月間（1866 年 12 月），
江朗筆為隨其自寧波來的僕人施洗，成為奉化內地會第一位信徒；另有慕道
友（inquirer）數名。〔註16〕同治六年（1867 年），江朗筆為一老婦施洗，並
雇其作女傳道（Bible-woman），隨江朗筆師母作家庭探訪（home-to-home
visitation）。是年，共三人加入奉化教會，其中包括一名佛教僧侶。〔註17〕
同治七年（1868 年），設寧海佈道所，並將教力擴展到橫溪鎮等傳教站。熱
心的會友更主動回鄉傳教，使教會慕道友人數漸增。〔註18〕至同治十二年
（1873 年）時，奉化、寧海兩佈道所督導天台、溪口、象山、橫溪、'O-z 'Ong-zih

〔註10〕 *The Story of the C. I. M.*, v. 1, pp. 339～346, 356. 由浙江蘭谿，北沿大運河，進
　　　　入江蘇，到蘇州和鎮江。
〔註11〕 *The Story of the C. I. M.*, v. 1, p. 389.
〔註12〕 *The Story of the C. I. M.*, v. 1, pp. 434～443.
　　　　關於王來全（Wông Læ-djün）的個人簡介，可參見 *Hudson Taylor & China's
　　　　Open Century, Book Seven*, p.660, Wang Lae-djün 條。
〔註13〕 *Occasional Papers*, p. 108.
　　　　所譯「傳教站」是指沒有外國傳教士長駐的宣教據點。傳教站一般由中國教
　　　　牧管理，傳教士則在一年內到訪數次，推行教務工作。參見蔡錦圖，《戴德生
　　　　與中國內地會（1832～1953）》，頁 153。
〔註14〕 *Occasional Papers*, p. 130.
〔註15〕 *Occasional Papers*, p. 200-b.
〔註16〕 *Occasional Papers*, p. 131.
〔註17〕 *Occasional Papers*, p. 132～134.
〔註18〕 *The Story of the C. I. M.*, v. 2, p. 71.

六個傳教站的教務工作，會友共計五十三人，另有五位待領洗者及四名慕道友。〔註19〕由此可見，本期奉化教會的發展仍屬草創階段。

三、紹　興

　　同治五年四月十日（1866年5月23日），宓道生、范約翰和中國助手方能貴訪問紹興。〔註20〕七月二十七日（1866年9月5日），正式設立佈道所，由范約翰夫婦負責開拓教務，〔註21〕在香橋（Hyiang-gyiao*）附近租屋，稱為「耶穌堂」。〔註22〕范約翰勤練方言，〔註23〕並得會友徐先生（Tsiu Sin-sang）之助，往鄰近的村莊、廟宇、鄉鎮傳教，並藉機練習語言。〔註24〕同治六年（1867年），紹興民眾因誤信謠言，破壞內地會學校等設施，范約翰幸未受傷。〔註25〕此後，紹興教會會友陸續增加，〔註26〕信徒多屬社會低階層，從事船夫、麵包師傅、鞋匠等職業。〔註27〕范約翰便同會友馮七寶（Fung Che-pao）往嵊縣屋佈道，使嵊縣（同治八年～九年，1869年～1870年）成為紹興的傳教站。〔註28〕又派男傳道（Evangelist）在新昌設禮拜堂，時逢天津教案，〔註29〕各地反教情緒高昂，遂遭當地居民搗毀。至同治九年七月（1869年8月中旬）范約翰訪問新昌後，內地會工作始順利開展。〔註30〕范約翰除加強已有傳教據點的教力外，並將教區擴展到仙巖和章家埠。〔註31〕另由女教士鄧娜（Ms. Emmeline Turner*，？～1897）主持內地會女子學校。〔註32〕綜觀紹興佈道所至同治十三年（1874年）為止的教務發展，范約翰獲得王來全和任秀

〔註19〕 *Occasional Papers*, p. 172.
　　　　The Story of the C. I. M., v. 2, pp. 62～63.
〔註20〕 *Occasional Papers*, pp. 199～200.
〔註21〕 *Occasional Papers*, pp. 200, 200-b.
〔註22〕 *The Story of the C. I. M.*, v. 2, p. 50.
〔註23〕 *The Story of the C. I. M.*, v. 1, p. 310.
〔註24〕 *Occasional Papers*, p. 199.
〔註25〕 *Occasional Papers*, p. 200.
〔註26〕 *Occasional Papers*, p. 221.
〔註27〕 *Occasional Papers*, p. 220.
　　　　The Story of the C. I. M., v. 2, pp. 51～52.
〔註28〕 *Occasional Papers*, p. 224.
　　　　The Story of the C. I. M., v. 2, p. 55.
〔註29〕 郭廷以，《近代中國史綱》，上冊，頁216。
〔註30〕 *Occasional Papers*, p. 225.
〔註31〕 *Occasional Papers*, pp. 156, 227.
〔註32〕 *Occasional Papers*, pp. 187～188, 212, 228.

才之助，使會務日興，並派信徒張小豐（Chang Siao-fung）擔任助理牧師（associate pastor）。是年四月二十二日（6 月 6 日），范約翰回英，由宓道生和陶士偉（Arthur William Douthwaite, ？～1899）代理紹興、寧波兩佈道所的會務。〔註33〕因此，紹興教會在初創時期的教務已有良好基礎。

四、杭　州

同治五年（1866 年），戴德生同「蘭茂密友爾」號輪船的內地會傳教士留居杭州，過著純粹中國式的生活，〔註34〕並在新街弄（Sin-k'ai-lung）租屋作為內地會傳教事業的指揮中心。〔註35〕九、十月間（1866 年 11 月），正式在杭州設立佈道所，〔註36〕由女傳教士福珍妮（Ms. Jane E. Faulding，後為第二任戴德生師母*，1843～1904）分送鄰舍羅馬拼音的新約和詩本，夏安心（或狄樂義 Ms. Louise Desgraz, ？～1907）整理會舍，謀求建立傳教事業。在眾教士齊心努力下，是年底，杭州教會已擁有五、六十名會友。〔註37〕此後，戴德生設診療所實行醫療佈道，就診者眾；戴師母（首任）戴瑪利亞女士主持日間縫紉學校，並著華服作家庭訪問，使此種傳教方式容易接近民眾的優點再次得到證明。〔註38〕同治六年五月（1867 年 6 月），戴德生更與童跟福、麥加弟兩位傳教士和杭州信徒往江西從事傳教旅行，途經富陽、桐廬、七里瀧、嚴州府（今名「建德」）、蘭谿後，再返回杭州。戴氏決定留麥加弟在嚴州府、童跟福在蘭谿拓展教務。〔註39〕而此時杭州教會會務逐漸步入正規，會友已增為十八人，另有十四人待領洗禮，指任王來全為牧師（pastor），選派執事（deacon）三人協助處理日常事務，使會務得以迅速擴充。同治七年（1868 年），杭州始真正成為內地會的工作樞紐。〔註40〕同治十年（1871 年），寧波會友羅阿實（Loh Ah-ts'ih）組織杭州本地傳教士會（"Native Missionary Society"），派會友張良勇（Chang

---

〔註33〕 *Occasional Papers*, pp. 211～212.

〔註34〕 *Hudson Taylor and the C. I. M.*, p. 99.

〔註35〕 *The Story of the C. I. M.*, v. 1, p. 298；徐欣嫻，《全然奉獻為中國的戴家：從戴德生到戴繼宗》，頁 93。

〔註36〕 *Occasional Papers*, p. 200-b.

〔註37〕 *The Story of the C. I. M.*, v. 1, pp. 299～301.

〔註38〕 *The Story of the C. I. M.*, v. 1, pp. 315, 319～321.

〔註39〕 *The Story of the C. I. M.*, v. 1, pp. 324～329.

〔註40〕 *The Story of the C. I. M.*, v. 1, pp. 332, 354, 357.另依據徐欣嫻，《全然奉獻為中國的戴家：從戴德生到戴繼宗》，頁 69，王來全原是一位漆匠。

Liang-iong）擔任江西玉山內地會牧師，致力發展浙、贛交界地帶教務。〔註41〕杭州所屬傳教站也有中國助手管理日常會務。〔註42〕由此可知，中國信徒的自傳能力日益增強，內地會對中國教會自傳亦相當重視，栽培中國教牧，遵循其傳教方略，巡迴各傳教站考察會務，並適時給予輔導。〔註43〕因此，王來全牧師等內地會中國教牧，不但監督衢州、蘭谿、蕭山、閘口、杭州等地的教務，按時舉行祈禱會，出版寧波方言羅馬拼音月報（monthly newsletter in Romanised Ning-po dialect），並派遣男傳道支援安徽安慶佈道所。〔註44〕同治十三年二月十日（1874 年 3 月 27 日）杭州本地傳教士聯盟（"Native Missionary Association"）舉行年會，決議開設餘杭傳教站，〔註45〕由張良勇負責。〔註46〕會友喬驥（Ziao-gyi）則獨自傳教於杭州灣以北至錢塘江一帶（杭州、安吉除外）。〔註47〕

五、台　州

　　同治六年六月（1867 年 7 月），宓道生和蔡文才設立台州（今名「臨海」）佈道所，並得高學海（J. E. Cardwell）之助，推展教務。〔註48〕至同治九年（1870年），台州內地會有六、七名會友，改由路惠理負責日常會務，並得中國助手蔣阿良（Tsiang Ah-liang）協助。〔註49〕此後，路惠理攜帶助手朱先生（Chü Sin-sang）、林曉松（Ling Tsiao-song）、林書居（Ling Hyiu-djü）、王高（Üong-kao）等前往黃巖、東塍、太平、仙居等地作傳教旅行、販賣宗教書冊，先後成立傳教站；〔註50〕並在台州設日間學校一所，吸引學生歸主。〔註51〕教務發展至同治十三年（1874 年）時，信徒仍少。

六、溫　州

　　同治六年十一月十四日（1867 年 12 月 9 日），溫州（今名「永嘉」）正

〔註41〕 *The Story of the C. I. M.*, v. 1, pp. 428～434.
〔註42〕 *The Story of the C. I. M.*, v. 1, pp. 443～448.
〔註43〕 *Occasional Papers*, p. 34.
〔註44〕 *Occasional Papers*, pp. 35, 105, 107.
〔註45〕 *Occasional Papers*, p. 187.
〔註46〕 *Occasional Papers*, p. 213.
〔註47〕 *Occasional Papers*, pp. 197～198.
〔註48〕 *Occasional Papers*, p. 200-b.
〔註49〕 *The Story of the C. I. M.*, v. 2, p. 17.
〔註50〕 *The Story of the C. I. M.*, v. 2, p. 17.
　　　　 Occasional Papers, pp. 72～73, 109, 189～190.
〔註51〕 *Occasional Papers*, p. 208.

式設立佈道所。〔註52〕是年十一月初，內地會傳教士曹雅眞自寧波經奉化到台州與蔡文才會合後，連袂到溫州傳教。曹雅眞和中國助手遭地保干涉，致租屋困難，至十二月二十六日（1868 年 1 月 20 日）始獲安頓，並即刻學習方言以利傳教。〔註53〕同治九年九月到十年二月（1870 年 10 月～1871 年 4 月）間，曹雅眞得蔡文才之助，設立新教堂，有信徒二人（命相師、和尚各一），並管理內地會男子學校，另派中國信徒經營書店。〔註54〕內地會所屬溫州教會續受地保刁難，致教堂被禁用七個月，但教務尚未中斷，有數名待領洗者。〔註55〕同治十二年（1873 年），曹雅眞得中國助手丁群（Din kying）協助，繼續擴充教務。〔註56〕

綜觀初創時期內地會在浙江的教務開拓，浙江全省七十八縣之中，有二十四縣有中國信徒和外國傳教士居住。其中，內地會單獨駐居佔十三縣，其他傳教團體佔六縣，兩者並駐佔五縣。〔註57〕

第二節　華中教務的開拓

一、江　蘇

（一）南　京

同治六年八月（1867 年 9 月）童跟福自浙江蘭谿前來設立佈道所。〔註58〕同治十二年（1873 年），由童跟福、李愛恩（Henry Reid）、郝多馬（Thomas P. Harvey*）督導會務，童跟福師母、鮑康寧師母（Mrs. F. W. Baller*, maiden name as Mary Bowyer, 1843～1909）從事婦女工作。一月（1873 年 2 月）戴德生考察南京會務時，站內僅連方（Læn-feng）一名中國助手，而禮拜堂亦限於週日開放；〔註59〕遂派戴師母福珍妮女士（Mrs. Jane Taylor, 1843～1904，第二任）

〔註52〕 *Occasional Papers*, pp. 200-b.
〔註53〕 *Occasional Papers*, p. 111.
　　　　 The Story of the C. I. M., v. 1, pp. 347～352.
〔註54〕 *Occasional Papers*, pp. 114～115.
〔註55〕 *Occasional Papers*, pp. 49, 75.
〔註56〕 *Occasional Papers*, p. 208.
〔註57〕 *Occasional Papers*, p. 197.
〔註58〕 *Occasional Papers*, p. 200-b.
　　　　 The Story of the C. I. M., v. 1, pp. 339～346.
〔註59〕 *Occasional Papers*, p. 67.

和夏安心加入傳教行列，力求改善會務狀況，並指導該會新來傳教士寶傑（J. P. Donovan*）、顧飛（Frederick Grombridge*）學習華語。〔註60〕另派賈愛德（Edward Judd*）到鎮江、揚州、清江浦等地巡迴傳教。〔註61〕同治十三年（1874年），南京內地會因戴亨利（M. Henry Taylor*）、鮑康寧（Frederick W. Baller, 1852～1922*）的加入，並得中國助手田先生（Teng Sien-sang）、鄧師傅（T'eng Si-fu）的協助，設立查經班，會務漸有起色。〔註62〕

（二）揚　州

同治七年閏四月（1868年6月），內地會在揚州（今名「江都」）設立佈道所，〔註63〕隨即引發教案。結案後，由賈愛德夫婦督導會務，夏安心管理內地會學校。〔註64〕同治十年（1871年）民眾又因謠傳而騷動，險些發生教案。〔註65〕同治十二年（1873年），揚州教會由費愛德（Edward Fishe, ？～1877）夫婦負責全會印刷工作，有慕道友五名，其中包括三位待領洗者。另外設立北泰州（North T'ai-chau*）傳教站。〔註66〕內地會在揚州的教務發展至同治十三年（1874年）為止，僅有中國助手蔣守良（Tsiang Soh-liang），及在地會友二、三人。〔註67〕

（三）蘇　州

同治六年到七年（1867年～1868年）間，童跟福、柯亨力、宓道生曾先後到蘇州（今名「吳縣」）巡迴傳教。〔註68〕同治七年二月（1868年3月），內地會在蘇州正式設立佈道所，〔註69〕由柯亨力和麥珍、麥琳姊妹（Misses Jane and Mary McLean*）負責推展教務。〔註70〕同治十二年二月～四月間（1873年3月～5月），由於百姓對傳教活動的漠視，致佈道效果不彰，內地會不得不放棄在蘇州城外西錢塘的佈道所，〔註71〕暫時停止蘇州教務工作。

〔註60〕 *Occasional Papers*, p. 68.
〔註61〕 *Occasional Papers*, pp. 163～164.
〔註62〕 *Occasional Papers*, pp. 218～219.
〔註63〕 *Occasional Papers*, v. 1, p. 200-b.
〔註64〕 *The Story of the C. I. M.*, v. 1, p. 384.
〔註65〕 *The Story of the C. I. M.*, v. 1, pp. 384～387.
〔註66〕 *Occasional Papers*, pp. 71～72.
〔註67〕 *Occasional Papers*, p. 182.
〔註68〕 *The Story of the C. I. M.*, v. 1, pp. 339～346, 356.
〔註69〕 *The Story of the C. I. M.*, v. 1, p. 465.
〔註70〕 *The Story of the C. I. M.*, v. 1, p. 357.
〔註71〕 *Occasional Papers*, p. 68.

（四）鎮　江

　　同治六年六月（1867 年 7 月）末，童跟福曾到鎮江旅行佈道；〔註72〕而戴德生也於同治七年閏四月上旬（1868 年 5 月底）來此查訪，欲以鎮江作爲深入內地的前哨站，並派路惠理夫婦自杭州携中國助手前來籌辦印刷事宜。〔註73〕十一、二月間（1869 年 1 月），內地會在鎮江正式設備佈道所。〔註74〕同治十年（1871 年）揚州反教氣氛方熾，夏安心、賈愛德師母（Mrs. Edward Judd*）勉强遷此居住，南京包瑪莉亦來鎮江協助婦幼工作。〔註75〕同治十二年二～四月（1873 年 3 月～5 月）由，魚教士（Charles Thomas Fishe）、戴德生自鎮江出發，訪視內地會各佈道所、傳教站，經浙江寧波、蕭山，並到紹興探視范約翰，再返回杭州會務指導中心，〔註76〕安排杭州寄宿學校（Hang-chau Boarding School）男童往鎮江遷移事宜。〔註77〕麥加弟則到安徽安慶、大通、蕪湖等地作傳教旅行。〔註78〕同治十三年（1874 年），鎮江教會由麥加弟、鮑康寧負責督導會務，增加六名會友，〔註79〕鎮江寄宿學校正式招收男、女學生，並由女會友負責婦女工作；〔註80〕教務欣欣向榮。

（五）清江浦

　　同治八年（1869 年）秋，戴德生、衛養生自江蘇北部巡迴傳教到清江浦（今名「淮陰」），共訪四城、二十五鎮。〔註81〕十一月（1869 年 12 月）正式設立佈道所，〔註82〕童跟福、李愛恩先後駐此督辦教務，〔註83〕至同治十二年（1873 年）撤消佈道所爲止。〔註84〕同治十二年十一月十六日（1874 年 1 月 4 日）麥加弟携兩中國會友自鎮江、揚州到清江浦，嘗試恢復教會活

〔註72〕 *The Story of the C. I. M.*, v. 1, pp. 347～352.

〔註73〕 *The Story of the C. I. M.*, v. 1, pp. 357～359.

〔註74〕 *Occasional Papers*, p. 200-b.

〔註75〕 *Occasional Papers*, p. 420.

〔註76〕 *Occasional Papers*, p. 68.

〔註77〕 *Occasional Papers*, p. 106.

〔註78〕 *Occasional Papers*, p. 164, 182.

〔註79〕 *Occasional Papers*, p. 215, 238.

〔註80〕 *Occasional Papers*, p. 237.

〔註81〕 *The Story of the C. I. M.*, v. 1, pp. 357～359.

〔註82〕 *Occasional Papers*, p. 200-b.

〔註83〕 *The Story of the C. I. M.*, v. 1, pp. 383～384.

〔註84〕 *Occasional Papers*, p. 75.

動，未果；只得和寶傑前往高郵、板閘、淮安、寶應等地巡迴傳教。〔註85〕雖然內地會無法維持清江浦的教務工作，但至同治十三年初（1874 年 2 月），仍擁有數名待領洗者。〔註86〕

二、安　徽

　　同治七年十、十一月間（1868 年 12 月），宓道生、衛養生自鎮江、南京出發到安慶（今名「懷寧」）傳教，宿於旅店，對當地民眾懼與洋鬼子來往，感觸頗深。〔註87〕同治八年（1869 年）夏，宓道生再度從鎮江携眷來此嘗試傳教，接待訪客並販售書冊，〔註88〕正式設立佈道所。〔註89〕其後，宓道生和衛養生因健康關係，由南京童跟福兼領安慶會務。童跟福是內地會第一位在安徽活動的巡迴傳教士。〔註90〕同治十年（1871 年），他和郝多馬在安徽作有計畫的旅行佈道，訪問安慶、蕪湖、寧國、徽州（今名「歙」）和浙省嚴州（今名「建德」），後因郝多馬得病轉赴上海而結束此行。其後，童跟福曾往皖北傳教，抵廬州（今名「合肥」）而返。〔註91〕同治七年到十一年（1868 年～1872 年），內地會是安徽唯一的基督新教傳教團體，〔註92〕在童跟福過世（同治十二年一月十五日：1873 年 2 月 12 日）後，由杭州麥加弟接掌皖境教務，設立青年訓練之家（Young Men's Training Home），並得寧波會友周小亭協助推展教務。此外，麥加弟更將教區擴展到徽州、廣德、大通、及浙江的安吉、遠舖等地。〔註93〕同治十二～十三年間（1873 年～1874 年），麥加弟再訪大通、蕪湖、太平、池州（今名「貴池」）等地視察政務，並在蕪湖為會友舉行洗禮，〔註94〕後由寶傑兼安慶、蕪湖、大通教務。〔註95〕可見初創時期內地會在安慶的傳教據點尚未鞏固，負責會務的傳教士調動頻繁。

〔註85〕 *Occasional Papers*, pp. 216～217.
〔註86〕 *Occasional Papers*, p. 186.
〔註87〕 *The Story of the C. I. M.*, v. 1, pp. 389～392.
〔註88〕 *The Story of the C. I. M.*, v. 1, p. 392.
〔註89〕 *Occasional Papers*, p. 200-b.
〔註90〕 *The Story of the C. I. M.*, v. 1, pp. 397～398.
〔註91〕 *Occasional Papers*, p. 62.
　　　　 The Story of the C. I. M., v. 1, pp. 425～427, and v. 2, p. 92.
〔註92〕 *The Story of the C. I. M.*, v. 1, p. 400.
〔註93〕 *Occasional Papers*, pp. 76, 105～106.
〔註94〕 *The Story of the C. I. M.*, v. 2, pp. 93～94.
〔註95〕 *Occasional Papers*, p. 180.

三、江 西

同治八年十一月（1869 年 12 月），高學海在九江設立佈道所。〔註96〕同治十至十一年間（1871 年～1872 年），他依照內地會傳教方略，在贛省從事旅行佈道，販賣福音書冊。〔註97〕第一次旅行在同治十年二、三月（1871 年 4 月），他到湖口、南昌、撫州（今名「臨川」），饒州（今名「鄱陽」）巡迴傳教。〔註98〕第二次旅行在同治十年七、八月（1871 年 9 月），他得到中國助手鍾周同（Chun Chow-tung）協助，至年底結束，返回九江。第三次旅行在同治十一年六、七月（1872 年 8 月），他沿贛江到萬安；向西經過湘贛邊境到永新、吉安、臨江（今名「清江」）、撫州（今名「臨川」），再循鄱陽湖、廣信河到贛西。〔註99〕同治十一年春，由於高學海的傳教努力，終於得到二名本地信徒；信心大增，更深入河口、貴溪等地開拓教務。〔註100〕並於是年底，高學海在九江設立禮拜堂，〔註101〕以便進一步擴充會務。同治十二月二月（1873 年 3 月）內地會在九江設立男童寄宿學校，收養孤兒或家境清苦的寡婦所養育的孩童。此時，九江內地會已擁有十六名在地會友，〔註102〕和五名中國助手，另設查經班以造就信徒。〔註103〕雖然九江民眾曾因聽信謠言攻擊內地會的中國助手，並未使教務中斷，〔註104〕且增設大姑塘佈道所。〔註105〕

第三節　初創時期的民教衝突

一、蕭山教案

同治五年十二月二日（1867 年 1 月 7 日），內地會教士倪義來夫婦（Mr. Lewis Nicol and Mrs. Eliza Nicol）和衛養生自上海英領事處取得上海蓋印執照前往內地傳教，在浙江蕭山租屋佈道，二十餘日未遭遇當地居民攔阻。〔註106〕十二月

〔註96〕 *Occasional Papers*, p. 200-b.
〔註97〕 *Occasional Papers*, p. 96.
〔註98〕 *Occasional Papers*, p. 101.
〔註99〕 *Occasional Papers*, p. 97.
〔註100〕 *The Story of the C. I. M.*, v. 2, p. 96.
〔註101〕 *Occasional Papers*, p. 97.
〔註102〕 *Occasional Papers*, pp. 98～99.
〔註103〕 *Occasional Papers*, p. 101.
〔註104〕 *Occasional Papers*, p. 102.
〔註105〕 *Occasional Papers*, p. 200-b, 163.
〔註106〕 《教務教案檔》，第二輯，第二冊，頁 1251～1252。

二十三日（1868 年 1 月 28 日）晚，知縣趁醉糾眾入寓推打倪教士、辱罵倪師母；既不認真查驗執照，又對教友周小亭施刑六百板、掌嘴一百下；並催逼倪義來等人立即遷往他地居住。〔註 107〕此事經英國公使阿禮國（Sir Rutherford Alcock, 1809～1897）照會總署查辦後，〔註 108〕經蕭山知縣邊厚慶解釋，指稱係倪義來既未到縣衙報明身份，又未貼傳教招紙，引起百姓疑懼；之後，呈驗執照時，教民周小亭一味出言頂撞，遂薄施懲罰以戒其藐視官府；而倪教士也因言語不通，慌忙遷移導致其損失物件。此案發生後，經地方官府通知倪義來等重回蕭山傳教，並勸喻蕭山百姓不可騷擾，官民乃盡釋前嫌。〔註 109〕英方遂不再追究，此案乃結。民教衝突平息之後，內地會得以正式在蕭山設立佈道所，由中國助手徐先生協助開拓教務。〔註 110〕

二、揚州教案

　　此案源自同治五年十月（1866 年 11～12 月）屬天主教的法國司鐸雷遹駿、鎮江洋人金緘三堅持江蘇揚州舊有教堂基地為其所有，且欲購轅門橋地建堂。同治六年十一月（1867 年 11～12 月），金緘三租賃房舍，設立學堂、藥局於揚州新城內三義閣等地，用以撫育棄嬰、收養幼孩。一時，動刀割肉、取腦配藥等傳說紛紜，〔註 111〕匿名揭帖遍起，指稱其有蒸收腦髓的意圖，百姓必須將他驅逐。〔註 112〕同治七年七月五日（1868 年 8 月 22 日），其堂內之人李得義埋葬嬰屍兩具於江邊，被民眾瞥見查獲，並在原地起出該堂嬰屍十二具，〔註 113〕遂引起百姓仇教鬧事，使屬基督新教的內地會受到連累。〔註 114〕

　　戴德生於同治七年五月（1868 年 6～7 月）在揚州傳教，曾面稟揚州知府

〔註 107〕《教務教案檔》，第二輯，第二冊，頁 1253～1254。

〔註 108〕《教務教案檔》，第二輯，第二冊，頁 1251～1252。另依據郭廷以，《近代中國史綱》，上冊，頁 222～223。咸豐十年十二月十日（1861 年 1 月 20 日），清廷派恭親王奕訢，和桂良、文祥等辦一個專設外交機構。此機構即「總理各國通商事務衙門」，對外簡稱「總理各國事務衙門」；之後，再簡稱「總署」，性質與軍機處相類似。

〔註 109〕《教務教案檔》，第二輯，第二冊，頁 1258～1259，1262。

〔註 110〕 The Story of the C. I. M., v. 1, pp. 306～307.
　　　　　呂實強，《中國官紳反教原因（1860～1874）》，頁 227。

〔註 111〕《教務教案檔》，第二輯，第二冊，頁 573～574。

〔註 112〕《教務教案檔》，第二輯，第二冊，頁 577。

〔註 113〕《教務教案檔》，第二輯，第二冊，頁 578～579、584～586。

〔註 114〕《教務教案檔》，第二輯，第二冊，頁 573、592。

孫恩壽遵約保護、諭准向民眾租賃屋舍。戴德生雖知當地人民反教情緒激昂，仍自行在瓊花觀巷內居住並設立耶穌堂。〔註115〕案發後，戴氏曾於六月二十六日（1868年8月14日），七月二日（8月19日）、七月五日（8月22日）、七月六日（8月23日）向揚州知府孫恩壽稟報，〔註116〕說明內地會寓所有無知百姓、兵勇擅入登樓、造謠生事，請求官府彈壓保護；〔註117〕強調其在揚州租屋建堂，爲條約明文載准，卻被葛姓居民臨門騷擾，當面誣指有挖目剖腹、吸食嬰腦、幽禁人口等劣行；〔註118〕內地會揚州寓所隨即遭到民眾攻擊，致傳教士受傷、財物損失嚴重。〔註119〕經英上海領事麥華陀（Sir Walter H. Medhurst, 1822～1885，乃倫敦會來華資深傳教士麥都思之子，且父子同名）報告英國駐華公使阿禮國後，〔註120〕即向總署申陳案情，〔註121〕乘兵艦「倫挪多」（Rinaldo）號來揚州查勘交涉。〔註122〕阿禮國面詢內地會傳教士後，他歸結案由如下：該會在揚州的寓所係官府查准且註冊存案；傳教士言語行爲並無不當，反時遭欺毆；造謠揭帖純屬誣蔑，乃當地士紳晏端書、卞寶第、厲伯孚、吳文錫等慫慂攻擊；經內地會傳教士數稟，而甘泉縣令李修梅一概不理。〔註123〕遂提六項要求：〔註124〕

一、地方官府須備銀送交本領事轉給內地會被搶教士，作爲賠償物件、醫傷等各項費用。

二、地方官府須照該教士房屋原式修好。

三、地方官府須出告示曉諭居民，本案兇犯已照例重辦；並聲明英國人民可照約在揚州租屋居住，如有人與英人爲難，定即拏獲嚴究。

四、地方官府須將前項告示勒石，並立在內地會寓所門首。

〔註115〕《教務教案檔》，第二輯，第二冊，頁573、576～578。

〔註116〕《教務教案檔》，第二輯，第二冊，頁598。

〔註117〕《教務教案檔》，第二輯，第二冊，頁608。

〔註118〕《教務教案檔》，第二輯，第二冊，頁609。

〔註119〕《教務教案檔》，第二輯，第二冊，頁610。

〔註120〕Consul Medhurst to Sir R. Alcock, no. 1 (August 27, 1868), from *China. no. 2, (1869) Correspondence Respecting the Attack on British Protestant Missionaries at Yang-chow-foo, August, 1868*, p. 1.

〔註121〕《教務教案檔》，第二輯，第二冊，頁588。

〔註122〕《教務教案檔》，第二輯，第二冊，頁589。

〔註123〕《教務教案檔》，第二輯，第二冊，頁610～611、616～618。

〔註124〕《教務教案檔》，第二輯，第二冊，頁618～619。

Consul Medhurst to Sir Alcock, Chin-kiang, September 17, 1868, *British Parliamentary Papers: China, no. 2 (1869)*, pp. 20～22.

五、地方官府須寫信或派人請傳教士回原處居住。

六、地方官府立即釋放受本案無辜連累者。

後因曾國藩未允其求，麥華陀遂再領「路德呢」（Rodney）號等四艘兵船與總署交涉；又扣留通商大臣所派委員江海關道應寶時所乘江南製造局新出的第一號輪船「恬吉」，企圖迫使中國就範，〔註125〕並開列內地會損失清單。〔註126〕曾國藩則堅持涉案揚州四紳皆曾任二品三品四品大員，因其官階大故被人疑指；諭旨通行之政事從未刻碑，況條約未載，例不可開。曾國藩表示總署已經依照內地會受損情形從優償卹，並將失職的揚州知府孫恩壽和甘泉縣令李修梅撤職查辦。〔註127〕而內地會傳教士拒絕地方官傳穩婆驗傷，〔註128〕遂不允英方索求。

最後，中英雙方獲得協議：分別滋事人犯首從，照例懲辦；賠償載教士等養傷及損失銀一千二百二十八兩四錢，洋二百七十元九角；由上海通商大臣會同江蘇巡撫出示淮揚鎮三屬，嚴禁軍民滋擾教堂；揚州府發給簡明保護教堂告示一小方，交戴德生勒石。〔註129〕此案乃結，內地會遂在揚州積極發展教務。

三、鎮江教案

同治七年（1868 年）戴德生因租江蘇鎮江西城內寶城坊醋巷內夏履之宅傳教，引起民教糾紛。由於此宅為夏家四房共有房產，夏履之未和各房商量而擅自租借，且未報官。夏履之妻李氏出頭悔租又不願退還租洋。〔註130〕英國領事

〔註125〕 Consul Medhurst to Sir R. Alcock, Yang-chow, November 20, 1868, *British Parliamentary Papers: China, no. 2 (1869)*, pp. 59～60.

〔註126〕《教務教案檔》，第二輯，第二冊，頁 636～639。
總署收上海通商大臣曾國藩文附麥領事申陳（同治七年九月四日，1868、10、19）。

〔註127〕《教務教案檔》，第二輯，第二冊，頁 639～641。

〔註128〕《教務教案檔》，第二輯，第二冊，頁 623～624。
徐欣嫻，《全然奉獻為中國的戴家：從戴德生到戴繼宗》，頁 105～129，從傳教士角度，對內地會揚州教案有生動的描述。其中，頁 108 提及戴瑪利亞（首任戴德生師母）和路惠理師母（Mrs. William D. Rudland）皆懷有身孕。

〔註129〕 Consul Medhurst to Sir R. Alcock, Yang-chow, November 20, 1868; Consul Medhurst to Sir Alcock, Shanghai, December 2, 1868, *British Parliamentary Papers: China, no. 2 (1869)*, pp. 59～60, 65～66, 74.

〔註130〕《教務教案檔》，第二輯，第二冊，頁 593～594。

麥華陀帶同翻譯施維祺、委員阿林格與常鎮道蔡世俊就此案交涉。〔註 131〕其後，夏李氏再聚眾赴縣署、道署喧鬧。〔註 132〕總署立即改委蔡道之職、丹徒縣令王振則以另案撤委。〔註 133〕內地會租賃可仿安慶法國雷遹駿教士例，由地方官府在城內另租公所供其傳教，但須由出賃的百姓赴縣呈明契約。〔註 134〕麥領事對總署處理本案方式仍不滿意，再以兵船脅之。〔註 135〕經丹徒縣令祁德昌出示曉諭傳教係條約准行，並嚴禁民兵聚眾滋事，否則定即嚴拏究辦。〔註 136〕戴德生同意家眷不住鎮江城內，僅置堆積書籍；並由中國助手入內居住，外國傳教士日間進內照料，晚仍出城的活動方式後，〔註 137〕內地會終於租得夏宅，推廣教務，本案告結。

四、安慶教案

同治六年九月（1867 年、9～10 月）時，天主教教會在安徽省城安慶城內，先設法國教堂寓所。同治八年六月（1869 年 7～8 月）內地會傳教士宓道生、衛養生攜眷來此租西右坊民房五間，名為「聖愛堂」，居住數月、與當地居民相安無事。〔註 138〕同治八年九月三十日（1869 年 11 月 3 日）宓道生、衛養生坐轎出門，值安慶府屬文武考試，被應試各屬童生攔阻，當即避入道署。〔註 139〕各考童及閒雜人等擁入內地會寓所，拋毀什物。府縣隨即趕往保護宓道生妻和幼子，幸皆無恙，〔註 140〕並連及天主教法國教堂寓所。為平息事端，由安慶府知府何家驄等貲送宓教士妻小，於十月一日（1869 年 11 月 4 日）赴鎮江。〔註 141〕

在民教衝突發生之前，安慶府「早經出示曉諭諸色人等毋得滋生事端，並嚴諭團總地保等隨時提防」，〔註 142〕因各屬考童及城內居民不願有傳教活

〔註 131〕《教務教案檔》，第二輯，第二冊，頁 593、630。
〔註 132〕《教務教案檔》，第二輯，第二冊，頁 594～595、604。
〔註 133〕《教務教案檔》，第二輯，第二冊，頁 596。
〔註 134〕《教務教案檔》，第二輯，第二冊，頁 597。
〔註 135〕《教務教案檔》，第二輯，第二冊，頁 630～631。
〔註 136〕《教務教案檔》，第二輯，第二冊，頁 644～645。
〔註 137〕《教務教案檔》，第二輯，第二冊，頁 675、678。
〔註 138〕《教務教案檔》，第二輯，第二冊，頁 750、752、761、832。
〔註 139〕《教務教案檔》，第二輯，第二冊，頁 754。
〔註 140〕《教務教案檔》，第二輯，第二冊，頁 761。
〔註 141〕《教務教案檔》，第二輯，第二冊，頁 762。
〔註 142〕《教務教案檔》，第二輯，第二冊，頁 764。

動，使揭帖遍佈。〔註143〕在教案發生之後，總署決意迅速辦理，避免英法聯手相畔、別國藉機要脅致節外生枝，〔註144〕待院試畢設法訊結。〔註145〕其後，英方開列內地會損失清單，要求懲兇並查辦失職官員。〔註146〕總署遂將禍首夏姓考童、王元、王奎甲扣考，按例從重治罪；〔註147〕申飭失職地方官員；〔註148〕另照會英國公使阿禮國，闡明審理情形，〔註149〕並照失物單折算（包括西教士和華人）所開洋一千七百三十九元七角正而發庫平銀一千兩百兩，交英國領事麥華陀查收。〔註150〕本案乃結。

第四節　初創時期會務綜析

　　初創時期，中國內地會的教務發展完全由載德生一人策畫，以浙江省爲中心，旁及江蘇、安徽、江西和湖北。其傳教方法，以巡迴傳教爲主，形成兩名外國傳教士配合兩名中國助手向未開拓的地區旅行佈道的差傳模式。〔註151〕如此，足以掌握中國地大語雜特性，使中國助手得到實際操練、驗證所學，並爲其他傳教團體附帶做了鋪路工作。內地會每一佈道所、傳教站皆由外國傳教監督，中國男傳道負責實際工作。同治十三年（1874年）時，內地會在中國的傳教事業擁有約七十名中國助手，在二十八所教會、五十一個佈道所和傳教站服務。〔註152〕其信徒趨向社會低階層如麵包師、鞋匠、船夫、兵勇等，而知識分子極少。但對慕道友、待領洗者、受洗信徒、守聖餐者間的界限分得很清楚。中國會友的宗教道德亦受到相當重視。本期，杭州繼寧波之後成爲內地會指揮中心。由內地會對杭州本地教士傳教會、杭州本地傳教士聯盟活動的態度足以顯示該會對中國教牧自行傳教是支持、歡迎的。

　　戴德生爲應付日漸擴充的會務，於同治十一年（1872年）回英加強組織；

〔註143〕《教務教案檔》，第二輯，第二冊，頁765。
〔註144〕《教務教案檔》，第二輯，第二冊，頁773。
〔註145〕《教務教案檔》，第二輯，第二冊，頁778。
〔註146〕《教務教案檔》，第二輯，第二冊，頁784、789～792。
〔註147〕《教務教案檔》，第二輯，第二冊，頁800、818～819。
〔註148〕《教務教案檔》，第二輯，第二冊，頁844～845。
〔註149〕《教務教案檔》，第二輯，第二冊，頁800～801。
〔註150〕《教務教案檔》，第二輯，第二冊，頁810。
〔註151〕 *The Story of the C. I. M.*, v. 2, p. 44.
〔註152〕比較 *China's Millions*, v. 1875～1876, no. 1, p.2～3; and no. 4, p. 158.

後因該會英國負責人柏迦氏年衰退休，遂接管全會會務。旋即成立委員會（London Council），由希理查（Richard Harris Hill*）、賀惠廉（William Hall*）、薛力思（John Challice, ？～1887*）、魏得利（Joseph Weatherly*）、索喬治（George Soltau*）、索亨力（Henry W. Soltau*）、郝狄多（Theodore Howard, 1837～1915*）等教會熱心人士擔任委員，使內地會能向基督新教傳教團體尚未進入的九省作傳教旅行、建立據點。〔註153〕內地會英國總部改組後，戴德生將子女交白愛妹照顧，便重返中國領導會務。〔註154〕

除上述內地會西方傳教士與中國教牧信心行傳的文字論述之外，初創時期中國內地會教務發展至同治十三年（1874年）止綜覽整理如下：〔註155〕

省 區	佈道所或傳教站	開 拓 時 間	中 國 助 手	外國傳教士
江西	1. 九江	同治八年十一月（1869、12）	潘先生（P'en Sien-seng; C.*） 曾普仁（Tsen Pu-ren; S.*） 席先生（Tsi Sien-seng; C.*）	高學海夫婦
	2. 大姑塘	同治十二年六月（1873、7）	羅安福（Lo Gan-fuh; E.*）	
安 徽	3. 安慶	同治七年十一、十二月（1869、1）	蔣阿良（E.） 朱先生（Chu Sien-seng*）	由鎮江內地會傳教士監督教務
	4. 廣德	同治十一年二、三月（1872、4）	任芝卿（E.）	
	5. 蕪湖	同治十二年二月（1873、3）	韓先生（Han Sien-seng; E.*）	
	6. 大通	同治十二年五月（1873、6）	姚師傅（Iao Sï-fu; C.*）	
	7. 太平	同治十三年七、八月（1874、9）		
	8. 池州	同治十三年八、九月（1874、10）		
	9. 寧國	同治十三年十、十一月（1874、12）		

〔註153〕 *China's Millions*, v. 1875～1876, no. 4, p. 160. 九省指山東、山西、甘肅、貴州、四川、湖南、廣西、雲南、直隸。

英國內地會委員會（London Council）的各委員個人簡介，參看 *Hudson Taylor & China's Open Century, Book Five*, pp. 479, 482～483, 489, 491.

關於 Richard Harris Hill 的相貌，參見顧衛民輯，《鏡頭走過》，頁37。

關於 Theodore Howard 的相片，參見顧衛民輯，《鏡頭走過》，頁38，1872年時是內地會英國總部成員，1875年擔任主席，1879年擔任內地會英國總部總幹事。

〔註154〕 *Occasional Papers*, pp. 1～2.

〔註155〕 *Occasional Papers*, pp. 200, 200-b.

省區	佈道所或傳教站	開 拓 時 間	中 國 助 手	外國傳教士
江 蘇	10. 南京	同治六年八月 （1867、9）	田先生（E.） 鄧師傅（C.）	賈愛德夫婦 戴亨利 鮑康寧
	11. 蘇州	同治七年二月 （1868、3）		
	12. 揚州	同治七年閏四月 （1868、6）	蔣守良 金廣（Dzing-kwông; Pr.*）	
	13. 鎮江	同治七年十一、十二月（1869、1）	劉先生（Liu Sien-seng; E.*） 錢文樂（Ch'en Wen-loh; E.*） 金先生（King Sien-seng; S.*） 葉先生（Tæ Sien-seng*） 金老堯（Dzing Lao-yiao; Pr.*）	麥加弟夫婦負責城市工作 寶傑 包瑪利
	14. 清江浦	同治八年十一月 （1869、12）	吳稱讚（Wu Ch'eng-tsan; E.*） 錢師傅（Ch'en Sï-fu; C.*）	
	15. North T'ai-chau （北泰州）*	同治十二年一月 （1873、2）	張先生（Chang Sien-seng; E.*）	
	16. 上海	同治十二年九、十月間（1873、11）	金興裕（Dzing Sing-yiu; Pr.*）	費愛德夫婦 魚教士
浙 江	（北區） 17. 杭州	同治五年九、十月 （1866、10）	王來全（P.） 羅阿寶（E.）	由王來全任總監督 （Super-intendent）
	18. 合溪	同治元年（1862）	楊玉成（Yiang Yü-teng; E.*）	
	19. 閘口	同治七年（1868）	王貴坤（Uong Kw'e-kwun; E.*） 李阿卿（Li Ah-ky'ing; C.*）	
	20. 蕭山	同治五年十一、二月（1867、1）	徐芳慶（Tsiu-Fông-kying; E.*） 陰阿得（Yün Ah-lôh; C.*）	
	21. 安吉	同治十年（1871）	高曉驥（Kao Ziao-gyi; E.*）	
	22. 遞舖	同治十年		
	23. 餘杭	同治十三年一、二月（1874、3）	張良勇（E.） 姚師傅（C.）	
	（西區） 24. 衢州	同治十一年二、三月（1872、4）	王天雲（Wông Teng-yüing; E.*）	江朗筆任總監督
	25. 蘭谿	同治十年（1871）	歐阿河（'O Ah-ho; E.*） 金師傅（Dzing Sï-vu; C.*）	
	（中區） 26. 紹興	同治五年七月二十七日（1866、9、5）	張小豐（P.）	范約翰夫婦；鄧娜負責內地會學校
	27. 章家埠	同治十二年（1873）	施軍高（Sï Jün-kao; E.*）	
	28. 仙巖	同治十二年九、十月（1873、12）	任先生（Nying Sin-san; E.*）	
	29. 嵊縣	同治八年五、六月 （1869、7）	任先生（E.） 馮七寶（E.）	

省	區	佈道所或傳教站	開 拓 時 間	中 國 助 手	外國傳教士
浙	（中區）	30. 新昌	同治九年五月 （1870、6）	范宮保（Væ Kwông-pao; E.*） 辛先生（Sing Sin-sang; C.*） 李師母（Li Sï-meo; B.*）	
		31. 寧波	咸豐七年五月 （1857、6）	徐先生（E.） 徐師母（Tsiu-Sï-meo; B.*）	
		32. K'ong-p'u			姬先生 （Zi Sin-sang; E.*）
		33. Lih-dzo	同治九年（1870）	徐豐揚（Tsiu Üong-yiang; C.*）	
	（東區）	34. 寧海	同治六年十二月 （1868、1）	王新慶（Wông Sing-ch'ing; E.*） 石大清（Shih Da-tsing; C.*） 勞宜景（Lao Yiu-dzing; C.*） 石師母（Shih Sï-meo; B.*）	
		35. 天台	同治十二年（1873）	劉思雲（Liu Si-yüing; C.*）	
		36. 西墊	同治十二年十二月 至十三年一月 （1874、2）	蔣平惠（Tsiang Ping-hwe, E.*）	
		37. Gyiao-bang （又名'Ong-zih）	同治九年（1870）		
		38. 奉化	同治五年三、四月 （1866、5）	范器聖（Væ n kyi-seng; P.*） 范師母（Væ Sï-meo; B.*）	
		39. 溪口	同治十二年（1873）	方能貴（E.）	
		40. 'O-z	同治元年（1862）	王瞿堯（Wông Kyüo-yiao; E.*）	
江		41. Dzao-ts'eng	同治九年（1870）		
	（東南區）	42. 台州	同治六年六月 （1867、7）	葛毅君（Kôh Yih-djün; E.*）	路惠理夫婦
		43. 仙居	同治十二年十一、 十二月（1874、1）	羅清詩（Loh Kying-sih; C.*）	
		44. Kyi-o	同治十二年（1873）		
		45. 黃巖	同治八年二、三月 （1869、4）	王宜興（C.）	
		46. Din-tsi	同治十二年（1873）	烏君堯（U Djün-yiao; E. and S.*）	
		47. 太平	同治十二年十一、 十二月（1874、1）	蔣永高（Tsiang Üong-kao; C.*） 林書居（Ling Hyiu-djü; C.*）	
	（南區）	48. 溫州	同治六年十一月十 四日（1867、12、9）	楊先生（Yiang Sin-sang; E.*） 陰先生（Ing Sin-sang; S.*） 徐頂慶（Tsiu Din-ky'ing; C.*）	曹雅眞夫婦 蔡文才夫婦
		49. 橫溪	同治元年（1862）		
		50. 平陽	同治十三年（1874）		
湖北		51. 武昌	同治十三年四、五 月（1874、6）		

附記：中國助手一欄英文縮寫字義表；以趙天恩，〈中國教牧事奉模式之發展〉
　　　一文爲準。

	P.	Pastor	牧師
	E.	Evangelist	男傳道
	C.	Colporteur	福音、書冊販賣員
	S.	School teacher	教師
	B.	Bible-woman	女傳道
	Pr.	Preacher	傳教師

再就同治十三年（1874 年）基督新教各傳教團體發展，可看出中國內地會是一個較具規模的團體。此教務開拓簡表並不能正確計出傳教士人數，但足以顯示初創時期內地會傳教團體活動趨向。

同治十三年（1874 年）基督新教各傳教團體教務區域簡表 [註 156]

省區	廣東	福建	浙江	江蘇	山東	直隸	湖北	江西	安徽	各開拓省數	傳教士人數
傳教團體代號（名稱詳見附錄五）	（1）		（1）							2	6
			（2）							1	2
		（3）			（3）	（3）				3	27
				（4）						1	2
		（5）				（5）		（5）		3	25
	（6）		（6）	（6）	（6）	（6）				5	36
				（7）		（7）	（7）			3	10
		（8）								1	4
			（9）							1	1
	（10）			（10）	（10）					3	10
			（11）	（11）						2	8
	（12）									1	1
						（13）				1	2
			（14）		（14）					2	1
				（15）						1	2
			（16）	（16）			（16）	（16）	（16）	5	22
	（17）	（17）	（17）	（17）		（17）				5	17
	（18）	（18）		（18）		（18）	（18）			5	20

〔註 156〕 *China's Millions*, v. 1875～1876, no. 2, p. 43.

省區	廣東	福建	浙江	江蘇	山東	直隸	湖北	江西	安徽	各開拓省數	傳教士人數
						（19）				1	3
					（20）		（20）			2	1
	（21）									2	16
					（22）					1	2
			（23）							1	2
					（24）					1	3
	（25）									1	18
		（26）								1	1
	（27）									1	10
	（28）									1	6
			（29）	（29）						2	4
各省新教傳教團體數	10	7	9	11	7	8	4	2	1		總計262

　　此外，內地會對民教衝突的態度，由本期教案呈現的事實來看，未符合其不求賠償原則，反而對英國在華外交官員砲艦護教的強硬舉措加以默許。〔註157〕中國官紳則充分表現事前顧頇敷衍、事後疲於補救作法。教案性質不外乎教士租屋引起糾紛、民眾聽信謠言滋生騷動、官紳士人為私利而仇教等原因。其中，尤以揚州教案發生的迴響最大，使西方教會與非教會人士為基督宗教傳教團體在華活動是否適當，爭論不休。倫敦泰晤士報（*London Times*）、北華捷報（*North China Herald*）評擊英國政府武力護教政策不當；傳教團體以槍砲作為中國歸基督宗教的工具，是徒勞無獲的。〔註158〕在華

〔註157〕 *China. No. 2* (1869) *Correspondence Respecting the Attack on British Protestant Missionaries at Yang-chow-foo, Aug., 1868*, p. 61.
　　　　China. no. 10 (1869) *Correspondence Respecting the Attack on British Protestant Missionaries at Yang-chow-foo, Aug.*, p. 17. The Rev. J. Taylor's letter to Sir R. Alcock (Yang-chow, Dec. 28, 1869).
〔註158〕 "The London times on the Yang-chow Difficulty", *Chinese Recorder*, v. 1 no. 9, pp. 188～190 (1869).
　　　　"Attack on Missionaries at Yang-chow—From the North China Herald, Aug. 28th", *Chinese Recorder*, v. 1, no. 5, p. 88 (1868).

的英、美基督新教傳教士杜嘉德（Carstairs Douglas, 1830～1877，屬英國長老會）、那爾敦（Miles Justice Knowlton, 1825～1874，屬大美國浸禮會真神堂）則立陳西方傳教士有免因暴力受害的權利；傳教動機本非導致所屬國捲入戰爭，反有助於促進中外關係和諧的貢獻；內地會傳教士確實領有執照進入揚州，是合法的行為。〔註 159〕歸結地說，經過四次民教衝突後，內地會對佈道所、傳教站的設置更趨於謹慎。該會傳教士較前花費更多時間作巡迴傳教，待民眾較能接納傳教士出入其地時，才建立工作據點。內地會創立後，其傳教事業經過初創時期十年的發展，終於邁入另一新階段。

〔註 159〕Rev. M. J. Knowlton, "The Yang-chow Riot", *Chinese Recorder*, v. 2, no. 3, pp. 69～73 (1869).

"Reply of Rev. Mr. Douglas to The Times", *Chinese Recorder*, v. 2, no. 4, pp. 111～112 (1869).

那爾敦、杜嘉德的個人事蹟分別參見 A. Wylie, *Memorials of Protestant Missionaries to the Chinese*, pp. 228, 239；以及 *Hudson Taylor & China's Open Century, Book Five*, pp. 480, 484. 另外，杜嘉德的中文小傳，可參考魏外揚，《中國教會的使徒行傳》，頁 22～29。

第四章　茁壯時期的中國內地會（1875～1890）

　　光緒元年正月十六日（1875 年 2 月 21 日），英國使館譯員馬嘉理（Augustus Raymond Margary, 1847～1875）受到北京英國公使指派，進入雲南迎接該國探測隊員，在蠻允被巡撫岑毓英遣人所殺，導致中、英簽訂煙台條約（光緒二年七月二十六日；1876 年 9 月 13 日），使英國獲得宜昌、蕪湖、溫州、北海等為商埠，並可派遣領事至重慶等外交利益。〔註 1〕中國內地會也順此情勢深入十六省，從事傳教活動。〔註 2〕此種傳教方式倍受西方教會人士的攻擊，譏其費時無益。內地會卻肯定巡迴傳教、販賣書冊的傳教方式。該傳教團體認為此舉能增進傳教士與中國百姓間的友誼，並且符合該會往普天下傳福音給萬民聽（"preach the Gospel to every creature"）的信條。〔註 3〕其傳教策略經過初創時期（1866 年～1874 年）的實際考驗，已被該會傳教士視為發展教務的最佳途徑。茁壯時期（1875 年～1890 年），內地會除了繼續加強浙江、江蘇、安徽、江西等已開拓四省的教務活動，並積極嘗試向華南的雲南、貴州、廣西；華中的湖北、湖南、四川；華北的河南、山西、陝西、甘肅、直隸、山東等十二省巡迴傳教以擴大該會在華的傳教事業。〔註 4〕此外，內地會於是年六月（1875 年 7 月）出版《億萬華民》（*China's Millions*）教務雜誌，向各界報導該會在華事業發展概況，期獲得西方人士更多的支持。〔註 5〕

〔註 1〕　郭廷以，《近代中國史綱》，上冊，頁 220～221。
〔註 2〕　*The Story of the C. I. M.*, v. 2, pp. 150～152.
〔註 3〕　*The Story of the C. I. M.*, v. 2, pp. 267～273.
〔註 4〕　*China's Millions*, v. 1877, no. 8, p. 44.
〔註 5〕　*The Story of the C. I. M.*, v. 2, pp. 125～135. 徐欣嫺，《全然奉獻為中國的戴家：從戴德生到戴繼宗》，頁 150。

第一節　華南教務的開展

一、浙　江

（一）浙　北

　　自光緒元年（1875 年）起，浙北教區由中國牧師王來全擔任總監督，內地會外國傳教士宓道生、陶士偉從旁協助。〔註6〕由於浙江省是內地會傳教事業發展最早、教會組織最密的省份，其會務的規畫成為該會開發新教區的藍本。光緒二年十二月九、十兩日（1876 年 1 月 5～6 日），杭州本地傳教士會議（Conference of Native Preachers）的召開，即為該會外國傳教士與中國教牧共同謀求改進會務所作的努力之具體表現。首日會議，由王來全主持，討論教會增加的方法、檢討工作得失、為教會贊助者祈禱、簡述浙江內地會發展史、報告該會組織規況（包括四十四名外國傳教士、七十六名中國教牧在五十二個佈道所及傳教站服務）和雲南等新教區開拓計畫。〔註7〕次日會議，陶士偉與杭州、衢州等佈道所的中國教牧共同制訂教牧守則，規定中國教牧應確實遵守下列規章：

　　（一）每日閱讀指定聖經章節。

　　（二）審慎準備主日講章。

　　（三）每週送講稿給陶士偉參考。

　　（四）每月呈報工作概況表，說明所屬教會的近況和巡迴傳教的活動情形。

　　（五）切實在自訂禱告時間內祈禱。

　　（六）每月按時繳交指定作業給陶士偉批閱。

　　如此，陶士偉能掌握本教區內各佈道所的教務實況，而中國教牧的聖經知識和領會能力也自操練中得到精進。〔註8〕此外，范器聖、張小豐兩位中國牧師分別就「耶穌背十字架」（"Christ crucified"）和「不住的祈禱」（"Importunate Prayer"）作專題演講。〔註9〕最後，由與會全體神職人員共同發佈「向上緬甸國王請願書」，說明該會外國傳教士范約翰、索樂道（Henry Soltau, Jr.）、羅士

〔註 6〕 *China's Millions*, v. 1875～1876, no. 2, pp. 70～73.
〔註 7〕 *China's Millions*, v. 1875～1876, no. 5, p. 173.
〔註 8〕 *China's Millions*, v. 1875～1876, no. 5, p. 193.
〔註 9〕 *China's Millions*, v. 1875～1876, no. 5, pp. 193～195.

（A. P. Rose*）三人在八莫旅行訪問，其活動英美政府無關，且絲毫不帶商業、政治目的，敬請准予自由傳教。〔註10〕

　　由這次會議的議題來看，在在顯示浙北地區中國教牧對內地會的向心力很強，但他們受限於神學訓練及專業知識的不足，教務仍然需要外國傳教士從旁督促。再就本期浙北教區教務發展特色而言，組織上，浙北內地會以杭州佈道所為中心，兼領蕭山、Kông-deo、安吉、餘杭等四個傳教站。工作上，由王來全牧師總監督浙北教務；中國教牧負責主日崇拜、探訪會友、協助外國教士巡迴傳教等工作；外國傳教士負責拓展教區、指導中國教牧宗教操練、測驗待領洗者的信教動機、舉行洗禮、主持教會學校等工作，並隨時注意區內各佈道所、傳教站教務的特殊需要，盡力予以協助。截至光緒六年（1880 年）為止，內地會神職人員包括中國教牧：（一）牧師——王來全、任芝卿、張良勇，（二）男傳道——羅阿實、歐阿河、金天一（Dzing T'ien-ih）、徐豐揚、歐書恩（'O Shü-eng），（三）女傳道——徐師母，（四）福音書冊販賣員——姚師傅、李阿卿、余祥（Yu Hyiang）、烏凡謀（U Veng-meo），（五）見習生（Student）——金道林（Dzing Dao-ling），（六）傳教師——薩先生（Mr. Ts'a）等處理日常教會工作。外國傳教士——魏惠廉（W. A. Wills*）夫婦、馬衛克（J. Markwick*）、宓道生夫婦、陶士偉夫婦、鄧娜、穆女士（Ms. J. H. Murray*）等協助推展教務。〔註11〕

　　光緒七年（1881 年）起，浙北地區教務完全由中國教牧自行督導，而信徒奉獻也足夠支持教會日常所需。教會發展已漸邁向自立、自養的方向。再就光緒七年至十六年（1881 年～1890 年），浙北內地會教務列表說明，可看出其發展實況：〔註12〕

〔註10〕 *China's Millions*, v. 1875～1876, no. 5, p. 195.
〔註11〕 *China's Millions*, v. 1875～1876, no. 1, pp. 2～3.
　　　　　　　v. 1875～1876, no. 2, p. 70.
　　　　　　　v. 1875～1876, no. 6, pp. 228～229.
　　　　　　　v. 1877, no. 9, p. 116.
　　　　　　　v. 1877, no. 10, pp. 152～153.
　　　　　　　v. 1877, no. 11, pp. XIV～XV.
　　　　　　　v. 1877, no. 16, pp. XII～XIII.
〔註12〕 *China's Millions*, v. 1881, no. 26, p. 100.
　　　　　　　v. 1882, no. 29, p. 84.
　　　　　　　v. 1882, no. 31, p. 153.
　　　　　　　v. 1883, no. 34, pp. 105～106.

時　　間	光緒七年（1881）	光緒八年（1882）	光緒十年（1884）	光緒十一年（1885）	光緒十三年（1887）	光緒十四年（1888）	光緒十五年（1889）	光緒十六年（1890）
佈道所	1	1	1	1				
傳教站	6	4	4	3	5	6	6	6
禮拜堂	9		6	5	7	7	7	7
教　會			4	4	4	6	6	6
外國傳教士	1		0	0				
中國教牧	7	7	7	7	7	6	8（包括一名無薪助手）	6（包括一名無薪助手）
守聖餐者	117	197	92	94	93	106	119	123
受洗人數	8			10	8	14	16	12
洗禮累計			197	159	177	248	264	276
信徒奉獻	（單位：中國銀元）	85.65	53.00	86.00				
資料出處	(1)(2)	(3)(4)	(5)	(6)	(7)	(8)	(9)	(10)

整體來看，中國教牧王來全、任芝卿負責發展浙北教務。他倆雖未受正式的神學訓練，但由歷年洗禮人數的增加，證明本區教會自傳成績是相當可觀的。然而，因為教牧人數始終維持六到八人，所以只能鞏固原有佈道所和傳教站的教務工作，很難再開拓並管理新的傳教據點。換言之，本期浙北內地會的傳教自主權已相當完備，但在培訓中國教牧上，尚無顯著成效。

（二）浙　中

　　光緒元年到六年（1875 年～1880 年），內地會浙中教區是以紹興佈道所為核心，兼管寧波、嵊縣、Lih-dzô、仙巖、Mô-kô、Sæn-deo-teng、K'ong-p'u、新昌、章家埠、鑄瀉、Dön-deo、Yih-kô-chüen 等十二個傳教站。〔註13〕光緒三年九月一至十日（1877 年 10 月 7～16 日），內地會在寧波舉行本地傳教士會議，得到英、美五個基督新教傳教團體所屬中國教牧的支持。〔註14〕會中，討論教

v. 1885, no. 43, p. 100.
v. 1886, no. 47, p. 86.
v. 1888, no. 55, p. 92.
v. 1889, no. 59, p. 89.
v. 1890, no. 63, p. 102.
v. 1891, no. 67, p. 120.

〔註13〕 *China's Millions*, v. 1880, no. 22, pp. 82～83.

〔註14〕 *China's Millions*, v. 1878, no. 11, p. 15. 此五個英美基督新教傳教團體為英國聖公會所屬英行教會、英國長老會、大美國浸禮會真神堂、美南長老會、監理會。

會增長問題，尤其偏重教會精神層面的層新，諸如教會開放禮拜堂日間佈道、以禱告作爲教務推行的內力、重視聖靈的內力、重視聖靈的力量、信徒言行應符合聖經、神職人員充實自己對聖經的認識。〔註15〕除此之外，與會代表更強調宗派合一，信徒彼此相愛、互相支持傳教以恢復如早期使徒教會般的完整性。〔註16〕本期，浙中內地會神職人員包括中國教牧：（一）牧師——張小豐、朱先生，（二）男傳道——馮先生（Mr. Vong）、姬先生（Mr. Zi）、任先生、辛先生（由福音書冊販賣員升任）、李先生、王貴坤（Wong kw'e-kwun）、范宮保、許慶（Tsï-kying）、施軍高，（三）女傳道——楊氏（Mrs. Yang）、單國霞（Sæn Kwu-tsia）、徐師母、李師母，（四）福音書冊販賣員——范有棟（Van You-dong）、馮萬敘（Vong Veng-siu）、李貴用（Li kwe-yüong）、馬江林（Moh Dziang-ling），（五）傳教師——王宜興（由福音書冊販賣員升任），（六）學校教員——范英（Veng-ing），（七）禮拜堂管理員——褚義（Jü-i）、朱小度（Chü Siao-t'u）處理日常教會事物。外國傳教士——宓道生夫婦、陶士偉夫婦、鄧娜（負責內地會女子學校）、穆女士、米女士（Ms. Mitchell*）、傅斯德（Ms. Fausset*）等協助教務推展教務，並由宓道生擔任總監督。〔註17〕浙中教區教務推行方式，以巡迴傳教、探訪會友、定期舉行祈禱會爲主。外國傳教士對工作的支配力較浙北教區強，而中國教牧人數較浙北教區多。

再以光緒七年至十六年（1881 年～1890 年），浙中內地會教務列表說明，可看出其發展實況：〔註18〕

〔註15〕*China's Millions*, v. 1878, no. 11 pp. 16～22.
〔註16〕*China's Millions*, v. 1878, no. 11 p. 23.
〔註17〕*China's Millions*, v. 1875～1876, no. 1, pp. 2～3.
　　　　　　　　　v. 1875～1876, no. 2, p. 70.
　　　　　　　　　v. 1875～1876, no. 6, pp. 228～229.
　　　　　　　　　v. 1877, no. 9, p. 116.
　　　　　　　　　v. 1877, no. 10, pp. 152～153.
　　　　　　　　　v. 1877, no. 11, pp. XIV～XV.
　　　　　　　　　v. 1877, no. 16, pp. XII～XIII.
〔註18〕*China's Millions*, v. 1881, no. 26, p. 100.
　　　　　　　　　v. 1882, no. 29, p. 84.
　　　　　　　　　v. 1883, no. 34, pp. 106～107.
　　　　　　　　　v. 1885, no. 43, p. 100.
　　　　　　　　　v. 1886, no. 47, p. 86.
　　　　　　　　　v. 1887, no. 50, p. 81.
　　　　　　　　　v. 1881, no. 55, p. 92.

時間	光緒七年（1881）	光緒八年（1882）	光緒十年（1884）	光緒十一年（1885）	光緒十二年（1886）	光緒十三年（1887）	光緒十四年（1888）	光緒十五年（1889）	光緒十六年（1890）
佈道所	2	1	2	2（增加新昌）	3	2（寧波轉屬浙東教區）	2	2	2
傳教站	8	8	7	7	7	8	6	6	8
禮拜堂	12			11	11	10	8	8	8
教會			7	6	7	6		6	6
外國傳教士	3	6		7（寧波無外國傳教士駐居）	3	5	5	5	4
中國教牧	11	13	15	16	19	10	10	15（包括一名無薪助手）	13（包括一名無薪助手）
守聖餐者	155		188	222	227	198	208	208	209
受洗人數			1（紹興不詳）	18	7	6	18	18	7
洗禮累計		187	366	392	404	256	278	296	303
男子日間 學校			1	1					
男子日間 學生			20	20					
女子寄宿 學校			1	1	1	1	1	1	1
女子寄宿 學生			17	17	15	11	10	9	13
信徒奉獻	（單位：中國銀元）		69.00	116.60	92.41				
資料出處	(1)(2)	(3)	(4)	(5)	(6)	(7)	(8)	(9)	(10)

整體來看，浙中教區內地會外國傳教士人數雖少，卻主導會務的發展，佈道所的存廢完全視其駐移而定。信徒人數持續增長，但各年入教人數很少。內地會寄宿和日間學校規模較小，學生人數不超過三十七名，此係受到（一）外國傳教士人力不足，（二）學校為代撫無助幼童而設，（三）學生有自主能力後即自謀生計所限。總之，由於內地會過於著重信徒宗教生活的純淨，教務活動仍以巡迴傳教，訪問村鎮為主，使浙中教區的傳教範圍無法擴大。

（三）浙　東

　　光緒元年到六年（1875 年～1880 年），內地會浙東教區以奉化佈道所為核心，兼管 Ho-zi、寧海、天台、溪口、西墊、蕭王廟等六個傳教站。〔註19〕

v. 1889, no. 59, p. 89.
v. 1890, no. 63, p. 102.
v. 1891, no. 67, p. 120.
〔註19〕*China's Millions*, v. 1880, no. 22, pp. 83～84.

其會務推動方式不出浙北、浙中教區的工作範圍，並由外國傳教士宓道生、江朗筆負督導之責。中國教牧包括：（一）牧師——范器聖、烏君堯，（二）男傳道——董先生（Mr. Dong）、王瞿堯、王新慶、蔣平惠、石大清（由福音書冊販賣員升任）、方能貴、羅西一（Loh Ts'ih-ih），（三）女傳道——范師母、石師母、蔣淑子（Tsiang Hyü-z），（四）福音書冊販賣員——勞宜景、劉思雲（兼任傳教師）、姬琴君（Zi Ching-djun），（五）見習生——金凡果（Dziag Væn-koh），（六）傳教師——石曉中（Shih Siao-tsung）推動探訪、佈道、見證、主持崇拜及祈禱會等工作。〔註20〕

　　再以光緒七年至十六年（1881 年～1890 年），浙東內地會教務列表說明，可看出其發展實況：〔註21〕

時　　間	光緒七年（1881）	光緒八年（1882）	光緒十年（1884）	光緒十一年(1885)	光緒十二年(1886)	光緒十三年(1887)	光緒十四年(1888)	光緒十五年(1889)	光緒十六年(1890)
佈道所	1	1		1	2（寧波轉屬本教區）	2	2	2	2
傳教站	5	6	5	7	4	7	5	5	5
禮拜堂	6		6	8	2	7	7	7	7
教　會	5			8	8	7	5	7	4
外國傳教士	2	2	2		3	3	3	3	4

〔註20〕 *China's Millions*, v. 1875～1876, no. 1, pp. 2～3.
　　　　　　 v. 1875～1876, no. 2, p. 70.
　　　　　　 v. 1875～1876, no. 6, pp. 228～229.
　　　　　　 v. 1877, no. 9, p. 116.
　　　　　　 v. 1877, no. 10, pp. 152～153.
　　　　　　 v. 1877, no. 11, pp. XIV～XV.
　　　　　　 v. 1877, no. 16, pp. XII～XIII.
〔註21〕 *China's Millions*, v. 1881, no. 26, p. 100.
　　　　　　 v. 1882, no. 29, p. 85.
　　　　　　 v. 1882, no. 31, p. 153.
　　　　　　 v. 1883, no. 34, pp. 108～109.
　　　　　　 v. 1885, no. 43, p. 100.
　　　　　　 v. 1886, no. 47, p. 86.
　　　　　　 v. 1886, no. 47, p. 107.
　　　　　　 v. 1887, no. 50, p. 81.
　　　　　　 v. 1887, no. 51, p. 115.
　　　　　　 v. 1888, no. 55, p. 92.
　　　　　　 v. 1889, no. 59, p. 89.
　　　　　　 v. 1889, no. 59, p. 96.
　　　　　　 v. 1890, no. 63, p. 101.
　　　　　　 v. 1891, no. 67, p. 120.

時　間	光緒七年 （1881）	光緒八年 （1882）	光緒十年 （1884）	光緒十一 年（1885）	光緒十二 年（1886）	光緒十三 年（1887）	光緒十四 年（1888）	光緒十五 年（1889）	光緒十六 年（1890）
中國教牧	9	13	12	12	7	12	11	8	10
守聖餐者	100		80	90	93	112	107	111	97
受洗人數	6	5	12	11	7	2	3	9	8
洗禮累計	139	144	156	167	168	324	327	336	344
信徒奉獻	（單位： 中國銀元）		35.75	80.52	54.10				
資料出處	（1）（2）	（3）（4）	（5）	（6）（7）	（8）（9）	（10）	（11）（12）	（13）	（14）

整體來看，本區傳教活動，由外國傳教士衛養生夫婦、蔡文才、哈力生（M. Harrison*）、布麗登（Ms. F. M. Briton*）等監督。教士回英期間，則由中國教牧范器聖、烏君堯自行負責。信徒年齡偏高，年增長率不大。由於內地會本期以傳教士駐地為設立佈道所的先決條件，導致寧波因奉化衛養生的兼管，於光緒十三年（1887年）轉屬浙東教區。光緒十五年（1889年）時，浙東內地會雖曾增加二名本地助手（未列入圖內計算），並未使教勢興旺。〔註22〕綜觀本期浙東教務的發展，因外國傳教士角色過重、中國教牧人力有限，進步緩慢。

（四）浙東南

　　光緒元年到六年（1875年～1880年），內地會浙東南教區以台州佈道所為核心，兼管黃巖、Kyi-ô、天台、仙居、太平、楊府廟等六個傳教站。〔註23〕其會務性質與浙北、浙中、浙南教區相同。由外國傳教士路惠理夫婦、衛養生夫婦、魏惠廉、魏安道（Andrew Whiller*）、蔡文才等規畫教務的發展，由中國教牧處理教會日常事物。六年間，本區中國教牧包括：（一）牧師 —— 劉先生、蔣良貴、烏君堯（由男傳道升任），（二）男傳道 —— 蔣永高、羅先生、葛毅君、蔣法卿（Tsiang Fah-kyiang、由傳教師升任）、羅清詩，（三）女傳道 —— 劉師母，（四）福音書冊販賣員 —— 王宜興、林曉松、林書居、蔣北旅（Tsiang Bê-nyü），（五）傳教師 —— 金新哲（Dzing Sin-dzæ）、林老師（Ling Lao-si），（六）見習生 —— 金老西（Zin Lao-si），（七）禮拜堂管理員 —— 趙龍（Tso Long）、鐵福（Teh-foh），〔註24〕先後在此服務。受洗人數總計達一百二十一

〔註22〕比較註21及 *China's Millions*, v. 1877, no. 51, p. 106; v. 1891, no. 66, p. 54.
〔註23〕*China's Millions*, v. 1880, no. 22, p. 84.
〔註24〕*China's Millions*, v. 1875～1876, no. 1, pp. 2～3.
　　　　　　　v. 1875～1876, no. 2, p. 70.
　　　　　　　v. 1875～1876, no. 6, pp. 228～229.
　　　　　　　v. 1877, no. 9, p. 116.

人。〔註25〕

再以光緒七年至十六年（1881 年～1890 年），浙東南內地會教務列表說明，可看出其發展實況：〔註26〕

時　　間	光緒七年（1881）	光緒八年（1882）	光緒十年（1884）	光緒十一年(1885)	光緒十二年(1886)	光緒十三年(1887)	光緒十四年(1888)	光緒十五年(1889)	光緒十六年(1890)
佈道所	1	1	1	1	1	1	1	1	1
傳教站	7	7	5	6	6	6	6	6	6
禮拜堂	8		6	7	7	6	7	7	7
教　　會	5		6	6	7	7	7	7	8
外國傳教士	1	2	2	2	2	2	2	2	3
中國教牧	6	14	15	16	15	13	12	11	12
守聖餐者	125（會友140）		159	169	179	176	191	194	206
受洗人數	12		28	14	15	4	19	8	28
洗禮累計	169	176	212	226	241	245	264	272	300
信徒奉獻	（單位：中國銀元）		11.00	14.25	32.70				
資料出處	(1) (2)	(3) (4)	(5)	(6)	(7) (8)	(9)	(10)	(11)	(12)

整體來看，內地會浙東南教區範圍已固定。外國傳教士人數雖少，握有主持定期教務會議權，仍居於主導教務的地位。此外，內地會曾印行台州語《新約聖經》以加強信徒對教義的認識。另一方面，由於浙東信徒年齡偏高，而

　　　　　　　　v. 1877, no. 10, pp. 152～153.
　　　　　　　　v. 1877, no. 11, pp. XIV～XV.
　　　　　　　　v. 1877, no. 16, pp. XII～XIII.
〔註25〕 *China's Millions*, v. 1880, no. 22, p. 84.
〔註26〕 *China's Millions*, v. 1881, no. 26, p. 100.
　　　　　　　　v. 1882, no. 29, p. 85～no. 30, p. 86.
　　　　　　　　v. 1882, no. 31, p. 153.
　　　　　　　　v. 1883, no. 34, pp. 109～110.
　　　　　　　　v. 1885, no. 43, p. 100.
　　　　　　　　v. 1886, no. 47, p. 86.
　　　　　　　　v. 1887, no. 50, p. 81.
　　　　　　　　v. 1887, no. 51, p. 115.
　　　　　　　　v. 1888, no. 55, p. 92.
　　　　　　　　v. 1889, no. 59, p. 89.
　　　　　　　　v. 1890, no. 63, p. 102.
　　　　　　　　v. 1891, no. 67, p. 120.

且有許多年少仇教、老年歸主的例子。內地會將此現象歸因於老年人信教受到親友的責難較少，又有餘閒且極關心死亡的問題等因素所致。〔註 27〕綜合而論，內地會浙東南教區教會自立、自傳性較浙北、浙中教區爲低，與浙東教區教務運作狀況相似。

（五）浙　南

　　光緒元年到六年（1875 年～1880 年），內地會浙南教區是以溫州佈道所爲中心，兼領平陽、Dong-ling、處州（今名「麗水」）、樂清等四個傳教站，〔註 28〕其會務性質與內地會浙北、浙中、浙東、浙東南教區相同。外國傳教士曹雅眞夫婦、蔡文才夫婦、魏女士、單普格（Ms. Sambrook*）督導教務。中國教牧包括（一）牧師──蔣阿良、蔣良貴（可能是同一人），（二）男傳道──朱先生、王先生（Wong Sin-sang）、楊先生、梁子溫（Liang Z-nyun，由福音書冊販賣員升任）、劉天慶（Liu Dien-kying）、徐頂慶（由福音書冊販賣員升任），（三）福音書冊販賣員──金青山（Kying Ts'ing-sæn）、孫書倫（兼學校教員）、易新（Ih-sing），（四）學校教員──陰先生，（五）傳教師──尤新生（Yüô Sin-sing）、金一心（Dzing Ih-sing）、吳思文（Ng Sih-wan），（六）禮拜堂管理員──梁師傅、劉老師（Liu Lao-s）負責日常事務。〔註 29〕

　　再以光緒七年至十六年（1881 年～1890 年），浙南內地會教務列表說明，可看出其發展實況：〔註 30〕

〔註 27〕比較註 26 及 *China's Millions*, v. 1889, no. 59, p. 100; v. 1890, no. 62, p. 48; v. 1891, no. 66, p. 54.
〔註 28〕*China's Millions*, v. 1880, no. 22, p. 84.
〔註 29〕*China's Millions*, v. 1875～1876, no. 1, pp. 2～3.
　　　　　　　　　v. 1875～1876, no. 2, p. 70.
　　　　　　　　　v. 1875～1876, no. 6, pp. 228～229.
　　　　　　　　　v. 1877, no. 9, p. 116.
　　　　　　　　　v. 1877, no. 10, pp. 152～153.
　　　　　　　　　v. 1877, no. 11, pp. XIV～XV.
　　　　　　　　　v. 1877, no. 16, pp. XII～XIII.
〔註 30〕*China's Millions*, v. 1881, no. 26, p. 100.
　　　　　　　　　v. 1882, no. 30, p. 86.
　　　　　　　　　v. 1882, no. 31, p. 153.
　　　　　　　　　v. 1883, no. 34, p. 110～111.
　　　　　　　　　v. 1885, no. 43, p. 100.
　　　　　　　　　v. 1886, no. 47, p. 86.
　　　　　　　　　v. 1886, no. 46, p. 83.

時　　間	光緒七年(1881)	光緒八年(1882)	光緒十年(1884)	光緒十一年(1885)	光緒十二年(1886)	光緒十三年(1887)	光緒十四年(1888)	光緒十五年(1889)	光緒十六年(1890)
佈道所	1	1	1	1	2	3 (包括處州)	3	2 (處州撤消)	3 (包括處州)
傳教站	4	4	6	2	2	3	1	1	2
禮拜堂	5		3	3	4	4	4	4	4
教　會			3	3	3	3	3	5	6
外國傳教士	2	4	3	2	5	7	6	7	7
中國教牧	9	9	4 (福音書冊販賣員及禮拜堂管理員數目不詳)	11	9	8	9	11	15
守聖餐者	82		177	191	238	225	279	343	372
受洗人數	30	27	22	19	52	31	31	64	26
洗禮累計	115	146	218	237	318	349	380	444	474
男子寄宿學校學生	4		3	10 (自是年起改為日間學校)	12				3
女子寄宿學校學生	13		17	25	25	24	24	24	25 2 (與男校同為一所)
信徒奉獻	56.40 (單位：中國銀元)		18.50	34.40	47.00				
資料出處	(1)(2)	(3)(4)	(5)	(6)(7)	(8)	(9)	(10)	(11)	(12)

整體來看，（一）浙南教區信徒人數較浙省內地會其他教區為多。（二）外國傳教士在浙南教區除監督會務外，並在溫州設立診療所，從事醫療傳教。（三）浙南教區的中國教牧無法因應教會擴充的需要而大量增加，遂由本地無薪助手彌補人力的不足。〔註 31〕綜合而論，浙南教區雖由中國教牧及無薪助手負責教會實際工作，但教會管理權則仍操在外國傳教士的手中。

（六）浙　西

　　光緒元年到六年（1875 年～1880 年），內地會浙西教區以衢州佈道所為中心，兼領蘭谿、金華、玉山（屬江西省）、常山等四個傳教站，另設衢州診

v. 1887, no. 50, p. 81.
v. 1888, no. 55, p. 92.
v. 1889, no. 59, p. 89.
v. 1890, no. 63, p. 102.
v. 1891, no. 67, p. 120.

〔註31〕比較註 30 及 *China's Millions*, v. 1886, no. 47, p. 107; v. 1887, no. 51, pp. 115, 106; v. 1889, no. 59, pp. 96, 100; v. 1890, no. 62, p. 48; v. 1890, no. 66, p. 54.

療所。〔註32〕其教務運作性質與浙江省其他教區相同。浙西教區由外國傳教士陶士偉夫婦、戴亨利、傅斯德、包芬妮（Ms. Fanny Boyd*）督導教務。中國教牧，包括（一）牧師──王來全，（二）男傳道──王天雲、歐阿河、羅阿實、徐豐揚，（三）女傳道──徐師母，（四）福音書冊販賣員──金師傅、李先生、余青（Yü-kying）、徐貴福（Tsiu Kwe-foh），（五）傳教師──余樂山（Yü Nyuoh-san），（六）見習生──蔣富元（Tsiang Foh-yüen）、彭道聖（Pun Dao-seng）從事日常會務。王來全於光緒元年（1875 年）擔任總監督，後由外國傳教士接任。〔註33〕

再以光緒七年至十六年（1881 年～1890 年），浙西內地會教務，列表說明，可看出其發展實況：〔註34〕

時　間	光緒七年（1881）	光緒八年（1882）	光緒十年（1884）	光緒十一年(1885)	光緒十二年(1886)	光緒十三年(1887)	光緒十四年(1888)	光緒十五年(1889)	光緒十六年(1890)
佈道所	2	2	2	2	3	5	5	5	5
傳教站	3	3	3（玉山轉入江西教區）	3	4	2	2	2	4
禮拜堂	5		2	5	6	9	6	6	6
教　會			1	3	3	5	5	6	6
外國傳教士	3	7	3	7	8	9	8	9	7
中國教牧	5	9	7	9	9	9	13	16	14
守聖餐者	67		47	43	59	78	87	122	117

〔註32〕 *China's Millions*, v. 1880, no. 22, p. 84～85.
〔註33〕 *China's Millions*, v. 1875～1876, no. 1, pp. 2～3.
　　　　　　　　 v. 1875～1876, no. 2, p. 70.
　　　　　　　　 v. 1875～1876, no. 6, pp. 228～229.
　　　　　　　　 v. 1877, no. 9, p. 116.
　　　　　　　　 v. 1877, no. 10, pp. 152～153.
　　　　　　　　 v. 1877, no. 11, pp. XIV～XV.
　　　　　　　　 v. 1877, no. 16, pp. XII～XIII.
〔註34〕 *China's Millions*, v. 1881, no. 26, p. 100.
　　　　　　　　 v. 1882, no. 29, pp. 84～85.
　　　　　　　　 v. 1882, no. 31, p. 153.
　　　　　　　　 v. 1883, no. 34, pp. 104～105, 107～108.
　　　　　　　　 v. 1885, no. 43, p. 100.
　　　　　　　　 v. 1886, no. 47, p. 86.
　　　　　　　　 v. 1887, no. 50, p. 81.
　　　　　　　　 v. 1888, no. 55, p. 92.
　　　　　　　　 v. 1889, no. 59, p. 88.
　　　　　　　　 v. 1890, no. 63, p. 102.
　　　　　　　　 v. 1891, no. 67, p. 120.

時　間	光緒七年（1881）	光緒八年（1882）	光緒十年（1884）	光緒十一年（1885）	光緒十二年（1886）	光緒十三年（1887）	光緒十四年（1888）	光緒十五年（1889）	光緒十六年（1890）
受洗人數		5（金華）	2	8	15	18	25	39	16
洗禮累計	96	101	100	116	131	170	205	239	275
男子寄宿學校學生			5				6		
女子寄宿學校學生			15	14	14	13	7		
信徒奉獻	（單位：中國銀元）		6.60	46.90	29.25				
資料出處	（1）（2）		（3）（4）	（5）	（6）	（7）	（8）	（9）	（10）	（11）

整體來看，（一）浙西教區的教務發展，仍以外國傳教士駐居為首要條件。傳教範圍遠及江西玉山、興安（今名「橫峯」）等地。（二）外國傳教士活動仍然受到地方方言的限制，與當地居民溝通困難。（三）中國教牧居於半自主地位。王來全訪視各佈道所工作。王天雲自光緒七年（1881 年）封牧後，專司玉山教務。（四）內地會男子日間學校、女子寄宿學校，為代撫幼童，予以宗教教育而設，人數不超過二十名。〔註35〕

二、雲　南

光緒元年正月六日（1875 年 4 月 6 日）范約翰、索樂道自英去緬甸，四月十日（1875 年 5 月 14 日）抵仰光（Rangoon）。時逢雲南回亂，向居住在仰光、毛淡棉（Maulmain）的滇胞學習滇語和緬甸話。〔註36〕八月（1875 年 9 月）在曼德勒（Mandalay），獲得上緬甸國王（King of Upper Burmah）准許，進入八莫傳教。之後，他倆獲得美浸禮會羅教士之助，〔註37〕從事醫療傳教。光緒二年初（1876 年），內地會續派郝多馬夫婦、艾介士（J. S. Adams*）加入八莫傳教行列，使醫療佈道推展得更為順利。〔註38〕內地會醫療佈道團頗受山區居民的歡迎；〔註39〕其後，因印度政府頒布禁令，始暫時停止在八莫的傳教活動。光緒三年九月二十八日（1877 年 11 月 3 日），艾介士和索樂道再度進入八莫活

〔註35〕比較註 34 及 *China's Millions*, v. 1886, no. 47, p. 107; v. 1887, no. 51, pp. 106, 115; v. 1889, no. 59, p. 100; v. 1890, no. 62, p. 48.

〔註36〕*China's Millions*, v. 1877, no. 8, p. 44.
　　　　Chinese Recorder, v. 6, no. 3, pp. 234～235 (1875).

〔註37〕*China's Millions*, v. 1879, no. 17, pp. 42, 44.
　　　　Chinese Recorder, v. 7, no. 1, p. 79 (1876).

〔註38〕*China's Millions*, v. 1877, no. 8, p. 44.

〔註39〕*China's Millions*, v. 1879, no. 17, p. 46.

（緬甸境內）動，並得浸禮會顧教士（J. N. Cushing*）協助，向錦波族（緬甸語為"Kah-chens"）、揮族等滇緬邊境的少數民族傳教，繼續從事醫療工作。〔註40〕至光緒六年（1880 年）為止，內地會對雲南傳教所做的嘗試，仍限於在滇緬邊境活動。〔註41〕

光緒七年（1881 年）起，內地會傳教士才真正進入雲南活動。至光緒十六年（1890 年）止，其教務發展列表說明如下：〔註42〕

時　間		光緒七年（1881）	光緒八年（1882）	光緒十年（1884）	光緒十一年(1885)	光緒十二年(1886)	光緒十三年(1887)	光緒十四年(1888)	光緒十五年(1889)	光緒十六年(1890)
佈道所			2	3	3	3	4	4	5	5
傳教站										
禮拜堂				3	3	2	4	5	6	6
教　會				1	2	2	1	3	3	3
外國傳教士		3		8	10	12	24	16	17	22
中國教牧				4	4	2	2	0	1	1
守聖餐者				4	7	4	9	16	18	17
受洗人數				0	6	0	5	7	7	3
洗禮累計				3	9	8	12	19	26	29
日間	學校			1	1					1
	學生			8男3女	5男			3女		17男
寄宿	學校				1	1	1	1	1	1
	學生				2男	8男	10男	10男	12男	11男
戒煙所								1		
信徒奉獻		（單位：中國銀元）			1.60					
資料出處		(1)	(2)	(3)	(4)	(5)	(6)	(7)	(8)	(9)

〔註40〕 *The Story of the C. I. M.*, v. 2, p. 148.
　　　　 China's Millions, v. 1878, no. 12, p. 42; v. 1879, no. 17, p. 56.
〔註41〕 *China's Millions*, v. 1880, no. 22, p. 91.
〔註42〕 *China's Millions*, v. 1881, no. 26, p. 100.
　　　　　　　　 v. 1882, no. 31, p. 153.
　　　　　　　　 v. 1885, no. 43, p. 100.
　　　　　　　　 v. 1886, no. 47, p. 86.
　　　　　　　　 v. 1887, no. 50, p. 81.
　　　　　　　　 v. 1888, no. 55, p. 92.
　　　　　　　　 v. 1889, no. 59, p. 89.
　　　　　　　　 v. 1890, no. 63, p. 102.
　　　　　　　　 v. 1891, no. 67, p. 120.

由此表可知內地會雲南教務發展並不理想。推究其因，一方面是中國助手過少。另一方面，法、英兩國對安南和上緬甸的佔領，更使滇民對內地會傳教士活動倍增冷漠與疑懼。〔註43〕雖然教務推展困難，本期內地會仍在雲南設立八莫（緬甸境內）、雲南（今名「祥雲」）、大理、昭通和曲靖五個佈道所。（開拓時間，詳見附錄三）

三、貴州、廣西

　　光緒二年（1877 年），內地會傳教士祝家寧（Charles H. Judd, Sr., 1842～1919）與巴子成（James F. Broumton），在三名中國助手陪同下，由湖北武昌出發，到貴州旅行傳教。途經湖南，沿沅江進入貴州，走訪銅仁、玉屏、施秉、鎮遠、黃平、龍里等地，對貴州反外情緒高昂印象深刻。〔註44〕光緒三年（1878年），內地會決定派巴子成留駐貴陽，開拓貴州教區；祝家寧則轉往四川，繼續旅行佈道。〔註45〕其後，巴子成以苗族為主要傳教對象，參加其豐年祭等活動。〔註46〕並得花國香（George Clarke）、費愛德、藍道爾（R. J. Landale*）的協助，使內地會的傳教觸角遠及廣西慶遠（今名「宜山」）等地。〔註47〕至光緒五年（1879年）為止，貴州仍屬內地會巡迴傳教區。至於廣西，至光緒十六年（1890 年）時，該會傳教士仍難得其門而入，無法建立傳教據點。〔註48〕

　　再以光緒六年至十六年（1880 年～1890 年），貴州教務列表說明，可看出其發展實況：〔註49〕

〔註43〕 *China's Millions*, v. 1887, no. 51, p. 114.
〔註44〕 *China's Millions*, v. 1877, no. 8, p. 46.
　　　　 Chinese Recorder, v. 8, no. 6, p. 498～509 (1877).
〔註45〕 *The Story of the C. I. M.*, v. 2, pp. 199～200.
　　　　 China's Millions, v. 8, no. 6, p. 498～516 (1877).
〔註46〕 *China's Millions*, v. 1878, no. 12, p. 30.
〔註47〕 *China's Millions*, v. 1878, no. 11, p. 14.
　　　　 Chinese Recorder, v. 9, no. 5, p. 390 (1878).
〔註48〕 *China's Millions*, v. 1882, no. 29, p. 82.
〔註49〕 *China's Millions*, v. 1881, no. 20, p. XI.
　　　　　　　　　　　 v. 1881, no. 26, p. 100.
　　　　　　　　　　　 v. 1882, no. 31, p. 153.
　　　　　　　　　　　 v. 1885, no. 43, p. 100.
　　　　　　　　　　　 v. 1886, no. 47, p. 86.
　　　　　　　　　　　 v. 1887, no. 50, p. 81.
　　　　　　　　　　　 v. 1888, no. 55, p. 92.
　　　　　　　　　　　 v. 1889, no. 59, p. 89.

時　間	光緒六年（1880）	光緒七年（1881）	光緒八年（1882）	光緒十年（1884）	光緒十一年(1885)	光緒十二年(1886)	光緒十三年(1887)	光緒十四年(1888)	光緒十五年(1889)	光緒十六年(1890)
佈道所	1	1	1	1	1	1	1	2	2	2
傳教站										1
禮拜堂		2		1	1	1	1	2	2	2
教　會				1	1	1	1	2	2	2
外國傳教士	4	6		4	6	3	4	8	9	9
中國教牧		1		0	3	3	3	4	4	5
守聖餐者		3		16	25	24	25	29	41	54
受洗人數	0			9	9	2	3	4	11	14
洗禮累計				18	27	29	32	36	47	61
日間 學校					1	1	1	1	1	2
日間 學生					10男4女	11男	13男	13男	15男	12男
寄宿 學校				1	1	1	1	1	1	1
寄宿 學生				15女	13女	11女	7女	6女	3女	8女
戒煙所							1	1		1
診療所										1
醫　院										1
信徒奉獻	（單位：中國銀元）				3.58	22.61				
資料出處	（1）	（2）	（3）	（4）	（5）	（6）	（7）	（8）	（9）	（10）

整體來看，由此表可知內地會在貴州教務並不興盛，外國傳教士、中國教牧和信徒人數皆少。內地會事業雖兼及教育和醫療，但規模均小；而在苗人中的傳教活動已成為其工作重點。〔註50〕本期內地會在貴州共設立貴陽、安順兩個佈道所，（開拓時間，詳見附錄三）會務發展至光緒十六年（1890年）為止，仍是一個待開拓的教區。

v. 1890, no. 63, p. 102.
v. 1891, no. 67, p. 120.
〔註50〕 *China's Millions*, v. 1882, no. 29, p. 80.

第二節　華中教務的開展

一、江　蘇

　　光緒元年到六年（1875 年～1880 年），內地會江蘇教區有南京、揚州、鎮江、上海等四個佈道所。〔註51〕內地會尚未將傳教重心轉移前，江蘇教區有外國傳教士麥加弟、何麗（Ms. C. Horne*）、胡女士（Ms. K. Hughes*）、鮑康寧夫婦、路惠理師母（Mrs. W. Rudland）等三十三人駐居並開拓教務。與浙江各教區所駐外國傳教士人數相互比較，江蘇教區教士人數甚多，此與內地會在此予傳教士語言訓練、使其適應環境、準備進入中國內地傳教相關。中國教牧則包括：（一）牧師──蔣守良，（二）男傳道──田先生、錢文樂、楊全林（Yang Ts'uen-ling）、鍾周同、張先生（Mr. Chang）、韓先生（Mr. Han），（三）福音書冊販賣員──彭先生（Mr. P'un，又稱彭師傅）、王菊頌（Wông Jü-song）、吳長慶（Wu Chang-king）、鄭師傅（Ch'eng Sï-fu）、羅師傅、姚師傅（Yao Sï-fu，與姚金福 Yao King-fu 可能是同一人）、馮往行（Fung Wong-sin）、陸成文（Lu Cheng-wen）、馮萬鈙、李明海（Li Ming-hai）、金樹（King-shu），（四）禮拜堂管理員──張蓮生（Chang Lien-seng）、胡先生（Hü Lao-san），（五）傳教師──李成晚（Li Cheng-wan，由福音書冊販賣員升任）、姚金福、馮萬英（Fung Weng-ing），（六）學校教員──陳先生（Cheng Sien-seng）、勞涵（Lao-han）、羅先生（Mr. Loh）、鄭先生等處理教會日常事物。江蘇內地會教務拓展方式亦為外國傳教士與中國教牧配合傳教，然而外國傳教士對會務影響力較強。〔註52〕

　　光緒七年（1881 年），內地會在江蘇的會務，由其他基督新教傳教團體接管，使內地會將人力投入豫、晉、陝、甘等新教區。該會將南京佈道所轉交長老會管理、鎮江及揚州女子學校遷往安慶、揚州會舍交還美國聖公會（American Episcopal Mission），但保留內地會在鎮江和清江浦的教產。上海

〔註51〕 *China's Millions*, v. 1880, no. 22, p. 85.
〔註52〕 *China's Millions*, v. 1875～1876, no. 1, pp. 2～3.
　　　　　　　　　　v. 1875～1876, no. 6, pp. 228～229.
　　　　　　　　　　v. 1877, no. 9, p. 116.
　　　　　　　　　　v. 1877, no. 10, pp. 152～153.
　　　　　　　　　　v. 1877, no. 11, pp. XIV～XV.
　　　　　　　　　　v. 1877, no. 16, pp. XII～XIII.
　　　　　　　　　　v. 1875～1876, no. 2, p. 74.
　　　　　　　　　　v. 1880, no. 22, p. 85.

則繼續由戴慈友（J. Dalziel*）夫婦負責內地會日常庶務、安排傳教士交通及住宿。〔註53〕另一方面，自光緒七年到十六年（1890 年）的江蘇教務表，可更明瞭其發展實況：〔註54〕

時　間	光緒七年 （1881）	光緒八年 （1882）	光緒十年 （1884）	光緒十一年（1885）	光緒十二年（1886）	光緒十三年（1887）	光緒十四年（1888）	光緒十五年（1889）	光緒十六年（1890）
佈道所	3	2	3	2	3	3	5	5	5
傳教站	2	4		1	1	1	1	1	1
禮拜堂	5		2	2	2	2	3	4	4
教　會			2	1	1	1	2		2
外國傳教士	7	7	14	18	11	18	22	25	36
中國教牧	6		6	2	5	8	4	6	7
守聖餐者	45			16	36	54	87	100	108
受洗人數				1	7	22	33	13	8
洗禮累計			126	127	134	156	189	202	210
日　間 學校學生			14 女	2 女					12 男
寄　宿 學校學生					23 女	23 女	23 女	19 女	19 女
診療所							1		
戒煙所									
信徒奉獻	（單位： 中國銀元）				10.00				
資料出處	(1)	(2)(3)	(4)	(5)	(6)	(7)(8)	(9)	(10)	(11)

綜合而論：（一）外國傳教士方面 —— 內地會以江蘇教區為主要培訓所及行政中心來籌畫會務（在上海），傳教士人數在光緒十六年（1890 年）時多達三十六人。（二）組織行政方面 —— 江蘇教區佈道所一度減為上海和揚州兩所。自

〔註53〕 *China's Millions*, v. 1882, no. 29, pp. 83～84.
〔註54〕 *China's Millions*, v. 1881, no. 26, p. 100.
　　　　　　　　 v. 1882, no. 31, p. 153.
　　　　　　　　 v. 1883, no. 34, p. 99～102.
　　　　　　　　 v. 1885, no. 43, p. 100.
　　　　　　　　 v. 1886, no. 47, p. 86.
　　　　　　　　 v. 1887, no. 50, p. 81.
　　　　　　　　 v. 1888, no. 55, p. 92.
　　　　　　　　 v. 1887, no. 54, p. 84.
　　　　　　　　 v. 1889, no. 59, p. 88.
　　　　　　　　 v. 1890, no. 63, p. 102.
　　　　　　　　 v. 1891, no. 67, p. 120.

光緒十四年（1888年）起，又增爲揚州、上海、鎮江、高郵、清江浦等五所。其中，上海純爲處理內地會本身業務而設，不帶傳教性質。（三）中國教牧方面──由於內地會將教務轉交其他基督新教宗派教會所屬傳教團體負責，江蘇已不是其發展重心。因此，江蘇內地會教牧人數不出十名，牧師始終維持一位。〔註55〕

二、安　徽

　　光緒元年至五年（1875年～1879年）間，安徽教區教務發展，除由中國教牧負責管理禮拜堂、販賣書冊、向同胞傳教、指導傳教士學習方言外，仍以外國傳教士爲支配會務的主要力量。其間，外國傳教士鮑康寧夫婦、金義來、柯喬治（George Cameron*）、貝教士（Edward S. Pearse）、藍道爾、包德（C. H. Budd*）、修女士（Ms. Huberty*）、魏女士、包芬妮、包愛妮（Ms. E. Boyd*）、譚教士（F. French*）均曾先後在此督導教務。中國教牧則包括：（一）牧師──朱先生（由男傳道升任）、鄭允義（Ch'eng Yung-i）、盛允一（Ceng Yung-i），可能與前者是同一人，（二）男傳道──楊全林（由福音書冊販賣員升任）、余先生（Mr. Yü）、許先生（Mr. Hsü）、吳稱讚、魯先生（Mr. Luh）、夏先生（Hsia Sien-seng）、葉先生、韓先生、李先生（Li Sien-seng）、錢文樂，（三）福音書冊販賣員──胡德元（Hu Teh-yuen）、張師傅（Chang Si-fu）、鄭師傅、廖先生（Mr. Liao）、羅先生（Mr. Lo）、戴師傅（Tai Si-fu）、吳師傅（Wu Sï-fu）、金老堯（Dzing Lao-yiao）、金樹、吳成美（Wu Ch'eng-mei）、彭先生、李明海、葉師傅（Tæ Si-fu）、龍中（Long-chung）、童先生（Mr. T'ong）、王路嵩（Wông Lu-song）、田師傅（Teng Si-fu）、玄齡等處理教會日常事物。〔註56〕

〔註55〕比較註54並參考 *China's Millions*, v. 1886, no. 46, pp. 81～82; v. 1886, no. 47, p. 107; v. 1887, no. 51, p. 114; v. 1887, no. 55, p. 88; v. 1887, no. 54, p. 84; v. 1889, no. 59, pp. 94～95; v. 1889, no. 59, p. 99; v. 1890, no. 63, p. 107; v. 1890, no. 62, p. 47.

〔註56〕*China's Millions*, v. 1875～1876, no. 1, pp. 2～3.
　　　　　　　　v. 1875～1876, no. 6, pp. 228～229.
　　　　　　　　v. 1877, no. 9, p. 116.
　　　　　　　　v. 1877, no. 10, pp. 152～153.
　　　　　　　　v. 1877, no. 11, pp. XIV～XV.
　　　　　　　　v. 1877, no. 16, pp. XII～XIII.
　　　　　　　　v. 1875～1876, no. 2, p. 75.

　　光緒六年（1880年），安徽教區以安慶佈道所爲指揮中心，管轄蕪湖、大通、太平、池州、寧國、徽州六個傳教站。內地會傳教士貝教士、陶鄂、胡惠廉（William Joshua Hunnex）仍以巡迴傳教爲發展會務的主要方法，並成立小型圖書館及錢莊給中國會友精神、物質上的幫助。〔註57〕再以光緒七年到十六年（1881年～1890年）安徽內地會教務列表說明，可看出其發展實況：

〔註58〕

時　間		光緒七年（1881）	光緒八年（1882）	光緒十年（1884）	光緒十一年(1885)	光緒十二年(1886)	光緒十三年(1887)	光緒十四年(1888)	光緒十五年(1889)	光緒十六年(1890)
佈道所		1	1	3	4	5	5	5	6	9
傳教站		6	6	5	5	6	10	11	11	11
禮拜堂		8		8	9	9	12	11	12	16
教　會				7	7	7	6	6	5	8
外國傳教士		5	11	14	13	19	16	21	24	36
中國教牧		9	12	12	7	4	4	7	14	16
守聖餐者		40			151	169	175	221	231	257
受洗人數		11		5	43	54	13	49	23	39
洗禮累計		67	91	125	180	224	237	274	297	345
日間	學校				1	1		1	1	
	學生				12男	6男		7男3女	6男	
寄宿	學校			2	2	1			1	1
	學生	24女		29女	30女	24女			2女	4男5女
診療所					1	1				
戒煙所										1
信徒奉獻		（單位：中國銀元）				64.92				
資料出處		(1)(2)	(3)(4)	(5)	(6)	(7)	(8)	(9)	(10)	(11)

〔註57〕*China's Millions*, v. 1880, no. 22, p. 86.
〔註58〕*China's Millions*, v. 1882, no. 29, p. 83.
　　　　　　　v. 1881, no. 26, p. 100.
　　　　　　　v. 1882, no. 31, p. 153.
　　　　　　　v. 1883, no. 34, pp. 97～99.
　　　　　　　v. 1885, no. 43, p. 100.
　　　　　　　v. 1886, no. 47, p. 86.
　　　　　　　v. 1887, no. 51, p. 81.
　　　　　　　v. 1888, no. 55, p. 92.
　　　　　　　v. 1889, no. 59, p. 88.
　　　　　　　v. 1890, no. 63, p. 102.
　　　　　　　v. 1891, no. 67, p. 120.

整體來看，由表可知，內地會對安徽教區有愈來愈重視的趨勢，投入人力大增。外國傳教士除巡迴各佈道所及傳教站之外，更注重醫療傳教、婦女工作，並加強新教士的語言操練。由內地會設立的教會學校，不論是日間或寄宿，仍本慈幼代撫宗旨，著重宗教教育，與一般宗派教會經營的教會學校著重教授新知者不同。中國教牧人數與傳教士相比增加不多，且仍處於輔助教務工作的地位。本期，安徽內地會繼續以安慶為會務推動中心，並增設徽州、寧國、池州、來安、正陽關、大通、廣德、六安八個佈道所（開拓時間見附錄三），顯示其教務發展是正增強、充滿活力的。〔註59〕

三、江　西

江西是內地會開發較遲的地區。光緒元年到五年（1875年～1879年），以九江、大姑塘、湖口、河口為傳教據點。由外國傳教士衛養生夫婦、祝家寧、鮑康寧、高學海等負責開拓教務。中國助手姚先生（Mr. Yiao）、蔡先生（Mr. Tsai）、潘先生（Mr. P'en，由福音書冊販賣員升任）、羅安福（以上四人是男傳道）；王清圓（Wang Kin-yuen，禮拜堂管理員）；金樂清（Dzing Loh-kying）、瓦先生（Mr. Wa）（以下兩人是福音書冊販賣員）協助之。〔註60〕光緒六年（1880年），內地會改以九江、大姑塘兩佈道所為工作中心，由高學海夫婦和五位中國教牧共同負責推展教務。洗禮人數，至是年止共計七名。〔註61〕由此觀之，江西傳教事業仍在草創階段。

再以光緒七年至十六年（1881年～1890年），江西內地會教務列表說明，可看出其發展實況：〔註62〕

〔註59〕比較註54，並參考 *China's Millions*, v. 1887, no. 51, p. 114; v. 1889, no. 59, p. 94; v. 1890, no. 63, p. 106.

〔註60〕*China's Millions*, v. 1875～1876, no. 1, pp. 2～3.
v. 1875～1876, no. 6, pp. 228～229.
v. 1877, no. 9, p. 116.
v. 1877, no. 10, pp. 152～153.
v. 1877, no. 11, pp. XIV～XV.
v. 1877, no. 16, pp. XII～XIII.
v. 1875～1876, no. 3, p. 76.

〔註61〕*China's Millions*, v. 1880, no. 22, p. 87.

〔註62〕*China's Millions*, v. 1881, no. 26, p. 100.
v. 1882, no. 31, p. 153.
v. 1885, no. 43, p. 100.

時　間	光緒七年（1881）	光緒八年（1882）	光緒十年（1884）	光緒十一年(1885)	光緒十二年(1886)	光緒十三年(1887)	光緒十四年(1888)	光緒十五年(1889)	光緒十六年(1890)
佈道所	1	1	2	2	4	5	6	8	10
傳教站	3	3	3	2	4	3	1	2	1
禮拜堂	3		3	3	4	6	6	5	6
教　會			1	1	1	1	5	16	8
外國傳教士	1			3	9	15	15	33	31
中國教牧	5		4		7	6	6	14	14
守聖餐者	5		23	33	44	92	117	169	104
受洗人數			6	10	4	55	40	66	72
洗禮累計			26	36	40	95	141	207	265
信徒奉獻	（單位：中國銀元）			10.00	4.47				
資料出處	（1）	（2）	（3）	（4）	（5）	（6）	（7）	（8）	（9）

整體來看，由表可知，內地會外國傳教士在江西傳教能力相當強，活動重心以鄱陽湖和廣信河（今名「信江」）流域為主。江西內地會除繼續加強九江和大姑塘的傳教工作、玉山自浙江省轉屬本區外，並增設河口、貴溪、南昌、廣豐、安仁（今名「餘江」）、弋陽、湖口七個佈道所（開拓時間，詳見附錄三）。佈道所增加的原因，不在會友多寡，而是以傳教士是否駐居為決定因素。其中，玉山佈道所最具規模，其守聖餐者在光緒十六年（1890 年）時有九十六人，佔全區的百分之九十。由此可見，江西各佈道所會友人數其為懸殊，而安仁、貴溪、弋陽、河口、廣豐、湖口乃純粹外國傳教士巡迴區，沒有信徒。〔註 63〕由江西內地會的教務發展的數據顯示，江西內地會所屬的中國教會尚未邁向自立、自傳、自養的道路。

v. 1886, no. 47, p. 86.
v. 1887, no. 50, p. 81.
v. 1888, no. 55, p. 92.
v. 1889, no. 59, p. 89.
v. 1890, no. 63, p. 102.
v. 1891, no. 67, p. 120.
〔註63〕比較註 62，並參考 *China's Millions*, v. 1882, no. 29, pp. 82～83; v. 1883, no. 34, pp. 102～103; v. 1886, no. 46, p. 82; v. 1887, no. 51, p. 106; v. 1887, no. 54, p. 85; v. 1889, no. 58, p. 96; v. 1890, no. 63, p. 107.

四、湖北、湖南

（一）湖　北

　　光緒元年到五年（1875 年～1879 年），湖北教區設有武昌、宜昌、樊城三個佈道所及傳教站。內地會以湖北教區爲向西開拓的轉運中心。該會於光緒三年三月十～十二日（1877 年 4 月 23～25 日），召開武昌教務會議，與倫敦會、美以美會、循道會共同討論內地傳教事宜。〔註64〕內地會祝家寧、戴亨利、花國香、費愛德夫婦、魏女士、石藍（Ms. Snow*）、鮑康寧夫婦、柯普安（A. Copp*）、尼喬治（George Nicoll*）曾先後在本區傳教、學習方言並向鄰省作傳教的嘗試。中國教牧張先生、姚三德（Yao Shang-teh，由福音書冊販賣員升任）、詹先生（Tsang Sien-seng）、洪先生（Mr. Hiong）、王誠樹（Wang Cheng-shu）等五位男傳道協助之。〔註65〕光緒六年（1880 年），武昌佈道所爲鮑康寧夫婦駐居，宜昌傳教站由柯普安夫婦（Mr. and Mrs. A. Copp*）負責。中國助手減爲一名男傳道，受洗人數累計十七名，會務仍在草創階段。〔註66〕

　　再以光緒七年至十六年（1881 年～1890 年），湖北教務列表說明，可看出其發展實況：〔註67〕

〔註64〕 *China's Millions*, v. 1877, no. 9, p. 103.

〔註65〕 *China's Millions*, v. 1875～1876, no. 1, pp. 2～3.
　　　　　　　　　v. 1875～1876, no. 6, pp. 228～229.
　　　　　　　　　v. 1877, no. 9, p. 116.
　　　　　　　　　v. 1877, no. 10, pp. 152～153.
　　　　　　　　　v. 1877, no. 11, pp. XIV～XV.
　　　　　　　　　v. 1877, no. 16, pp. XII～XIII.
　　　　　　　　　v. 1875～1876, no. 3, p. 76.

〔註66〕 *China's Millions*, v. 1880, no. 22, p. 87.

〔註67〕 *China's Millions*, v. 1881, no. 26, p. 100.
　　　　　　　　　v. 1883, no. 34, pp. 96～97.
　　　　　　　　　v. 1882, no. 31, p. 153.
　　　　　　　　　v. 1885, no. 43, p. 100.
　　　　　　　　　v. 1886, no. 47, p. 86.
　　　　　　　　　v. 1887, no. 50, p. 81.
　　　　　　　　　v. 1887, no. 51, p. 113.
　　　　　　　　　v. 1888, no. 55, p. 92.
　　　　　　　　　v. 1889, no. 59, p. 88.
　　　　　　　　　v. 1890, no. 63, p. 102.
　　　　　　　　　v. 1891, no. 67, p. 120.

時　間	光緒七年（1881）	光緒八年（1882）	光緒十年（1884）	光緒十一年（1885）	光緒十二年(1886)	光緒十三年(1887)	光緒十四年(1888)	光緒十五年(1889)	光緒十六年(1890)
佈道所	2	2	1	3	4	4	5	7	7
傳教站				0	0	0	2	0	0
禮拜堂	3		1	3	3	3	4	4	4
教　會				1	2	3	2	4	1
外國傳教士	4		4	10	17	16	17	17	15
中國教牧	2		1	5	1	1	4	1	1
守聖餐者	26	14（武昌）	15	30	57	47	48	45	36
受洗人數			2	9	29	1	1	1	0
洗禮累計		33	33	47		80	81	82	82
日間　學校								1	
學生								10 女	
診療所								1	
信徒奉獻	（單位：中國銀元）				16.80				
資料出處	（1）	（2）（3）	（4）	（5）	（6）（7）	（8）	（9）	（10）	（11）

整體來看，本期湖北內地會會務以支援華北地區教務開拓為目標，宗教書冊和藥品貯存、傳教士信件傳遞、生活經費和人力的補充遂成為工作重心，傳教是附帶的。因此，內地會傳教士人數最多僅十五名；而中國助手最多曾達五名，且以看守禮拜堂、藥品、書冊為主要職責。此外，內地會在湖北省設置佈道所，也以支援開拓為必備條件。武昌、漢口乃純業務性質的佈道所；而樊城、老河口、南漳、沙市、宜昌（開拓時間，詳見附錄三）等佈道所則以開拓河南、陝西南、湖南、四川為主要目的。〔註68〕

（二）湖　南

　　光緒元年（1875 年）初，內地會教士祝家寧自湖北武昌攜張姓、姚姓兩位中國助手訪問湘北，因為岳州（今名「岳陽」）地方官拒絕保護其安全，據決定由中國信徒嘗試在岳州活動。〔註69〕光緒二年（1876 年），祝家寧協同巴子成再次嘗試入湘傳教，仍是一籌莫展。〔註70〕光緒三年（1877 年），兩人第三次嘗試入湘傳教，走訪岳州、常德、桃源、辰州（今名「沅陵」）、辰谿、瀘溪、馬嘴巖、浦市、麻陽，及黔境內的玉屏、清溪、施秉、黃平等地。他

〔註68〕比較註 62，並參考 *China's Millions*, v. 1886, no. 46, p. 81; v. 1889, no. 59, pp. 93～94; v. 1890, no. 63, p. 106.
〔註69〕*China's Millions*, v. 1875～1876, no. 2, p. 49; v. 1877, no. 8, p. 44.
〔註70〕*China's Millions*, v. 1875～1876, no. 3, p. 94.

倆仍然無法在湖南立足，只得轉赴四川和貴州繼續旅行佈道。〔註 71〕光緒六年到八年間（1880 年～1882 年），陶鄂得到中國助手支援和貴陽內地會的接濟，從武昌出發，對湖南作長達四千零三十五華里的傳教旅行，沿途販賣宗教書冊。〔註 72〕他曾遭到寶慶地方官府糾眾阻其入城，為避免民教衝突，每訪一地只作短暫停留，隨即離開。〔註 73〕截至光緒十六年（1890 年）為止，內地會對湖南教區開拓，曾經設立洪江、沙市（在湖北）兩佈道所（開拓時間見附錄三），仍舊無法在湖南得到傳教據點。〔註 74〕

五、四　川

　　光緒二年十二月二十日（1877 年 2 月 2 日），麥加弟從湖北武昌出發向緬甸旅行傳教，途經四川萬縣、廣安、順慶（今名「南充」）、重慶，貴州貴陽、雲南大理。〔註 75〕

　　光緒三年一月（1877 年 3 月），賈美仁（James Cameron, 1845～1891）和尼喬治（George Nicoll*）因湖北宜昌佈道所遭民眾搗毀，轉赴四川重慶旅行佈道。〔註 76〕他倆得到美國公理會（American Board of Commissioners for Foreign Missions）傳教士李曼（Mr. Leaman*）供應宗教書冊的協助，走訪成都、灌縣、雅州（今名「雅安」，為藏東商業中心）、清溪（今名「漢源」）。八月底（1877 年 10 月初），尼喬治體力不支，返回重慶休養。賈美仁各則單獨從事藏東之旅，到打箭爐、裏塘（今名「理化」）、巴塘（今名「巴安」）傳教。〔註 77〕他在十月中（1877 年 11 月半）進入雲南，到阿墩子（今名「德欽」）、維西、大理、永平、永昌（今名「保山」）訪問。與在八莫的內地會傳教士會面後，由緬甸返回廣州。〔註 78〕以上為光緒五年（1879 年）之前，內地會在

〔註 71〕　*China's Millions*, v. 1877, no. 8, p. 64.
　　　　Marshall Broomhall（海恩波）, *Pioneer Work in Hunan* (London: Morgan & Scott, 1906), p. 6. *China's Millions*, v. 8, no. 6, p. 498～516 (1877).
〔註 72〕　Marshall Broomhall, *Pioneer Work in Hunan*, pp. 13～14, 33～35.
〔註 73〕　*China's Millions*, v. 1882, no. 29, p. 82.
〔註 74〕　*China's Millions*, v. 1882, no. 31, p. 153; v. 1886, no. 47, p. 107; v. 1891, no. 66, p. 53.
〔註 75〕　*China's Millions*, v. 1877, no. 9, p. 118.
〔註 76〕　*China's Millions*, v. 1877, no. 9, pp. 78～79.
〔註 77〕　*The Story of the C. I. M.*, v. 2, pp. 241～256.
　　　　China's Millions, v. 1878, no. 12, p. 42.
〔註 78〕　*The Story of the C. I. M.*, v. 2, p. 223, 258～264.

四川並遠及藏滇所作較具規模的傳教旅行，有助於其日後的教務發展。

再以光緒六年至十六年（1880 年～1890 年），四川教務列表說明，可知其發展實況：〔註79〕

時　間		光緒六年（1880）	光緒七年（1881）	光緒八年（1882）	光緒十年（1884）	光緒十一年(1885)	光緒十二年(1886)	光緒十三年(1887)	光緒十四年(1888)	光緒十五年(1889)	光緒十六年(1890)
佈道所		1	1	2	2	2	3	5	8	10	10
傳教站										1	2
禮拜堂			1		3	3	2	6	11	12	13
教　會					2	2	1	2	5	6	9
外國傳教士		4	4		11	12	17	30	33	41	45
中國教牧			2		2	6	7	9	11	20	16
守聖餐者			4		24	35	30	44	85	140	164
受洗人數		0			7	12	5	11	45	61	37
洗禮累計					36	48	56	67	94	155	194
日間	學校				2	2	2	2	3	4	5
	學生				34女	28男8女	30男6女	18男15女	15男25女	54男	115男30女
寄宿	學校				1	1				1	1
	學生				4女	4女				8女	9女
醫　院											1
診療所						1		1	3	2	2
戒煙所									1	3	4
信徒奉獻		（單位：中國銀元）				12.00					
資料出處		（1）（2）	（3）	（4）	（5）	（6）	（7）	（8）	（9）	（10）	（11）

　　　　　　China's Millions, v. 1878, no. 11, p. 14.
〔註79〕*China's Millions*, v. 1880, no. 20, p. VI.
　　　　　　v. 1880, no. 22, p. 88.
　　　　　　v. 1881, no. 26, p. 100.
　　　　　　v. 1882, no. 31, p. 153.
　　　　　　v. 1885, no. 43, p. 100.
　　　　　　v. 1886, no. 47, p. 86.
　　　　　　v. 1887, no. 50, p. 81.
　　　　　　v. 1888, no. 55, p. 92.
　　　　　　v. 1889, no. 59, p. 88.
　　　　　　v. 1890, no. 63, p. 102.
　　　　　　v. 1891, no. 67, p. 119.

整體來看，由表可知內地會對四川的教務發展愈來愈重視，外國傳教士在光緒十六年（1890 年）時高達四十五名，成為支配會務的主力。本期，內地會在四川共設立重慶、成都、保寧（今名「閬中」）、巴州（今名「巴中」）、萬縣、嘉定、敍州（今名「宜賓」）、灌縣、廣元和瀘州等十個佈道所。（開拓時間，詳見附錄三）

第三節　華北教務的開展

一、河　南

　　光緒元年（1875 年），戴亨利（M. Henry Taylor*）由中國助手張先生（Mr. Chang）陪同，兩次到河南旅行傳教，經過汝寧（今名「汝南」）到開封，發覺開封反外情緒高昂，遂派莫姓、唐姓兩位中國助手往周家口傳教。戴亨利沿路受地方官府嚴密監視，繼續走訪河南府（今名「洛陽」）和龍門，將宗教書籍降價求售，卻無人問津。〔註 80〕光緒二年初（1876 年），戴亨利和花國香第三次訪問河南，為居汝寧的莫姓、唐姓中國助手施洗，並作短暫停留，後因地方士紳反教，返回武昌。〔註 81〕同年十二月十三日（1877 年 1 月 26 日），戴、花兩位教士再訪河南，仍無法建立傳教據點。〔註 82〕光緒四年（1878 年），戴、花兩位教士因河南鬧飢荒，再度携帶救濟物質前來傳教，仍舊一無所獲。〔註 83〕其後，該會教士單普格、衡惠區夫婦（Mr. and Mrs. W. H. Hunt*）繼續對河南進行巡迴傳教。〔註 84〕

　　光緒九年（1883 年），內地會才在周家口設立佈道所，由三名外國傳教士和兩名中國福音書冊販賣員兼禮拜堂管理員共同發展教務。〔註 85〕光緒十一年（1885 年）時河南內地會得到第一名中國會友。〔註 86〕光緒十二年（1886 年），內地會再增設賒旗店（今名「賒旗鎮」）為佈道所。光緒十三年至十六年（1887

〔註 80〕 *China's Millions*, v. 1875～1876, no. 4, p.24; v. 1877, no. 8, p. 44; v. 1875～1876, no. 3, p. 94.
〔註 81〕 *China's Millions*, v. 1875～1876, no. 5, p. 210; v. 1877, no. 9, p. 118.
〔註 82〕 *China's Millions*, v. 1877, no. 8, p. 64.
〔註 83〕 *China's Millions*, v. 1877, no. 9, p. 76.
〔註 84〕 *China's Millions*, v. 1882, no. 29, p. 79; v. 1882, no. 31, p. 153.
〔註 85〕 *China's Millions*, v. 1885, no. 43, p. 100.
〔註 86〕 *China's Millions*, v. 1886, no. 47, p. 86.

年～1890 年），河南教務的發展仍是緩慢的，這可由此表看出：〔註87〕

時　間	光緒十三年（1887）	光緒十四年（1887）	光緒十五年（1888）	光緒十六年（1889）
佈道所	2	2	2	2
傳教站		1	1	1
禮拜堂	2	4	4	4
教　會	1	3	3	3
外國傳教士	6	14	17	16
中國教牧	2	2	2	5
守聖餐者	11	34	39	52
受洗人數	9	24	16	5
洗禮累計	12	33	49	54
日間　學校				
日間　學生	18 男			
資料出處	（1）	（2）	（3）	（4）

由於租屋困難，內地會宓教士（D. J. Mills）曾在朱仙鎮租屋，旋因紳民反對而放棄。〔註88〕因此，河南內地會的教務發展至光緒十六年（1890 年）止，擁有兩個佈道所和五十二名會友，仍舊是一個新興待努力的教區。

二、山　西

內地會對山西開拓，亦自巡迴傳教始。傳教士德治安（Joshua J. Turner）、秀耀春（Francis Huberty James, 1851～1900）於光緒二年九月二日（1876 年 10 月 18 日）自江蘇鎮江乘船上南京，經安徽、河南，進入山西，此乃基督新教傳教士首次在晉省活動。由於經費有限，旋經平陽（今名「臨汾」），返回湖北漢口。〔註89〕同年十二月二十八日（1877 年 2 月 10 日），德、秀兩位教士向山西做第二次傳教旅行，走訪平陽、太原、汾州等十五城，對當地飢荒印象深刻，後因秀耀春體力

〔註87〕 *China's Millions*, v. 1888, no. 55, p. 92.
　　　　 v. 1889, no. 59, p. 88.
　　　　 v. 1890, no. 63, p. 101.
　　　　 v. 1891, no. 67, p. 119.
〔註88〕 *Chinese Recorder*, v. 21, no. 3, p. 142 (1890); v. 21, no. 5, p. 239 (1890).
〔註89〕 *China's Millions*, v. 1877, no. 8, p. 44; v. 1877, no. 2, p. 47.

不支，兩人遂回漢口。〔註90〕

　　由於內地會對山西民情、地理較其他基督新教宗派教會所屬的傳教團體熟悉。適逢山西飢荒，英國聖公會坎特伯利大主教所監督的賑荒基金（The Famine Relief Fund, inaugurated in England under the presidency of the Archbishop of Canterbury）三萬英鎊及各傳教團體捐款一萬一千英鎊，半數由內地會向災區分發。〔註91〕光緒四年（1878年），北會教士德治安與南京美北長老會白教士（Rev. A. Whiting*）和漢口循道會教士李修善（Rev. David Hill, 1840～1896）携款同赴山西太原、平陽等地賑災，深受地方百姓歡迎。官府更勒石紀念其賑災義行不再敵視傳教士。〔註92〕此外，內地會傳教士也因賑災，才知英國鴉片對山西人民精神、物質所造成的傷害。後得席子直（信教後改名「席勝魔」，1830～1896）之助，設平陽等多處戒煙所，並自製成煙丸，使上百人得醫治。〔註93〕由於內地會參與山西救災，使該會在山西教務得以順利展開。

　　再以光緒六年至十六年（1880年～1890年），山西教務列表說明，可看出其發展的實況：〔註94〕

〔註90〕 *China's Millions*, v. 1877, no. 8, p. 64.
〔註91〕 *The Story of the C. I. M.*, v. 2, pp. 230～231.
〔註92〕 *China's Millions*, v. 1878, no. 13, p. 111.
　　　　關於李修善的個人簡介，可參見魏外揚，《中國教會的使徒行傳》，頁384～388。
〔註93〕 *Chinese Recorder*, v. 17, no. 4, pp. 162～163 (1886); v. 18, no. 3, p. 121 (1887).
　　　　The Story of the C. I. M., v. 2, pp. 237～239, 452.
　　　　關於席勝魔的個人傳記，可參見 Mrs. Howard Taylor （戴金樂婷），*Pastor Hsi: One of China's Christians* (London: Morgan & Scott, 1903), rolume one; (London: Morgan & Scott, 1904), volume two; (Taipei: Ch'eng-wen Publishing Co, reprinted, 1972), volume one and volume two.
〔註94〕 *China's Millions* v. 1880, no. 20, p. VI.
　　　　　　　　v. 1880, no. 21, pp. 88～89.
　　　　　　　　v. 1881, no. 26, p. 100.
　　　　　　　　v. 1882, no. 29, pp. 78～79.
　　　　　　　　v. 1882, no. 31, p. 153.
　　　　　　　　v. 1885, no. 43, p. 100.
　　　　　　　　v. 1886, no. 47, p. 86.
　　　　　　　　v. 1887, no. 50, p. 81.
　　　　　　　　v. 1888, no. 55, p. 92.
　　　　　　　　v. 1889, no. 59, p. 88.
　　　　　　　　v. 1890, no. 63, p. 101.
　　　　　　　　v. 1891, no. 67, p. 119.

時　間	光緒六年（1880）	光緒七年（1881）	光緒八年（1882）	光緒十年（1884）	光緒十一年（1885）	光緒十二年（1886）	光緒十三年（1887）	光緒十四年（1888）	光緒十五年（1889）	光緒十六年（1890）
佈道所	2		2	2	6	7	11	13	15	16
傳教站				4	10	18	19	24	26	28
禮拜堂				5	13	17	20	27	29	29
教　會				1	8	8	9	14	14	14
外國傳教士	8	12		15	23	23	32	41	43	52
中國教牧		2		6	8	14	31	29	30	35
守聖餐者		4		17	76	239	584	655	702	698
受洗人數	0				23	163	308	116	97	93
洗禮累計					14（太原）	81	241	273（平陽不詳）	766	863	966
日間學校					1		1		1	4
日間學生					20男		5男		8男	29男10女
寄宿學校				1	1					
寄宿學生		9男12女		9女	13女					
醫　院				2	1	1	1	1		1
診療所							1	2	2	3
戒煙所					2	7	13	19	33	28
信徒奉獻	（單位：中國銀元）					11.98				
資料出處	（1）（2）	（3）（4）	（5）	（6）	（7）	（8）	（9）	（10）	（11）	（12）

由表可知，內地會開拓山西傳教事業相當成功。佈道所遍及太原、平陽、歸化、包頭（歸化和包頭均在綏遠省）、隰州、曲沃、大寧、大同、洪洞、霍州、孝義、潞安（今名「長治」）、平遙、運城、潞城和襄垣。（開拓時間詳見附錄三）該會在山西教務迅速增長的主因，不僅歸功於外國傳教士、中國教牧的通力合作，更是醫療傳教的結果。內地會醫療事業到光緒十六年（1890年）時，已發展為一所醫院、三所診療所和二十八所戒煙所，足以反應該傳教團體對煙毒問題重視的程度。關於內地會山西醫療事業的開發，可溯至光緒六年（1880年），畢業於英國牛津大學醫學院的賜斐德（Dr. Harold Schofield, 1851～1883）來華，派往太原組織醫療傳教隊始。他發現鴉片是山西人民主要的病源，全城半數以上的成年男子均吸食鴉片。賜斐德個人也受病人白喉傳染，得斑疹傷寒，於光

緒九年六月二十八日（1883 年 7 月 31 日）過世。友人設立賜斐德紀念醫院（The Schofield Memorial Hospital）以紀念他對山西醫療工作的貢獻。〔註95〕另一方面，本期山西內地會外國傳教士的素質，因英國劍橋七傑（Cambridge Seven）的加入而提高。其中，司米德（Stanley P. Smith, 1861～？）、何斯德（Dixon. E. Hoste, 1861～1946）、蓋士利（Rev. William W. Cassels, 1858～1925）、章必成（Montagu. Beauchamp, 1860～1939）、施達德（C. T. Studd, 1860～1931）即在山西服務；〔註96〕而中國教牧傳教、牧會的能力也被肯定。席勝魔在太原會議（光緒十二年七月；1886 年 8 月）封牧並擔任洪洞總監督，另選平陽牧師一名。〔註97〕教會組織方面，則以洪洞佈道所最具規模，會友人數在光緒十六年（1890 年）時達四百零九人，約佔同年山西教區會友總數的百分之六十，其平均年受洗率也是最高的。至本時期結束為止，洪洞、平陽、隰州教會皆已由中國教牧、信徒自傳。〔註98〕此外，內地會在山西的教育事業是為撫育幼童而設，其規模難與傳教事業相比。內地會所需要的宗教書籍則由美國聖經會（American Bible Society）、蘇格蘭聖經會（Nation Bible Society of Scotland）等供應。〔註99〕綜觀本期山西內地會的教務發展，雖是新興教區，但教會成長速度高，是內地會中國教牧、信徒和外國傳教士充分合作的結果。

三、陝西、甘肅

光緒二年六月（1876 年 8 月），內地會傳教士金義來和鮑康寧嘗試對陝、甘傳教。兩人在安徽安慶會合，同赴湖北漢口得倫敦會人士指引，經樊城、襄陽、興安（今名「安康」，在陝境內）到陝西西安、湖北鄖陽傳教旅行。他

〔註95〕*China's Millions*, v. 1882, no. 29, p. 79; v. 1887, no. 51, p. 112.
　　　　Chinese Recorder, v. 18, no. 3, p. 122 (1887).
　　　　關於 Dr. Harold Schofield 中文名字「賜斐德」及個人小傳，參見魏外揚，《中國教會的使徒行傳》，頁 129～132；以及 *Hudson Taylor & China's Open Century, Book Seven,* p. 675.
〔註96〕*Chinese Recorder,* v. 17, no. 1, p. 40 (1886).
　　　　有關劍橋七傑的相貌，可參見顧衛民輯，《鏡頭起過》，頁 40～41。隱了上述五位，還有杜明德 (A. T. Polhill-Turner) 及杜西德 (Cecil Polhill-Turner) 兄弟。至於劍橋七傑的傳記，可參考 John Pollock 著，饒孝榛譯，《劍橋七傑》（台北：校園出版社，1975 年）。
〔註97〕*China's Millions,* v. 1887, no. 51, p. 112.
〔註98〕*The Story of the C. I. M.,* v. 2, pp. 461～463.
〔註99〕*China's Millions,* v. 1883, no. 34, p. 112.

倆因經費竭据難以長期逗留，八月（1876 年 10 月）返抵漢口。〔註100〕光緒
三年四、五月（1877 年 6 月）金義來和義士敦（G. F. Easton）始得在西安停
留，旋因西安士人反對他倆在當地傳教，遂回漢口。〔註101〕九、十月間（1876
年 11 月）金義來、義士敦、包德（C. H. Budd*）、巴格道（George Parker, ?
～1931）在老河口（今名「光化」，在鄂境內）會合，前二人同赴陝西西安傳
教而後二者轉入甘肅佈道。〔註102〕包德、巴格道經涇州（今名「涇川」）、平
涼，走訪蘭州和秦州（今名「天水」），再越秦嶺抵陝西漢中（今名「南鄭」），
後溯長江返回江蘇鎮江。經過這次長途傳教旅行，他們決定以秦州為甘肅會
務開拓中心。另一方面，金義來、義士敦亦自西安回到鎮江。〔註103〕此為內
地會初次對陝甘教區開拓的傳教活動情形。

再以光緒六年至十六年（1880 年～1890 年），內地會在陝甘教務分別列表
說明，可看出發展實況：〔註104〕

（一）陝 西

時　間	陝					西				
	光緒六年（1880）	光緒七年（1881）	光緒八年（1882）	光緒十年（1884）	光緒十一年(1885)	光緒十二年(1886)	光緒十三年(1887)	光緒十四年(1888)	光緒十五年(1889)	光緒十六年(1890)
佈道所	1	1	1	2	1	1	2	3	3	3
傳教站				2	1	1	1	1	1	1
禮拜堂		1		3	4	3	4	3	3	3
教 會				1	1	1	1	2	3	3
外國傳教士	3	2		21	12	15	12	17	15	16
中國教牧		1		4	1	2	3	2	4	7

〔註100〕 *China's Millions*, v. 1875～1876, no. 7, p. 12.
〔註101〕 *China's Millions*, v. 1877, no. 8, p. 44, v. 1878, no. 12, p. 42.
〔註102〕 *China's Millions*, v. 1877, no. 8, p. 46.
〔註103〕 *China's Millions*, v. 1878, no. 12, p. 42.
〔註104〕 *China's Millions*, v. 1880, no. 20, p. VI.
　　　　　　　　v. 1881, no. 26, p. 100.
　　　　　　　　v. 1882, no. 31, p. 153.
　　　　　　　　v. 1885, no. 43, p. 100.
　　　　　　　　v. 1886, no. 47, p. 86.
　　　　　　　　v. 1887, no. 50, p. 81.
　　　　　　　　v. 1888, no. 55, p. 92.
　　　　　　　　v. 1889, no. 59, p. 88.
　　　　　　　　v. 1890, no. 63, p. 101.
　　　　　　　　v. 1891, no. 67, p. 119.

時　間	陝					西				
	光緒六年（1880）	光緒七年（1881）	光緒八年（1882）	光緒十年（1884）	光緒十一年（1885）	光緒十二年（1886）	光緒十三年（1887）	光緒十四年（1888）	光緒十五年（1889）	光緒十六年（1890）
守聖餐者		40		75	90	103	91	102	143	104
受洗人數				16	20	20	22	13	47	32
洗禮累計				117	131	151	173	159	206	238
日間 學校				1	1	1	1	1	1	2
日間 學生				20女	34女	23女	23女	15女	10女	7男12女
寄宿 學校									1	1
寄宿 學生										8男
醫　院				1	1	1	1	1	1	1
診療所				1			1		1	2
戒煙所									2	1
信徒奉獻	（單位：中國銀元）			17.00	30.00					
資料出處	（1）	（2）	（3）	（4）	（5）	（6）	（7）	（8）	（9）	（10）

整體來看，陝西內地會如山西教區般重視醫療傳教，但其所擁有的中國助手不超過十名，且偏重外國傳教士巡迴傳教和婦女工作。因此，陝西內地會傳教事業的成就沒有山西內地會來得大。佈道所曾設於漢中、城固、鳳翔、渭南等地（開拓時間詳見附錄三）。綜觀本期陝西內地會的發展仍在初創階段但深具潛力。

（二）甘　肅

時　間	甘					肅				
	光緒六年（1880）	光緒七年（1881）	光緒八年（1882）	光緒十年（1884）	光緒十一年（1885）	光緒十二年（1886）	光緒十三年（1887）	光緒十四年（1888）	光緒十五年（1889）	光緒十六年（1890）
佈道所	1		1	2	4	4	5	5	5	5
傳教站										
禮拜堂		1		2	2	4	5	5	5	
教　會						1	2	2	2	3
外國傳教士	1	3		8	13	14	26	20	19	21
中國教牧		1		2	0	2	2		1	4

時　間		甘				肅					
		光緒六年（1880）	光緒七年（1881）	光緒八年（1882）	光緒十年（1884）	光緒十一年(1885)	光緒十二年(1886)	光緒十三年(1887)	光緒十四年(1888)	光緒十五年(1889)	光緒十六年(1890)
守聖餐者			2		1		11	28	34	31	50
受洗人數					0		10	18	9	4	19
洗禮累計					5	5	15	38	38	42	61
日間	學校					1	1	1	1	2	2
	學生					3			20女	7男10女	11男20女
寄宿	學校										
	學生										
醫　院											
診療所						1		1		1	1
戒煙所								1	1	1	1
信徒奉獻											
資料出處		（1）	（2）	（3）	（4）	（5）	（6）	（7）	（8）	（9）	（10）

〔註105〕整體來看，甘肅內地會發展亦屬初創階段，傳教士攜醫藥爲民醫治鴉片煙毒，〔註106〕並努力克服語言上的障碍。〔註107〕本期內地會在甘肅共設有秦州、蘭州、西寧（在青海境內）、臨夏和涼州（今名「武威」）（開拓時間詳見附錄三）五個佈道所。

四、山東、直隸

　　光緒二年（1876 年），衛養生師母在山東煙台一帶旅行傳教，並到濰縣從事婦女工作。〔註108〕此後，內地會在山東傳教活動並不多，直到戴德生在芝罘（今名「煙台」）休養，此教區才對此教區加以重視。〔註109〕光緒五年（1879

〔註105〕同前註。
〔註106〕*China's Millions*, v. 1880, no. 22, pp. 89～90.
〔註107〕*China's Millions*, v. 1886, no. 46, p. 80; v. 1887, no. 54, p. 80.
〔註108〕*China's Millions*, v. 1875～1876, no. 4, p. 137.
〔註109〕*China's Millions*, v. 1880, no. 22, pp. 90.

年），內地會設煙台佈道所。光緒七年（1881 年），內地會又在煙台設立醫院、診療所和禮拜堂，由布瑞登（Dr. Brereton*）、潘教士（W. L. Pruen）負責。另派祝教士（H. A. Judd*）向船員傳教，以港區為傳教重心；並設英文學校教育傳教士和外僑子弟，由艾禮唐（W. L. Elliston*，？～1888）主持校務，積極擴建校舍。〔註 110〕

再以教務發展表來說明本期山東教區發展情形，除增設福山、臨海（今名「牟平」）兩佈道所外（開拓時間詳見附錄三），內地會較重視傳教士子女的教育和傳教士個人身體的保健，中國教會的培育倒在其次：〔註 111〕

時　　間	光緒六年（1880）	光緒七年（1881）	光緒八年（1882）	光緒十年（1884）	光緒十一年（1885）	光緒十二年（1886）	光緒十三年（1887）	光緒十四年（1888）	光緒十五年（1889）	光緒十六年（1890）
佈道所	1	1	1	1	2	3	3	3	3	4
傳教站				1						
禮拜堂		1		1	2	3	3	4	4	3
教　會				1	1	1	3	2	3	2
外國傳教士	1	4		15	15	21	20	22	25	23
中國教牧				1	2	4	3	5	4	2
守聖餐者		8		35	40	45	31	49	82	42
受洗人數					5	5	15	21	36	5
洗禮累計					28	33	48	71	107	112
日間　學校					2（英文學校）	2	2英2中	2英2中	2中	2中
日間　學生							12男（英）不詳（中）	17男（英）21男（中）	37男	35男

〔註 110〕 *China's Millions*, v. 1882, no. 29, p. 79.
〔註 111〕 *China's Millions*, v. 1880, no. 20, p. VI.
　　　　　　　　v. 1881, no. 26, p. 100.
　　　　　　　　v. 1882, no. 31, p. 153.
　　　　　　　　v. 1885, no. 43, p. 100.
　　　　　　　　v. 1886, no. 47, p. 86.
　　　　　　　　v. 1887, no. 50, p. 81.
　　　　　　　　v. 1888, no. 55, p. 92.
　　　　　　　　v. 1889, no. 59, p. 88.
　　　　　　　　v. 1890, no. 63, p. 101.
　　　　　　　　v. 1891, no. 67, p. 119.

時　間		光緒六年（1880）	光緒七年（1881）	光緒八年（1882）	光緒十年（1884）	光緒十一年（1885）	光緒十二年（1886）	光緒十三年（1887）	光緒十四年（1888）	光緒十五年（1889）	光緒十六年（1890）
寄宿	學校					2（英文學校）	2	2英	2英	2英	2英
	學生										
醫　院				1	1	1	1	1	1	1	3
診療所							2	2	1	1	2
資料出處		(1)	(2)	(3)	(4)	(5)	(6)	(7)	(8)	(9)	(10)

整體來看，除上述內地會山東教區的教務運作實況外，至光緒十六年（1890年）止內地會直隸教區的發展，僅限於設置獲鹿（今名「鹿泉」）、天津和順德（今名「邢台」）三個佈道所（開拓時間詳見附錄三），並由七名外國傳教士和五位中國助手負責各項工作，全年守聖餐者最高只有三人。〔註112〕

第四節　茁壯時期會務綜析

　　由以上論述，吾人得以認識茁壯時期中國內地會所屬各教區會務發展特色。在內地會原有教區中（包括浙江、江蘇、安徽、江西、湖北五省），以浙江省該會所屬教會組織最健全，分為浙北、浙中、浙東、浙東南、浙南和浙西六區。其中，尤以浙北教區最符合自立、自傳、自養原則，並舉行本地傳教士會議，討論發展方向。浙中次之，但仍注重中國教牧的栽培訓練，尚無力自傳、自立和自養。浙東、浙東南、浙南、浙西四區再次之，教會規模更小。江蘇教區發展弱，受制於內地會偏重新闢教區開拓政策，遂將傳教士人力遷走，無法引導中國教會邁入自主新里程。安徽教區是除浙北、浙中教區外，舊教區中較持續增長的。至於江西、湖北教區則受內地會巡迴傳教模式影響，難以突破其障礙，雖同屬舊教區卻無顯著增長。

　　在內地會新闢教區中（包括山西、雲南、陝西、甘肅、貴州、廣西、四川、湖南、河南、山東、直隸），以山西教區發展最快，其教勢甚至超過蘇、皖、贛、鄂四省。這不僅因內地會投入大量物力、人力，更重要的是山西災荒，鴉片毒害等因素使內地會醫療事業興旺，易於吸收信徒。同時，中國教牧如席勝魔等盡力消除煙毒，牧會能力受內地會肯定及重視，發揮自傳力量

〔註112〕比較本章前註的註7、註8、註9、註10。

所致。雲南教區地遠語雜，馬嘉里案餘響使民眾漠視基督宗教。雖然內地會投入相當多人力、物力，沒有得到預期的傳教果效。至於陝西、甘肅等新興教區發展，仍屬草創階段。其中，湖南和廣西開拓，至光緒十六年（1890 年）為止，內地會仍受拒於其門外。

由於內地會非常重視巡迴傳教，在基督新教在華傳教團體中扮演開路先鋒角色。憑心而論，巡迴傳教固然能在短時期急速擴展活動區域，卻無法將教會在區域內深植生根。欲使教會成長，必須仰賴中國教牧堅強的牧會能力。這就是為什麼內地會在有些教區投入大量傳教士工作，卻不能得到相等數目的會友；舊教區的教務發展也不一定比新教區強的主因。另外，內地會學徒式訓練方式，完全以外國傳教士個人經驗傳授中國助手。中國教牧不但受傳教士個人學養所限，亦不能在短期內精進自己傳教知識和能力。再加上內地會教會學校主旨在撫育幼童、教育傳教士子女，不在加強中國助手神學知識和傳教訓練。中國教牧既是內地會教區成長的關鍵，而內地會卻無法培植相對人力以供應各教區，配合各教區擴展速度。在此景況下，佈道所和傳教站時常更換或撤消就習以為常了。此種差傳模式造成各教區需要大量負責教務人力，既無法自中國教牧中取得，不得不依靠外國傳教士。吸收傳教士成為內地會發展一大課題。因此，內地會不但重視男傳教士，同時派遣女傳教士駐居佈道所，指揮教務工作。如光緒十六年（1890 年），江西廣信河流域附近八個佈道所，由十六位未婚女傳教士指導中國助手推動教務。〔註 113〕雖然此種以婦女傳教為主的方式遭受在華及英國兩方面教會人士的批評，指責其不該置婦女同胞於危險艱困的環境中，女傳教士更不適宜承擔與男傳教士相等工作量。但，內地會仍獨斷獨行，強調婦女傳教的存在價值，並可彌補男傳教士開展教務能力的不足，使當地中國教牧得到更好的操練機會，在華教會更可能得以早日健全。〔註 114〕

此外，戴德生為補充外國傳教士人力，於光緒十五年秋（1889 年）訪問北歐，促成瑞典、挪威新教傳教團體加入內地會在華的傳教事業。他此行總共得到二十五位北歐同工。光緒十六年（1890 年）夏，德國和芬蘭的新教傳教團體派出十一名傳教士，在內地會監督下工作。〔註 115〕同時，澳洲籍巴光

〔註 113〕 *The Story of the C. I. M.*, v. 2, p. 363.
〔註 114〕 *The Story of the C. I. M.*, v. 2, pp. 381～382, 385.
〔註 115〕 *The Story of the C. I. M.*, v. 2, p. 491.

明（Rev. Charles H. Parson）參加內地會全國會議，爲建立澳洲分會努力。內地會澳洲分會於光緒十六年四月四日（1890 年 5 月 22 日）在墨爾鉢（Melbourne）誕生。〔註116〕同年五月至九月間（1890 年 7～11 月），有十一名澳洲籍傳教士加入內地會。澳洲分會更擴充組織，設委員會於雪梨（Sydney）、布利斯班（Brisbane）。〔註117〕由此可見，爲應付日益擴充的會務，內地會有逐漸邁向超宗派基督新教傳教團體的發展趨勢。

歸結而論，截至光緒十六年（1890 年）爲止，中國內地會已成爲一個相當龐大且國際化的基督新教傳教團體。它的教務組織遍及十六省，擁有九十四個佈道所、七十八個傳教站、一百三十九座禮拜堂、九十四所教會；四百一十位外國傳教士（包括回英度假和未受派見習生五十七名）、一百八十七位中國教牧（包括五十四名牧師）、三千零三十八名守聖餐者，受洗者四千六百零二名；並設八所中國寄宿學校、二所英文寄宿學校（學生一百零二名）、二十二所中國日間學校（學生三百二十一名）、七所醫院、十三個診療所和三十八個戒煙所。〔註118〕

至於民教衝突方面，由於資料不全，筆者只知光緒二年（1876 年）時，內地會尊重安徽安慶官方的請求，在科舉考試期間不公開佈道，免生事端。光緒八年（1882 年），浙江新昌、溫州內地會均遭受當地民眾挑釁，教友受傷，但未要求賠償。光緒十年（1884 年），傳教士巴子成在貴州螃蟹遭華民許壳子（即許漾山）蒲聾子、曾四、楊彎山和王四壳子劫奪財物。〔註119〕此民教衝突事件經英國外交人員力爭，以懲凶和賠償而結案。〔註120〕由此可見，內地會對教案的處理固然缺少明顯的對策，惟其在華傳教的努力和熱忱，仍一本初衷，持續不變。

〔註116〕 *The Story of the C. I. M.*, v. 2, pp. 494～496.
〔註117〕 *The Story of the C. I. M.*, v. 2, p. 497.
〔註118〕 *China's Millions* v. 1891, no. 67, p. 120.
〔註119〕 《教務教案檔》，第二輯，第三冊，頁 1728。
〔註120〕 《教務教案檔》，第二輯，第三冊，頁 1741～1745。

第五章　轉型時期的中國內地會（1891～1926）

　　轉型時期（1891 年～1926 年）的中國內地會處在清季到民國政治、經濟、社會等變遷中，成爲基督新教超宗派（inter-denominational）的傳教團體，並得到衛理聖經會（Bible Christian Methodist Mission*）、自由會（The Finnish Free Church）、德女執事會（The Friedenshort Deaconess Mission）、德華盟會（The German China Alliance）、德女公會（The German Women's Missionary Union）、立本責信美會（The Liebenzell Mission）、挪華盟會（The Norwegian Alliance Mission）、挪威會（The Norwegian Mission in China）、挪威路德會（The Scandinavian Alliance Mission）、聖可里會（The St. Chrischona Pilgrim Mission*）、瑞華盟會（The Swedish Alliance Mission）、聖潔會（The Swedish Holiness Union）、瑞華會（The Swedish Mission in China）等十三個西方基督新教傳教團體的支持，增強了內地會在華傳教事業的力量。〔註1〕邁向二十世紀之際，原內地會創建者戴德生和其傳教團體所嘗試的差傳策略，諸如信心傳教、女宣工作、文字工作、教會本色化等，現已逐漸成熟且發展爲「內地會系」的差傳特色和傳統。〔註2〕內地會組織方面，分爲（1）英國分會，下設倫敦委員會（London Council）；（2）北美分會，下設北美委員會（North American Council）；（3）澳紐分會，下設澳洲委員會（Australian Council），共

〔註1〕 *China's Millions,* v. 1893, no. 74, p. 42.
　　　 The Jubilee Story of the C. I. M., pp. 357～365.
　　　 新教各傳教團體譯名及開拓時間，詳見查時傑，〈民國基督教會史（一）〉《國立台灣大學歷史學系學報》，第八期，頁116～124（1981年12月）。此論文已收入查時傑，《民國基督教史論文集》，頁3～58。筆者如無法找到正確譯名，則在該會英文原後加「*」號以區別之。
〔註2〕 徐欣嫻，《全然奉獻爲中國的戴家：從戴德生到戴繼宗》，頁143～153。
　　　 蔡錦圖，《戴德生與中國內地會（1832～1953）》，頁135。

同輔佐在華委員會處理日常會務。〔註3〕傳教方式及策略方面，（1）重用平信徒（指未具神職身份的基督徒），因其能在簡單物質環境中，發揮熱誠又善於與人相處；〔註4〕（2）重視地方教會自養問題，體認自養有助於教會的健全發展；〔註5〕（3）致力消除鴉片煙害，並呼籲英國政府限制印度鴉片產量，只作醫藥使用；〔註6〕以及（4）延續巡迴、醫療傳教傳統，加強中國教牧自傳能力，並發展教育事業。〔註7〕

第一節　華南教務的推行

一、浙　江

　　光緒十七年至二十四年（1891 年～1898 年），內地會在浙江教務發展列表說明如下：〔註8〕

時　間	光緒十七年（1891）	光緒十八年（1892）	光緒十九年（1893）	光緒廿年（1894）	光緒廿一年（1895）	光緒廿二年（1896）	光緒廿三年（1897）	光緒廿四年（1898）
佈道所	15	16	16	15	19	21	21	24
傳教站	35	36	43	52	64	68	78	84
禮拜堂	49	50	58	67	83	89	98	106
教　會	36	42	49	51	54	65	75	80

〔註3〕 *Directory of the China Inland Mission, 1910.* p. 1.本資料乃中華福音神學院中國教會史研究中心特藏。以下譯稱「一九一○年內地會名錄」。
　　　 China's Millions, v. 1896, no. 96, p. 93. 中國內地會北美分會成立於光緒十四年（1888）。
　　　 Marcus L. Loane, *The Story of the China Inland Mission in Australia and New Zealand, 1890～1964* (Sidney, Australia: Halstead Press, 1965), p. 14.
　　　 澳洲分會成立於光緒十六年（1890）。
〔註4〕 *Chinese Recorder,* v. 22, no. 1, p. 46 (1891).
〔註5〕 *China's Millions* v. 1892, no. 72, p. 105.
〔註6〕 *China's Millions,* v. 1894, no. 82, p. 106.
〔註7〕 *China's Millions,* v. 1898, no. 108, p. 100.
〔註8〕 *China's Millions,* v. 1892, no. 72, p. 98.
　　　　　　　　 v. 1893, no. 77, p. 135.
　　　　　　　　 v. 1894, no. 83, pp. 123～124.
　　　　　　　　 v. 1895, no. 90, p. 138.
　　　　　　　　 v. 1896, no. 97, p. 140.
　　　　　　　　 v. 1897, no. 102, p. 111.
　　　　　　　　 v. 1898, no. 108, pp. 95～96.
　　　　　　　　 v. 1899, no. 117, p. 168.

時　　間	光緒十七年（1891）	光緒十八年（1892）	光緒十九年（1893）	光緒廿年（1894）	光緒廿一年（1895）	光緒廿二年（1896）	光緒廿三年（1897）	光緒廿四年（1898）
外國傳教士	36	40	48	51	55	75	66	74
中國教牧	73	80	93	96	111	120	142	137
無薪助手	32	35	33	34	34	43	57	74
守聖餐者	1,215	1,488	1,800	1,981	2,248	2,980	3,533	3,710
受洗人數	194	236	473	282	356	800	686	346
洗禮累計	2,167	2,379	2,866	3,146	3,504	4,303	4,989	5,326
日間　學校	2	1	2	1	2	6	7	8
日間　學生	16 男 4 女	14 男	29 男	14 男 3 女	14 男 14（男女不詳）	32 男 22（男女不詳）	43 男 19 女	89
寄宿　學校	3	2	2	3	3	3	7	7
寄宿　學生	19 男 42 女	6 男 43 女	47 女	11 男 50 女	13 男 28 女	15 男 44 女	35 男 51 女	83
診療所		1	3	2	1	1	2	4
戒煙所	2	1	1	1	1	1	1	1
資料出處	(1)	(2)	(3)	(4)	(5)	(6)	(7)	(8)

整體觀察，轉型初期內地會在浙江一省的傳教活動遍及杭州、紹興、新昌、衢州、常山、蘭谿、金華、永康、處州、龍泉、雲和、松陽、縉雲、天台、太平、寧波、奉化、寧海、台州、黃巖、小梅（Siao-mei）、溫州、平陽和窄溪等地。守聖餐者每年平均二千三百六十九人。受洗人數每年平均約四百二十二人。再以光緒十六年（1890 年）和光緒二十四年（1898 年）教務狀況相比較，後者的佈道所數增加十一所，傳教站數增加五十五處，外國傳教士和中國教牧數各增加二倍。〔註 9〕內地會傳教方式，仍由外國傳教士向未設立傳教據點的村鎮巡迴傳教，中國教牧維持原有佈道所的教務。該會以紹興為會務推動樞紐，由宓道生擔任全浙總監督，〔註 10〕重視中國教牧和會友的聖經知識，加強聖經班的功能，使教會成為中國人自己策畫、支助、拓展會務的本色教會。〔註 11〕

　　光緒二十五年（1899 年）後，由於資料所限，筆者僅知浙江內地會對教育採取保守本位政策，規定會友子女才能入學就讀。〔註 12〕光緒二十九年（1903 年），內地會贊助而成立溫州學院。〔註 13〕教務活動方面，該會於光緒

〔註 9〕比較前註 8 和 *China's Millions*, v. 1891, no. 67, p. 120.
〔註 10〕*China's Millions*, v. 1893, no. 78, p. 149, v. 1894, no. 81, p. 70.
〔註 11〕*Chinese Recorder*, v. 28, no. 10, pp. 474～481 (1897).
〔註 12〕*Chinese Recorder*, v. 32, no. 3, pp. 151～152 (1901).
〔註 13〕*Chinese Recorder*, v. 34, no. 11, p. 573 (1903).

三十四年（1908 年）在溫州佈道所設立婦女祈禱會（Mother's Prayer Union），積極推動婦女參與教會工作。〔註14〕宣統三年（1911 年）時，內地會又在溫州舉行基督宗教獻身大會（Christian Endeavor Rally at Wenchow），由衡教士（Rev. Edward Hunt）主持，共有成年男、女獻身會（Men's and Women's Christian Endeavor Societies）、青少年男、女獻身會（Boys' and Girls' Junior Societies）等三十五個團體參加。〔註15〕此種宗教獻身大會的目的在幫助信徒自我造就，促使各團體參加聯合祈禱，並提供會友自傳操練的機會。〔註16〕民國元年（1912 年），內地會更重視新教宗派間的合作，以期增加對浙省的傳教力量。〔註17〕

再以民初浙江教務發展列表說明，可知浙江內地會發展大勢：〔註18〕

時　間	民國三年（1914）	民國九年（1920）	民國十年（1921）
佈道所	25	28	26
傳教站	322	367	299
禮拜堂	346	206	
教　會	196		269
外國傳教士	84	73	82
中國教牧	353	206	340
無薪助手	312	384	370
守聖餐者	8,272	9,944	11,422
受洗人數	1,003	475	
洗禮累計	13,601	17,657	

〔註14〕 *Chinese Recorder*, v. 39, no. 8, pp. 464～465 (1908).

〔註15〕 *Chinese Recorder*, v. 42, no. 4, pp. 241～243 (1911).

〔註16〕 *Chinese Recorder*, v. 42, no. 6, pp. 366～368 (1911).

〔註17〕 *Chinese Recorder*, v. 43, no. 10, pp. 581～583 (1912).

〔註18〕 1. *China and the Gospel: An Illustrated Report of the China Inland Mission, 1915* (London: China Inland Mission, 1915), pp. 79～80.以下簡稱「一九一五年內地會年冊」。

2. *China and the Gospel: Report of the China Inland Mission, 1921* (London: China Inland Mission, 1921), pp. 40～41.以下簡稱「一九二一年內地會年冊」。

3. Milton T. Stauffer（司德敷）ed., *The Christian Occupation of China*（中華歸主）: *A General Survey of the Numerical Strength and Geographical Distribution of the Christian Force in China* (Shanghai: China Contiuation Committee, 1922; San Francisco, California: Chinese Materials Center, reprinted, 1979), pp. 52～56. 以下簡稱 Milton T. Stauffer（司德敷）ed., *The Christian Occupation of China.* 信徒奉獻的貨幣單位，自楊端六等編，《六十五年來中國國際貿易統計》（北京：中央研究院社會科學研究所，1931 年），頁 151 換算出來。

時　間		民國三年（1914）	民國九年（1920）	民國十年（1921）
日間	學校	38	59（包括寄宿）	53（初等小學）
	學生	746 男 412 女	957 男 236 女	1,059 男 352 女
寄宿	學校	15		14（高等小學）
	學生	213 男 193 女	141 男 90 女	171 男 58 女
醫　院		1	2	3
診療所		5	9	6
戒煙所		1		
信徒奉獻		（單位：中國銀元）8,403.00	12,588.55	
資料出處		（1）	（2）	（3）

　　一般而言，浙省內地會中國教牧皆以自養自傳作爲教會發展的目標，〔註19〕重視與其他基督新教傳教團體聯合傳教的活動。〔註20〕其中，新昌、杭州、紹興、溫州、瑞安等教皆已自立、自傳、自養，並且與母會關係良好。〔註21〕民國十五年（1926年）時，內地會在浙江省的佈道所遍及杭州、莫干山、紹興、嵊縣、新昌、天台、寧海、奉化、台州、仙居、黃巖、小梅、溫州、平陽、處州、縉雲、松陽、龍泉、雲和、嚴州、蘭谿、金華、永康、衢州、常山等地，教勢仍盛（開拓時間，詳見附錄三）。〔註22〕

二、雲　南

　　光緒十七年二十四年（1891年～1898年），內地會在雲南教務發展列表說明如下：〔註23〕

〔註19〕中華續行委辦會編，《中華基督教會年鑑（二），1915》（台北：中國教會研究中心與橄欖基金會重印，1983年3月台再版），頁107。

〔註20〕中華續行委辦會編，《中華基督教會年鑑（四），1917》（台北：中國教會研究中心與橄欖基金會重印，1983年7月台再版），頁72～73。

〔註21〕中華續行委辦會編，《中華基督教會年鑑（五），1918》（台北：中國教會研究中心與橄欖文化基金重印，1983年7月台再版），頁9～10、45。

中華全國基督教協進會編，《中華基督教會年鑑（十二），1933》（台北：中國教會研究中心與橄欖文化基金會重印，1983年10月台再版），頁182。

〔註22〕一九三〇年內地會年冊，附錄頁27～28。

〔註23〕 *China's Millions* v. 1892, no. 72, p. 98.
　　　　　　　　　　v. 1893, no. 77, p. 135.
　　　　　　　　　　v. 1894, no. 83, p. 123.
　　　　　　　　　　v. 1895, no. 90, p. 137.
　　　　　　　　　　v. 1896, no. 97, p. 139.
　　　　　　　　　　v. 1897, no. 102, p. 110.
　　　　　　　　　　v. 1898, no. 108, p. 95.

時　間	光緒十七年（1891）	光緒十八年（1892）	光緒十九年（1893）	光緒廿年（1894）	光緒廿一年（1895）	光緒廿二年（1896）	光緒廿三年（1897）	光緒廿四年（1898）
佈道所	6	6	6	6	6	6	7	4
傳教站								
禮拜堂	6	6	6	6	6	6	7	4
教　會	3	4	6	6	6	6	6	4
外國傳教士	23	26	26	26	28	35	39	22
中國教牧	2	2	3	4	6	8	10	5
無薪助手	2	2	2	2	2	2	2	
守聖餐者	22	20	23	27	45	47	43	15
受洗人數	5	6	4	3	19	8	4	1
洗禮累計	34	40	42	45	64	71	75	43
日間　學校	1		2	1	1	1	6	2
日間　學生	8男		18男7女	15男	57男15女 7（男女不詳）	48男15女 20（男女不詳）	143男45女	34男
寄宿　學校								
寄宿　學生					1		1	
診療所		1			2	2	1	
資料出處	（1）	（2）	（3）	（4）	（5）	（6）	（7）	（8）

　　整體來看，轉型初期內地會在雲南一省的傳教活動遍及八莫（在緬甸）、大理、雲南（今名「祥雲」）、曲靖、昭通、東川（今名「會澤」）、騰越（今名「騰衝」）等地，但因其以巡迴傳教，作為開拓雲南教區的主要方式，導致佈道所更迭頻繁。〔註24〕此外，該會曾在大理開辦主日學；〔註25〕會友也以邊疆民族為主。〔註26〕但，傳教士仍須克服語言上的障礙。〔註27〕

　　光緒二十五年（1899年）後，由於資料所限，筆者僅知民國元年（1912年），內地會傳教士富能仁（James O. Fraser, 1886～1938）曾被要求借騰越禮拜堂給自稱青年會者使用，後因其有政治企圖而加以拒絕。〔註28〕傳教士韓純中（W. J. Hanna）在大理傳教，與官紳關係良好，且曾應邀向士兵及學者講道。〔註29〕民初，內地會傳教仍以猓玀、撣人等邊疆少數民族為其主要傳教

---

v. 1899, no. 117, p. 167.
〔註24〕 *China's Millions*, v. 1894, no. 80, p. 26, v. 1895, no. 88, p. 70.
〔註25〕 *China's Millions*, v. 1894, no. 84, p. 159.
〔註26〕 *China's Millions*, v. 1895, no. 87, p. 28, v. 1895, no. 91, p. 166.
〔註27〕 *China's Millions*, v. 1896, no. 93, pp. 14, 16.
〔註28〕 *Chinese Recorder*, v. 43, no. 9, pp. 562～563 (1912).
　　　關於富能仁的滇緬傳教經驗，可參見 Eileen Crossman, *Mountain Rain: A New Biography of James O. Fraser*, revised and edited by M. E. Tewkesbury（England: Authentic Lifestyle and the Overseas Missionary Fellowship, reprinted, 2002）.
〔註29〕 *Chinese Recorder*, v. 43, no. 10, pp. 623～624 (1912).

對象。〔註30〕至於內地會在雲南的教務發展，列表說明如下：〔註31〕

時　間		民國三年（1914）	民國九年（1920）	民國十年（1921）
佈道所		7	9	8
傳教站		75	151	95
禮拜堂		81	131	
教　會		13	64	64
外國傳教士		24	28	25
中國教牧		29	62	85
無薪助手		5	12	26
守聖餐者		1,266	4,205	4,014
受洗人數		316	336	
洗禮累計		1,361	4,536	
日間	學校	3	25（包括寄宿）	23（初等小學）
	學生	37男6女	188男25女	687男48女
寄宿	學校	7		59（高等小學）
	學生	230男15女	214男2女	
診療所		1	5	6
戒煙所		1		
信徒奉獻		（單位：中國銀元）505.00	2,620.18	
資料出處		（1）	（2）	（3）

綜觀轉型時期雲南教務的發展，內地會仍以花苗、拉戛、葛布、黑夷等邊疆少數民族爲傳教對象。〔註32〕傳教密度提高，總共設立武定、曲靖、平彝、大理、騰越、新街、永昌（今名「保山」）、洒普山、撒老吳九個佈道所（開拓時間，詳見附錄三）。守聖餐者數較前期多，顯示教務持續成長，並未遭受政治、社會變遷影響。

三、貴　州

　　光緒十七年至二十四年（1891年～1898年），內地會在貴州教務發展列表

〔註30〕 *Chinese Recorder*, v. 44, no. 3, pp. 191～192 (1913).
〔註31〕 1. 一九一五年內地會年冊，頁76。
　　　　2. 一九二一年內地會年冊，頁38。
　　　　3. Milton T. Stauffer（司德敷）ed., *The Christian Occupation of China*, pp. 236, 242～243, 245.
　　　　信徒奉獻的貨幣單位自楊端六等編，《六十五年來中國國際貿易統計》，頁151換算出。
〔註32〕 中華續行委辦會編，《中華基督教會年鑑（四），1917》，書貳，頁95～99。

說明如下：〔註33〕

時　　間	光緒十七年（1891）	光緒十八年（1892）	光緒十九年（1893）	光緒廿年（1894）	光緒廿一年（1895）	光緒廿二年（1896）	光緒廿三年（1897）	光緒廿四年（1898）
佈道所	3	3	4	4	4	4	5	5
傳教站	1	1	2	2	2	2	2	2
禮拜堂	3	3	6	6	6	6	7	7
教　會	4	2	4	5	3	3	6	6
外國傳教士	10	13	14	17	21	26	25	23
中國教牧	5	5	6	9	10	11	11	14
無薪助手	1	2	1	1	1	1		
守聖餐者	58	58	70	75	62	66	69	82
受洗人數	9	3	12	4	10	1	9	19
洗禮累計	69	72	84	88	99	100	109	128
日間　學校	1	2	2	2	1	1	3	7
日間　學生	16 男	15 男 10 女	12 男 12 女	12 男 14 女	14 女	14 女	17 男 14 女	66 男 25 女
寄宿　學校	1							
寄宿　學生	10 女							
醫　院	1							
診療所	1	1	1			1	1	
戒煙所	1							
資料出處	（1）	（2）	（3）	（4）	（5）	（6）	（7）	（8）

整體而論，轉型初期內地會在貴州一省的傳教活動遍及貴陽、安順、興義、獨山、螃蟹等地。守聖餐者每年平均六十八人，受洗人數每年平均八人，教會規模很小。再以光緒十六年（1890 年）和光緒二十四年（1899 年）教務狀況相比較，後者的外國傳教士數增加一點六倍，中國教牧數增加一點三倍，而守聖餐者只增加十人。〔註34〕由此可見，內地會在此八年間在貴州傳教進展不大。傳教方式無法脫離巡迴各村鎮的範圍。

　　光緒二十五年（1899 年）後，由於資料所限，筆者僅知內地會在貴州仍以旅行傳教作爲開拓方式。〔註35〕民初，貴州教務發展列表說明如下，可知

〔註33〕 *China's Millions* v. 1892, no. 72, p. 98.
　　　　　v. 1893, no. 77, p. 135.
　　　　　v. 1894, no. 83, p. 123.
　　　　　v. 1895, no. 90, p. 136.
　　　　　v. 1896, no. 97, p. 139.
　　　　　v. 1897, no. 102, p. 110.
　　　　　v. 1898, no. 108, p. 95.
　　　　　v. 1899, no. 117, p. 167.
〔註34〕 比較前註 8 和 *China's Millions*, v. 1891, no. 67, p. 120.
〔註35〕 *Chinese Recorder*, v. 39, no. 11, pp. 643～644 (1908).

其發展大勢：〔註36〕

時　間		民國三年（1914）	民國九年（1920）	民國十年（1921）
佈道所		7	13	14
傳教站		55	111	109
禮拜堂		62	66	
教　會		49	94	79
外國傳教士		30	35	35
中國教牧		102	97	128
無薪助手		325	398	352
守聖餐者		5,997	6,353	5,938
受洗人數		1,018	516	
洗禮累計		6,599	7,924	
日間	學校	2	26（包括寄宿）	38（初等小學）
	學生	20男20女	367男54女	692男38女
寄宿	學校	28		8（高等小學）
	學生	642男37女	59男2女（數據不全）	37男
醫　院		1	1	1
診療所		3	6	5
戒煙所			1	
信徒奉獻		（單位：中國銀元）2,248.49	693.07	
資料出處		（1）	（2）	（3）

　　整體來看，民初時貴州內地會的教會工作仍以倡導禁煙、培植傳道人才、振興教會爲主；〔註37〕傳教對象主要爲犵狫、玀玀、苗、狆家等邊疆少數民族；而會務管理權多操在外國傳教士之手。〔註38〕

　　截至民國十五年（1926年）爲止，貴州內地會會務遍及貴陽、畢節，通州（今名「平塘」）、獨山、螃蟹、鎮遠、遵義、黔西、大定、結構、葛布、安順、安平和興義，以及廣西境內的三江（開拓時間，詳見附錄三），〔註39〕傳教性質

〔註36〕　1. 一九一五年內地會年冊，頁76。

　　　　　2. 一九二一年內地會年冊，頁38。

　　　　　3. Milton T. Stauffer（司德敷）ed., *The Christian Occupation of China*, pp. 177, 183～184.

　　　　　信徒奉獻的貨幣單位自楊端六等編，《六十五年來中國國際貿易統計》，頁151換算出。

〔註37〕　中華續行委辦會編，《中華基督教會年鑑（四），1917》，書貳，頁93～94。

〔註38〕　中華全國基督教協進會編，《中華基督教會年鑑（七），1924》（台北：中國教會研究中心與橄欖文化基金重印，1983年8月台再版），頁58～59。

〔註39〕　一九三〇年內地會年冊，附錄頁21～22。

仍是純宗教的，不涉及政治。至於內地會在華南傳教事業的拓展上，除繼續增加浙江、雲南、貴州教區教務活動外，並嘗試向福建傳教，由中國助手負責。民國十年（1921 年）時設傳教站和教會各一所，共八人守聖餐。〔註40〕

第二節　華中教務的推行

一、江　蘇

光緒十七年至二十四年（1891 年～1898 年），內地會在江蘇教務發展列表說明如下：〔註41〕

時　間	光緒十七年（1891）	光緒十八年（1892）	光緒十九年（1893）	光緒廿年（1894）	光緒廿一年（1895）	光緒廿二年（1896）	光緒廿三年（1897）	光緒廿四年（1898）
佈道所	6	6	9	7	7	6	6	6
傳教站					1	2	1	1
禮拜堂	6	6	5	7	7	7	7	7
教　會	3	5	6	6	5	7	8	
外國傳教士	57	44	54	48	54	55	59	57
中國教牧	8	9	10	13	15	17	18	20
無薪助手		1	3		2	1	1	3
守聖餐者	91	64	65	63	74	89	116	119
受洗人數	6	1	7	0	14	13	23	1
洗禮累計	216（包括以前工作者98）	126	133	133	147	160	183	184
日間 學校	1	2	3	4	6	8	9	9
日間 學生	8 女	12 男 3 女	13 女 24（男女不詳）	35 男 5 女	53 男 32 女	54 男 36 女 14（男女不詳）	113男50女	93 男 35 女
寄宿 學校	1	1	1	1	1	1	1	2
寄宿 學生	18 女	14 女	11 女	15 女	9 女	7 女	6 女	15 女
醫　院			1	1	1	1	1	1
診療所								1
資料出處	（1）	（2）	（3）	（4）	（5）	（6）	（7）	（8）

〔註40〕Milton T. Stauffer（司德敷）ed., *The Christian Occupation of China*, pp. 73～74.
〔註41〕*China's Millions*, v. 1892, no. 72, p. 98.
　　　　　　　　v. 1893, no. 77, p. 135.
　　　　　　　　v. 1894, no. 83, p. 123.
　　　　　　　　v. 1895, no. 90, p. 137.
　　　　　　　　v. 1896, no. 97, p. 139.
　　　　　　　　v. 1897, no. 102, p. 110.
　　　　　　　　v. 1898, no. 108, p. 95.
　　　　　　　　v. 1899, no. 117, p. 167.

整體來看，內地會除原有揚州、上海、鎮江、高郵、清江浦等五處佈道所之外，到轉型初期（1898 年）爲止，江蘇教區僅添設安東一處佈道所。守聖餐者每年平均約八十五人，受洗者每年平均約九人。再以光緒十六年（1890 年）和光緒二十四年（1898 年）教務狀況相比較，後者的外國傳教士增加二十人，中國教牧增加十六人，守聖餐者多十一人。可知轉型初期，江蘇內地會會務發展略有成績。其教務性質仍是以策畫會務爲主，傳教爲次。上海設有財務、企劃郵傳部門和傳教士之家；揚州設訓練所，負責經費支配、人力支援和訓練等事項。〔註42〕

　　光緒二十五年（1899 年）後，由於資料所限，筆者僅知江蘇內地會繼續加強聖經教育，並分男、女兩班分別教授；〔註43〕教會也因民初兵亂而遭受威脅。〔註44〕轉型後期江蘇教區教務發展列表說明，可知其發展大勢：〔註45〕

時　　間		民國三年（1914）	民國九年（1920）	民國十年（1921）
佈道所		6	5	5
傳教站		15	18	19
禮拜堂		21	25	
教　　會		8	13	19
外國傳教士		52	60	59
中國教牧		23	14	24
無薪助手		9	25	18
守聖餐者		615	954	1,004
受洗人數		373	106	
洗禮累計		784	1,269	
日間	學校	1	5（包括寄宿）	3（初等小學）
	學生	15 男 30 女	8 男 22 女	5 男 68 女
寄宿	學校	2		1（高等小學）1（中學）
	學生	56 女	4 男 34 女	5 男 26 女 5 女
醫　　院				1
診療所		1		1
信徒奉獻		2,618.00	10,251.12	
資料出處		（1）	（2）	（3）

〔註42〕比較前註 8 和 *China's Millions*, v. 1891, no. 67, p. 120.

〔註43〕*Chinese Recorder*, v. 43, no. 4, p. 253 (1912).

〔註44〕*Chinese Recorder*, v. 44, no. 1, p. 62 (1913).

〔註45〕1. 一九一五年內地會年冊，頁 23～24、75。

　　　　2. 一九二一年內地會年冊，頁 36～37。

　　　　3. Milton T. Stauffer（司德敷） ed., *The Christian Occupation of China*, pp. 137, 139, 141.

　　　　信徒奉獻的貨幣單位自楊端六等編，《六十五年來中國國際貿易統計》，頁 151 換算出。

綜合而論，至民國十五年（1926 年）為止，內地會所屬江蘇教區繼續維持上海、鎮江、揚州、清江浦、安東等五處佈道所（開拓時間，詳見附錄三），教務實貌仍是以策畫會務為主、傳教活動為輔，並未改變。〔註46〕

二、安　徽

　　光緒十七年至二十四年（1891 年～1898 年），內地會在安徽省的教務發展列表說明如下：〔註47〕

時　間	光緒十七年（1891）	光緒十八年（1892）	光緒十九年（1893）	光緒廿年（1894）	光緒廿一年（1895）	光緒廿二年（1896）	光緒廿三年（1897）	光緒廿四年（1898）
佈道所	9	11	13	13	12	12	13	15
傳教站	9	9	9	7	9	10	11	14
禮拜堂	18	19	17	18	23	22	24	29
教　會	8	7	15	16	13	16	18	20
外國傳教士	30	41	54	50	54	54	49	57
中國教牧	16	19	22	22	24	24	31	38
無薪助手	12	12	6	6	8	6	9	15
守聖餐者	263	224	248	249	271	260	288	371
受洗人數	23	15	17	20	38	7	38	90
洗禮累計	376	396	415	435	473	480	518	611
日間 學校	1	1	1	3	5	5	12	14
日間 學生	3 男	9 女	11 女	11 男 7 女	49	30 男 23 女 6（男女不詳）	80 男 30 女	101 男
寄宿 學校	1	1	1			1		1
寄宿 學生	1 男 7 女	8 男 6 女	5			3 男 5 女		26 男 32 女
診療所			1	1	1	3	2	2
資料出處	(1)	(2)	(3)	(4)	(5)	(6)	(7)	(8)

一般而言，內地會在安徽一省的傳教活動遍及太和、正陽關、固鎮（Ku'cheng）、Fu-hing-tsih、廬州（今名「合肥」）、六安、安慶、蕪湖、建平（今名「郎溪」）、寧國、廣德、池州、至德、徽州、潁州（今名「阜陽」）等地。守聖餐者每年

〔註46〕一九三〇年內地會年冊，附錄頁 17～18。
〔註47〕*China's Millions*, v. 1892, no. 72, p. 98.
　　　　　　v. 1893, no. 77, p. 135.
　　　　　　v. 1894, no. 83, p. 123.
　　　　　　v. 1895, no. 90, p. 137.
　　　　　　v. 1896, no. 97, p. 139.
　　　　　　v. 1897, no. 102, p. 110.
　　　　　　v. 1898, no. 108, p. 94.
　　　　　　v. 1899, no. 117, pp. 166～167.

平均約二百七十二人，受洗者每年平均三十一人。再以光緒十六年（1890 年）和光緒二十四年（1898 年）教務狀況相互比較，後者的佈道所增加六個，傳教站增加三個，教會增加十二所；後者的守聖餐者人數是前者的一點四倍，後者的受洗者人數是前者二點三倍。〔註 48〕由此可見，安徽內地會教務成績相當好，但其仍舊著重巡迴傳教，並在安徽設訓練所、加強傳教士語言能力、協助其適應中國生活。〔註 49〕安徽內地會仍是由外國傳教士主持教務，教會興盛與否，端視傳教士個人能力而定。〔註 50〕

　　光緒二十五年（1899 年）後，由於資料所限，筆者僅知內地會在安徽召開多次傳教士會議，設立諮商委員會（advisory council）；〔註 51〕並舉行全省教務會議，討論教會自立、自傳、自養等問題。〔註 52〕轉型後期內地會在安徽的教務發展，列表說明如下：〔註 53〕

時　　間	光緒廿六年（1900）	民國三年（1914）	民國九年（1920）	民國十年（1921）
佈道所	14	13	14	14
傳教站	17	31	29	48
禮拜堂		43	40	
教　會		37	39	45
外國傳教士	51	40	38	41
中國教牧		1	33	64
無薪助手		29	55	65
守聖餐者	429	946	1,172	1,341
受洗人數		83	72	
洗禮累計		1,753	2,277	

〔註 48〕比較前註 8 及 *China's Millions*, v. 1891, no. 67, p. 120.

〔註 49〕*China's Millions*, v. 1892, no. 72, pp. 134～136.

〔註 50〕*China's Millions*, v. 1893, no. 78, pp. 158～159.

〔註 51〕一九一五年內地會年冊，頁 33～35。

〔註 52〕中華續行委辦會編，《中華基督教會年鑑（四），1917》，頁 30。中華全國基督教協進會編，《中華基督教會年鑑（九），1927》（台北：中國教會研究中心與橄欖文化基金會重印，1982 年 8 月台再版），頁 13、16。

〔註 53〕1. *Chinese Recorder*, v. 32, no. 5, p. 237 (1901).

　　　　2. 一九一五年內地會年冊，頁 33～35、79。

　　　　3. 一九二一年內地會年冊，頁 40。

　　　　4. Milton T. Stauffer（司德敷）ed., *The Christian Occupation of China*, pp. 44～45, 48.

　　　　信徒奉獻的貨幣單位自楊端六等編，《六十五年來中國國際貿易統計》，頁 151 換算出。

時　間	光緒廿六年（1900）	民國三年（1914）	民國九年（1920）	民國十年（1921）
日間　學校		8	15（包括寄宿）	25（初等小學）
日間　學生		126 男 31 女	260 男 102 女	225 男 102 女
寄宿　學校		2		2（高等小學）
寄宿　學生		17 男 13 女	8 男 12 女	33 男 20 女
診療所		2	5	1
信徒奉獻	（單位：中國銀元）	466.90	1,868.26	
資料出處	（1）	（2）	（3）	（4）

綜合而論，至民國十五年（1926 年）止，安徽內地會繼續強化安慶訓練所的功能，以及安慶、池州、蕪湖、寧國、涇縣、廣德、建平、徽州、來安、六安、舒城、正陽關、穎州、太和等十四處佈道所的傳教活動。（開拓時間，詳見附錄三）〔註54〕

三、江　西

　　光緒十七年至二十四年（1891 年～1898 年），內地會在江西教務發展列表說明如下：〔註55〕

時　間	光緒十七年（1891）	光緒十八年（1892）	光緒十九年（1893）	光緒廿年（1894）	光緒廿一年（1895）	光緒廿二年（1896）	光緒廿三年（1897）	光緒廿四年（1898）
佈道所	12	13	18	17	18	15	15	18
傳教站	4	9	11	10	11	15	23	23
禮拜堂	15	21	23	27	28	30	38	41
教　會	9	8	10	11	13	12	20	23
外國傳教士	48	59	57	61	48	51	60	82
中國教牧	19	30	32	41	47	40	48	59
無薪助手	3	10	8	8	9	7	8	7
守聖餐者	254	347	364	430	465	468	548	572
受洗人數	14	148	30	93	53	53	107	82

〔註54〕一九三〇年內地會年冊，附錄 26～27。

〔註55〕*China's Millions*, v. 1892, no. 72, p. 98.
　　　　　v. 1893, no. 77, p. 135.
　　　　　v. 1894, no. 83, p. 123.
　　　　　v. 1895, no. 90, pp. 137～138.
　　　　　v. 1896, no. 97, p. 140.
　　　　　v. 1897, no. 102, p. 111.
　　　　　v. 1898, no. 108, p. 95.
　　　　　v. 1899, no. 117, pp. 166～168.

時　　間	光緒十七年（1891）	光緒十八年（1892）	光緒十九年（1893）	光緒廿年（1894）	光緒廿一年（1895）	光緒廿二年（1896）	光緒廿三年（1897）	光緒廿四年（1898）
洗禮累計	303	412	428	521	574	627	734	823
日間　學校	1			1	4	5	5	8
日間　學生	15 女			8 男	18 男 13 女 4（男女不詳）	17 女 10 男 50（男女不詳）	47 男 13 女	72 男 15 女
寄宿　學校		1	1	1	2		2	2
寄宿　學生		14 女	18 女	22 女	25 女		57 女	55 女
診療所			1	1				
資料出處	（1）	（2）	（3）	（4）	（5）	（6）	（7）	（8）

一般而言，轉型前期內地會在江西一省的傳教活動遍及九江、大姑塘、南昌、安仁、餘干、新城（今名「黎川」）、貴溪、弋陽、河口、湖口、廣豐、玉山、樟樹、吉安、豐岡、牯嶺（今名「廬山」）、臨江（今名「清江」）、星子（今名「南康」）、饒州（今名「鄱陽」）等地。守聖餐者每年平均四百三十一人，受洗者每年平均約七十三人。再以光緒十六（1890 年）和光緒二十四年（1898年）教務狀況相互比較，後者的佈道所增加八個，傳教站增加二十二個，外國傳教士數增加一點八倍，中國教牧數增加二點七倍。〔註 56〕教務方面，內地會繼續加強廣信河流域傳教工作，並將贛省畫分為北、西、中西、東、南五個分區。〔註 57〕教務會議，由榮晃熙（Archibald Orr-Ewing, 1857～1930）、李一士（E. S. Little*）、賀查理（Charles F. Hogg*）等主持，並和美以美會等基督新教傳教團體共同研討改進教務。〔註 58〕

　　光緒二十五年（1899 年）後，由於資料所限，筆者僅知江西內地會仍然重視祈禱會，〔註 59〕及教務會議。〔註 60〕中國教牧也舉行教務會議，討論與神的關係、教會秩序、子女教育、教會復興等問題。〔註 61〕除此之外，巡迴傳教及販賣宗教書冊在傳教活動中，依然重要。〔註 62〕民初，江西內地會教

〔註 56〕比較前註 8 及 *China's Millions*, v. 1891, no. 67, p. 120.
〔註 57〕*Chinese Recorder*, v. 23, no. 3, p. 146 (1892).
　　　　China's Millions, v. 1898, no. 108, pp. 102～103.
〔註 58〕*Chinese Recorder*, v. 29, no. 2, p. 100 (1898).
〔註 59〕*Chinese Recorder*, v. 36, no. 10, pp. 533～534 (1905).
〔註 60〕*Chinese Recorder*, v. 37, no. 1, p. 58 (1906); v. 40, no. 6, p. 354 (1909).
〔註 61〕*Chinese Recorder*, v. 39, no. 7, p. 407 (1908); v. 40, no. 5, pp. 643～645 (1909); v. 41, no. 5, p. 372 (1910).
〔註 62〕*China's Millions*, v. 43, no. 5, pp. 315～316 (1912).

務發展列表說明如下，可看出其發展大勢：〔註63〕

時　間		民國三年（1914）	民國九年（1920）	民國十年（1921）
佈道所		31	30	30
傳教站		128	162	169
禮拜堂		103	131	
教　會		67	164	153
外國傳教士		123	100	102
中國教牧		229	154	271
無薪助手		73	219	165
守聖餐者		3,492	5,264	4,855
受洗人數		374	377	
洗禮累計		2,526	8,149	
日間	學校	23	46（包括寄宿）	57（初等小學）
	學生	261 男 81 女	401 男 122 女	804 男 295 女
寄宿	學校	8		8（高等小學）
	學生	96 男 76 女	153 男 130 女	46 男 11 女
醫　院			2	2
診療所		2	13	17
醫學校			1	
信徒奉獻		（單位：中國銀元）2,444.00	8,011.22	
資料出處		（1）	（2）	（3）

綜合而論，至民國十五年（1926 年）為止，江西內地會工作人員雖然增加，然而教育事業較注重初等小學、醫療事業規模亦小。由此可知，內地會的教務性質仍偏向純宗教性；其活動範圍則遍及九江、牯嶺、大姑塘、星子、饒州、餘干、貴溪、樂平、弋陽、河口、廣信（今名「廣豐」）、玉山、建昌（今名「南城」或「永修」）、撫州（今名「臨川」）、信豐、瑞金、龍南、贛州、遂川（舊名「龍泉」）、吉安、永豐、永新、南豐、東鄉、袁州（今名「宜春」）、新喻、臨江、樟樹、寧都、崇仁及南昌等地。（開拓時間，詳見附錄三）〔註64〕

〔註63〕 1. 一九一五年內地會年冊，頁 31，78。

2. 一九二一年內地會年冊，頁 39～40。

3. Milton T. Stauffer（司德敷） ed., *The Christian Occupation of China*, pp. 123, 125, 127.

信徒奉獻的貨幣單位自楊端六等編，《六十五年來中國國際貿易統計》，頁 151 換算出。

〔註64〕 一九三○年內地會年冊，附錄頁 24～25。

四、湖北、湖南

（一）湖　北

光緒十七年至二十四年（1891 年～1898 年），內地會在湖北教務發展列表
說明如下：〔註65〕

時　　　間	光緒十七年（1891）	光緒十八年（1892）	光緒十九年（1893）	光緒廿年（1894）	光緒廿一年（1895）	光緒廿二年（1896）	光緒廿三年（1897）	光緒廿四年（1898）
佈道所	5	2	2	2	3	3	3	3
傳教站		2		1	2	2	5	1
禮拜堂	5	4	2	2	4	4	7	2
教　會	1	1	1	1	2	2	2	1
外國傳教士	8	10	12	11	15	16	17	15
中國教牧	5	4	4	4	12	9	11	8
無薪助手				2	1	1		1
守聖餐者	26	31	30	24	35	35	46	45
受洗人數	0	29	1	0	12	5	10	11
洗禮累計	81	31（數據不全）	30	30	42	47	57	59
日間　學校					1	1	1	1
日間　學生					15	26 女	39 男	42 女
診療所	1							
資料出處	（1）	（2）	（3）	（4）	（5）	（6）	（7）	（8）

一般而言，轉型初期內地會的傳教活動遍及老河口、漢口、宜昌（開拓時間，
詳見附錄三）。守聖餐者每年平均約三十四人，受洗者每年平均約九人。再以
光緒十六年（1890 年）和光緒二十四年（1898 年）教務狀況相比較，後者的
佈道所減了四個，守聖餐者增加九人，傳教士增加一名，中國教牧增加八名，
顯示八年間湖北教務進展緩慢。〔註66〕該會將樊城轉交給內地會系的北歐新
教傳教團體；武昌演變成純會務中心、作爲傳教士往來各教區的中途休息站；
沙市和石首降爲傳教站，由中國助手駐居；漢口佈道所主要工作在支援河南、

〔註65〕*China's Millions*, v. 1892, no. 72, p. 97.
　　　　　　v. 1893, no. 77, p. 134.
　　　　　　v. 1894, no. 83, p. 122.
　　　　　　v. 1895, no. 90, p. 137.
　　　　　　v. 1896, no. 97, p. 139.
　　　　　　v. 1897, no. 102, p. 110.
　　　　　　v. 1898, no. 117, p. 94.
　　　　　　v. 1899, no. 117, p. 166.
〔註66〕同前註 8 並比較 *China's Millions*, v. 1891, no. 67, p. 120.

陝西教區；老河口佈道所設診療所爲民醫病。〔註67〕

光緒二十五年（1899年）之後，由於資料所限，筆者僅知內地會勞教士（A. W. Lagerquist）擔任內地會系北歐傳教團體在華會議（The Scandinavian Missionary Conference）的指導，擬定印刷、出版事業的方針，建立統一教育的機構。〔註68〕至於民初湖北內地會教務發展也可列表說明，遂知其發展大勢：〔註69〕

時　　間	民國三年（1914）	民國九年（1920）	民國十年（1921）
佈道所	4	2	3
傳教站	3		12
禮拜堂	5		
教　會	5		11
外國傳教士	14	12	11
中國教牧	17		13
無薪助手	5		16
守聖餐者	199		459
受洗人數	25		
洗禮累計	281		
日間　學校	2		2（初等小學）
日間　學生	29男114女		32男21女
寄宿　學校	1		
寄宿　學生	20女		
診療所	1		1
信徒奉獻	（單位：中國銀元）45.02		
資料出處	（1）	（2）	（3）

簡要地說，由於湖北僅是內地會深入中國內陸教務的轉運站；因此，到民國十五年（1926年）爲止，湖北內地會的各項教務工作皆無重大發展。〔註70〕

〔註67〕 *China's Millions*, v. 1892, no. 72, pp. 133～134; v. 1893, no. 78, p. 158.

〔註68〕 *Chinese Recorder* v. 36, no. 6, pp. 313～314 (1905).

〔註69〕 1. 一九一五年內地會年冊，頁30～31、77。

　　　　2. 一九二○年內地會年冊，頁39。

　　　　3. Milton T. Stauffer（司德敷）ed., *The Christian Occupation of China*, pp. 105, 107, 109, 112.

　　　　信徒奉獻的貨幣單位自楊端六等編，《六十五年來中國國際貿易統計》，頁151換算出。

〔註70〕 一九三○年內地會年冊，附錄頁24。

（二）湖　南

內地會雖然早自光緒元年（1875 年）就開始嘗試對湖南傳教，但一直停留在旅行佈道的階段。一直到光緒二十四年（1898 年）時，韓教士（George Hunter, ？～1900）在常德租到屋舍後，始得發展會務，並在辰州（今名「沅陵」）、常德等地設立佈道所，有八名外國傳教士和三名中國助手負責日常教務。全年十人受洗，二十一人守聖餐，洗禮人數累計十九人。〔註 71〕光緒三十三年八月十二～十五日（1907 年 9 月 19～22 日），湖南內地會教士參加全湘基督新教各宗派的傳教會議，討論（1）制定基督新教各傳教團體男傳道的等級和薪資統一的可行性，（2）教會的精神生活和傳教方法，（3）中國教會的倫理問題，與宗派合作等事宜。〔註 72〕民國二年（1913 年），內地會更改進湖南巡迴傳教方式，分為船隊、陸隊，由一名中國男傳道帶領數名本地福音書冊販賣員從事實際工作。〔註 73〕再以民國三年（1914 年）起到民國十年（1921 年）止，湖南內地會教務發展列表說明，可知其發展大勢：〔註 74〕

時　間		民國三年（1914）	民國九年（1920）	民國十年（1921）
佈道所		13	16	17
傳教站		16	62	56
禮拜堂		32	55	
教　會		25	66	44
外國傳教士		67	59	65
中國教牧		71	59	120
無薪助手		14	66	11
守聖餐者		774	2,388	1,564
受洗人數		181	369	
洗禮累計		906	2,909	
日間	學校	8	12（包括寄宿）	17（初等小學）
	學生	192 男 61 女	115 男 108 女	204 男 157 女

〔註 71〕 *China's Millions*, v. 1898, no. 108, pp. 104～105; v. 1899, no. 117, p. 167.

〔註 72〕 *Chinese Recorder*, v. 38, no. 11, pp. 632～633 (1907).

〔註 73〕 *Chinese Recorder*, v. 44, no. 8, pp. 518～520 (1913).

〔註 74〕 1. 一九一五年內地會年冊，頁 56～57、80～81。

　　　　2. 一九二一年內地會年冊，頁 41～42。

　　　　3. Milton T. Stauffer（司德敷）ed., *The Christian Occupation of China*, pp. 94, 97～99.

　　信徒奉獻的貨幣單位自楊端六等編，《六十五年來中國國際貿易統計》，頁 151 換算出。

時　間		民國三年（1914）	民國九年（1920）	民國十年（1921）
寄宿	學校	3		4（高等小學）
	學生	34男61女	12男15女	43男16女
醫　院		2	2	2
診療所		9	8	11
戒煙所			1	
信徒奉獻		（單位：中國銀元）639.12	3,675.68	
資料出處		（1）	（2）	（3）

綜合而論，至民國十五年（1926年）為止，內地會在湖南一省的傳教活動遍及常德、南州、長沙、湘潭、沅州、寶慶、洪江、湘鄉、桃花坪、靖州、永豐、衡山、兩頭塘、武岡、新寧和衡州等地（開拓時間，詳見附錄三），〔註75〕其教務性質偏重純宗教性。〔註76〕

五、四　川

　　光緒十七年至二十四年（1891年～1898年），內地會在四川教務發展列表說明如下：〔註77〕

時　間	光緒十七年（1891）	光緒十八年（1892）	光緒十九年（1893）	光緒廿年（1894）	光緒廿一年（1895）	光緒廿二年（1896）	光緒廿三年（1897）	光緒廿四年（1898）
佈道所	12	12	13	12	12	13	14	16
傳教站	4	4	5	6	7	10	12	13
禮拜堂	15	15	15	16	18	21	28	29
教　會	9	7	11	13	13	17	20	22
外國傳教士	48	55	61	45	67	74	73	90
中國教牧	21	26	22	25	7	28	38	46
無薪助手	5	8	9	6	5	5	7	11
守聖餐者	176	221	252	316	369	423	504	614
受洗人數	28	56	64	76	63	72	125	145

〔註75〕一九三〇年內地會年冊，頁29～30。
〔註76〕中華續行委辦會編，《中華基督教會年鑑（四），1917》，頁114～117。
〔註77〕*China's Millions*, v. 1892, no. 72, p. 97.
　　　　　　　　v. 1893, no. 77, p. 134.
　　　　　　　　v. 1894, no. 83, p. 122.
　　　　　　　　v. 1895, no. 90, p. 136～137.
　　　　　　　　v. 1896, no. 97, p. 139.
　　　　　　　　v. 1897, no. 102, p. 110.
　　　　　　　　v. 1898, no. 108, p. 94.
　　　　　　　　v. 1899, no. 117, p. 166.

時　　間	光緒十七年（1891）	光緒十八年（1892）	光緒十九年（1893）	光緒廿年（1894）	光緒廿一年（1895）	光緒廿二年（1896）	光緒廿三年（1897）	光緒廿四年（1898）
洗禮累計	222	278	342	418	481	551	690	837
日間　學校	6	5	7	7	7	10	12	13
日間　學生	95男25女	94男31女	113男22女4（男女不詳）	113男22女15（男女不詳）	137男28女	52男25女	170男41女	205男54女
寄宿　學校	1	1	1	1	1	1	1	1
寄宿　學生	6女	6女	6女	6女	6女	10女	6男14女	8男14女
醫　院	1	2	1	1			1	1
診療所	2	3	2	2	1	1	4	5
戒煙所	3	1	1					1
資料出處	（1）	（2）	（3）	（4）	（5）	（6）	（7）	（8）

整體來看，轉型前期內地會在四川省共設置川東和川西兩分教區。再以光緒十六年（1890 年）和光緒二十四年（1898 年）教務狀況相互比較，後者的佈道所增加六個、傳教站增加十一個、外國傳教士增加一倍、中國教牧（包括無薪助手）增加二倍。教務方面，著重家庭訪問、巡迴村鎮傳教、販賣宗教書冊，並由傳教士主持祈禱會、查經班和學校行政。〔註78〕

　　光緒二十五年（1899 年）之後，內地會教士在四川省仍延續純粹宗教活動傳統，常在街頭佈道，分發宗教書冊單張；〔註79〕並參加基督新教各宗派傳教團體共同召開的華西傳教會議（West China Missionary Conference）。會中，代表們討論中國政治社會變遷對傳教工作的影響。此次傳教會議與會代表獲得加強聾啞和盲人教育、推動文字工作、成立學校以照顧傳教士子弟、提供新教士語言訓練、防治煙毒、接納中國本色教會為姊妹團體，由各團體代表組織委員會處理傳教事物使宗教派間有一致行動的決議。〔註80〕民初，內地會再度加強宗教聯合傳教活動，同其他新教傳教團體協議規定所有傳教中心皆稱「福音堂」，發行華西傳教刊物（*West China Missionary News*）、成立華西書社（West China Tract Society）、華西教育同盟（West China Educational Union）等團體，使華西有合一的基督宗教教會。〔註81〕民國三年（1914 年），川東教區由蓋士利擔任總監督，姚明如（William Henry Aldis, 1871～1948）任

〔註78〕 *China's Millions*, v. 1899, no. 115, pp. 109～110; v. 1892, no. 72, pp. 127～133; v. 1893, no. 78, pp. 153, 157.
〔註79〕 *Chinese Recorder*, v. 44, no. 6, p. 396 (1913).
〔註80〕 *Chinese Recorder*, v. 39, no. 4, pp. 186～193 (1908).光緒二十四年（1908）召開。
〔註81〕 *Chinese Recorder*, v. 45, no. 6, pp. 347～357 (1914).

副監督（Assistant Superintendent）負責推動教務；巴明道（Herbert L. Parry）擔任總監督，負責川西教務。〔註 82〕轉型後期，四川內地會（包括川東和川西，以嘉陵江爲界）的教務發展列表說明如下：〔註 83〕

時　　間	民國三年（1914）		民國九年（1920）	民國十年（1921）
佈道所	28		29	31
傳教站	129		180	143
禮拜堂	156		144	
教　　會	107		125	114
外國傳教士	131		120	122
中國教牧	211		125	272
無薪助手	21		49	7
守聖餐者	3,810		5,228	8,760
受洗人數	417		371	
洗禮累計	5,708		9,105	
日間	學校	59	78（包括寄宿）	72（初等小學）
	學生	880 男 440 女	1,031 男 585 女	1,256 男 879 女
寄宿	學校	11		10（高等小學）1（中學）
	學生	241 男 134 女	180 男 102 女	213 男 45 女；7 男（中學）
醫　　院	1		2	2
診療所	14		15	16
戒煙所	1			
信徒奉獻	（單位：中國銀元）2,702.83		6,219.58	
資料出處	（1）		（2）	（3）

轉型後期，歐戰的爆發使內地會無法提供該會在川省各佈道所充裕的經費，促使教會本色化以達到自養的目的。在此情況下，重慶等內地會重要據點改

〔註 82〕 一九一五年內地會年冊，頁 26～27。

關於蓋士利（又名蓋偉良，William W. Cassels, 1858～1925）的個人傳教經歷，可參見 Marshall Broomhall（海恩波）comp., *W. W. Cassels: First Bishop in Western China*（London: China Inland Mission, 1926）.

〔註 83〕 1. 一九一五年內地會年冊，頁 49、75～76。

2. 一九二一年內地會年冊，頁 37～38。

3. Milton T. Stauffer（司德敷） ed., *The Christian Occupation of China*, pp. 224, 227, 231.

信徒奉獻的貨幣單位自楊端六等編，《六十五年來中國國際貿易統計》，頁 151 換算出。

稱內地自養會，與母會關係合諧。〔註84〕

　　至民國十五年（1926 年）止，內地會在四川一省的傳教活動遍及重慶、江津、邛州、南部、開縣、梁山、合江、瀘州、永寧（今名「敘永」）、敘州、嘉定、打箭爐（今名「康定」，在西康省）、成都、彭山、保寧、灌縣、廣元、巴州、松藩、新店子、順慶、營山、渠縣、太平、大竹、夔州（今名「奉節」）和萬縣等地。〔註85〕（開拓時間，詳見附錄三）地方教務工作已日趨本土化。

第三節　華北教務的推行

一、河　南

　　光緒十七年至二十四年（1891 年～1898 年），內地會在河南省的教務發展列表說明如下：〔註86〕

時　　間	光緒十七年（1891）	光緒十八年（1892）	光緒十九年（1893）	光緒廿年（1894）	光緒廿一年（1895）	光緒廿二年（1896）	光緒廿三年（1897）	光緒廿四年（1898）
佈道所	3	3	3	3	7	6	8	8
傳教站	1	2	3	2			5	7
禮拜堂	4	4	5	5	8	7	13	15
教　會	3	5	5	3	6	5	10	13
外國傳教士	20	21	21	20	27	28	29	29
中國教牧	5	4	4	7	12	18	24	35
無薪助手			1		1	5	3	6
守聖餐者	51	78	102	122	166	215	297	438
受洗人數	3	25	33	26	56	58	102	158
洗禮累計	57	82	115	140	196	254	356	520
日間　學校				1	2	2	2	4
日間　學生				4 男	16 男 14 女	25 男 10 女	16 男 16 女	39 男 20 女
診療所		1	1		1	2	2	
資料出處	（1）	（2）	（3）	（4）	（5）	（6）	（7）	（8）

〔註84〕中華全國基督教協進會編，《中華基督教會年鑑（七），1924》，頁 110～111。
〔註85〕一九三○年內地會年冊，附錄頁 18～21。
〔註86〕*China's Millions*, v. 1892, no. 72, p. 97.
　　　　　　　　　v. 1893, no. 77, p. 134.
　　　　　　　　　v. 1894, no. 83, p. 122.
　　　　　　　　　v. 1895, no. 90, p. 136.
　　　　　　　　　v. 1896, no. 97, p. 138.
　　　　　　　　　v. 1897, no. 102, p. 110.
　　　　　　　　　v. 1898, no. 108, p. 94.
　　　　　　　　　v. 1899, no. 117, p. 166.

再以光緒十六年（1890 年）與光緒二十四年（1898 年）教務狀況相比較，後者的外國傳教士數增加零點八倍，中國教牧增加六倍。〔註 87〕教務實質仍以巡迴傳教為主，信徒主要來自鄉村，據點隨傳教士駐離而轉移，〔註 88〕且由傳教士主持教務會議。〔註 89〕

　　光緒二十五年（1899 年）後，河南教務，因資料所限，筆者只能得到其發展大勢。光緒三十年（1904 年），孔好義（Harry S. Conway）代表河南內地會支持基督徒獻身會（Christian Endeavor Society）工作，認為其所屬的天足會、天合會、清身會工作都有助於社會改革。〔註 90〕河南教會管理權仍在西方傳教士手中，中國教牧僅在其離開佈道所時代管。〔註 91〕至民國九年（1920 年）三月十四日，邵易亨封牧成為河南內地會第一位中國牧師。另一方面，為了推展會務，自民國五年（1916 年）起，河南教區每二年舉行一次全省會議。此外，內地會於民國九年（1920 年）在河南設立全省教育會，積極發展初等及高等小學。〔註 92〕該會對內重視信徒造就、加強查經班功能；對外與紳商軍學各界感情客洽。另與浸禮會、聖公會、循理公會舉行聯合佈道。〔註 93〕內地會所屬教會學校學生更組織青年會，從事傳教活動。〔註 94〕內地會所屬各佈道所也舉行地方教務會議。至於全省會議則在鄲城舉行，並在該地專為男傳道設聖經學校。〔註 95〕民初，河南內地會教務發展列表說明，可知其發展大勢：〔註 96〕

〔註 87〕比較前註 8 及 *China's Millions*, v. 1891, no. 67, p. 119.

〔註 88〕*China's Millions*, v. 1894, no. 80, p. 26; v. 1895, no. 87, p. 28; v. 1875, no. 88, p. 70; v. 1896, no. 95, p. 56; v. 1899, no. 117, p. 142.

〔註 89〕*China's Millions*, v. 1899, no. 118, p. 186.

〔註 90〕*Chinese Recorder*, v. 35, no. 2, pp. 107～108 (1904).

〔註 91〕*Chinese Recorder*, v. 36, no. 3, p. 156 (1905).

〔註 92〕中華續行委辦會編，《中華基督教會年鑑（六），1921》（台北：中國教會研究中心與橄欖基金會重印，1938 年 7 月台再版），頁 37。

〔註 93〕中華續行委辦會編，《中華基督教會年鑑（二），1915》，書壹，頁 21；《中華基督教會年鑑（三），1916》，書壹，頁 35。

〔註 94〕中華續行委辦會編，《中華基督教會年鑑（四），1917》，頁 54～55。

〔註 95〕一九一五年內地會年冊，頁 22～23。

〔註 96〕1. 一九一五年內地會年冊，頁 74～75。

　　　　2. 一九二一年內地會年冊，頁 36。

　　　　3. Milton T. Stauffer（司德敷）ed., *The Christian Occupation of China*, pp. 82～83, 88～89.

　　　　信徒奉獻的貨幣單位，自楊端六等編，《六十五年來中國國際貿易統計》，頁

時　　間	民國三年（1914）	民國九年（1920）	民國十年（1921）
佈道所	15	16	16
傳教站	96	165	131
禮拜堂	111	133	
教　會	49	76	166
外國傳教士	66	78	70
中國教牧	161	123	195
無薪助手	92	221	122
守聖餐者	2,678	4,932	4,770
受洗人數	373	388	
洗禮累計	3,637	6,662	
日間　學校	21	50（包括寄宿）	43（初等小學）
日間　學生	237 男 31 女	612 男 133 女	551 男 188 女
寄宿　學校	12		9（高等小學）3（中學）
寄宿　學生	128 男 105 女	165 男 135 女	77 男 23 女；76 男 8 女
醫　院	1	2	1
診療所	5	6	6
孤兒院		1	
信徒奉獻	（單位：中國銀元）2,632.04	5,807.29	
資料出處	（1）	（2）	（3）

綜觀本期河南內地會教務，遍及開封、扶溝、太康、陳州（今名「淮陽」）、西華、新安、光州（今名「潢川」）、周家口、沈邱、陝州、上蔡、鄖城、河南府（今名「洛陽」）、襄城、澠池、雞公山、荊紫關、賒旗店（今名「賒旗鎮」）（開拓時間，詳見附錄三）；〔註97〕且會務日興。

二、山　西

　　光緒十七年至二十四年（1891 年～1898 年）內地會在山西教務發展列表說明如下：〔註98〕

---

　　　　151 換算出。

〔註97〕一九二一年內地會年冊，頁 20～21；一九三〇年內地會年冊，附錄頁 15～17。

〔註98〕*China's Millions*, v. 1892, no. 72, p. 97.
　　　　　　　　v. 1893, no. 77, p. 134.
　　　　　　　　v. 1894, no. 83, p. 122.
　　　　　　　　v. 1895, no. 90, p. 136.
　　　　　　　　v. 1896, no. 97, p. 138.
　　　　　　　　v. 1897, no. 102, p. 109.
　　　　　　　　v. 1898, no. 108, pp. 93～94.

時　間	光緒十七年（1891）	光緒十八年（1892）	光緒十九年（1893）	光緒廿年（1894）	光緒廿一年（1895）	光緒廿二年（1896）	光緒廿三年（1897）	光緒廿四年（1898）
佈道所	16	17	18	19	20	21	22	25
傳教站	31	33	24	31	18	18	17	29
禮拜堂	49	48	49	49	39	39	38	54
教　會	14	14	15	21	23	33	33	41
外國傳教士	64	74	91	71	81	65	85	101
中國教牧	29	33	40	59	52	77	93	98
無薪助手	34	17	27	36	41	28	32	33
守聖餐者	693	781	878788	934	973	1,072	1,218	1,365
受洗人數	81	132	126	158	141	167	178	213
洗禮累計	1,055	1,120	1,247	1,385	1,516	1,651	1,803	2,015
日間　學校	3	6	4	6	4	11	10	11
日間　學生	19男5女	28男6女22（男女不詳）	6女31（男女不詳）	23男16女16（男女不詳）	28男40（男女不詳）	34男81（男女不詳）	155	141男3女
寄宿　學校	1	2	2	6	13	13	22	19
寄宿　學生	5女	17男9女	29男11女	17男37女	64男37女	28男6女22（男女不詳）	221	130男85女
醫　院	1	1	1		2	2	2	2
診療所	2	2	2	3	2	1	2	6
戒煙所	26	19	25	33	33	43	40	44
資料出處	（1）	（2）	（3）	（4）	（5）	（6）	（7）	（8）

轉型前期，山西內地會佈道所添設在吉州、介休、猗氏、河津、朔平、左雲、夏州、解州、余吾鎮、應州、翼城、絳州（今名「新絳」）、渾源、永寧（今名「離石」），並取消太原、襄垣等佈道所。佈道所的設備與撤消仍以外國傳教士是否駐居為原則。教務發展到光緒二十四年（1898 年）時，外國傳教士人數大增，是年人數幾乎是光緒十六年（1890 年）的兩倍。中國教牧數（包括無薪助手）為其二點五倍。神職工作人員增加，是傳教力強盛的象徵。守聖餐者年平均約九百八十九人，為光緒十六年時的兩倍。洗禮人數年平均增加一百三十一人。教育及醫療事業皆較華北其他教區發達。大寧及洪洞教會自養、吉州教會半自養等皆屬本土化趨勢中可喜的現象。〔註 99〕會務性質仍以巡迴傳教、〔註 100〕鄉村佈道和探訪為主；〔註 101〕另開辦查經班。〔註 102〕

　　　　　　　　　v. 1899, no. 117, pp. 165～166.
〔註 99〕比較前註 8 及 China's Millions, v. 1891, no. 67, p. 119.
〔註 100〕China's Millions, v. 1891, no. 67, p. 117; v. 1894, no. 84, p. 142; v. 1895, no. 87, p. 42; v. 1897, no. 99, p. 14; v. 1898, no. 109, p. 134; v. 1899, no. 117, pp. 142, 156.
〔註 101〕China's Millions, v. 1894, no. 68, p. 152; v. 1895, no. 89, pp. 84, 106; v. 1895, no. 91, p. 166.

此外，內地會業務機關於光緒二十二年三月三十日（1896 年 5 月 12 日）自太原遷到平遙，負責印刷、交通、財援等工作。〔註 103〕平陽佈道所曾在光緒二十三年十二月（1898 年 1 月）舉行本地傳教士會議，討論如何加強傳教、對慕道友保持聯繫及教會自養問題。〔註 104〕

　　光緒二十五年（1899 年）之後，山西教區發展，受資料所限，筆者僅知內地會中國教牧於光緒二十四年到二十六年（1898 年～1900 年）間，三次參加太原本地教牧會議。會中，教牧們討論信徒虔誠、教會發展、主日證道、消除煙害、傳教團體的源起、教義問題；並決議加強信徒認識聖經、提高神職人員的素質、給予年青人宗教指導。教牧們願盡力使教會走上自養道路、證道應引聖經說明人們的需要、信徒該向政府力爭限制鴉片種植數量、一切教義如道成肉身（Incarnation）等皆以聖經為本。〔註 105〕光緒二十八年（1902 年），山西內地會教務持續成長。〔註 106〕光緒三十一年四月十六～十八日（1905 年 5 月 19～21 日），內地會召開平陽會議，由中國教牧朱牧師（Pastor Chü）、張寶全（Chang Pao-tsüen）主持，討論戒煙所工作成效和聖經閱讀問題，決定採用統一詩歌本（Union Hymn Book）和教會專門用語中文譯名。〔註 107〕光緒三十二年四月二十四～二十九日（1906 年 5 月 17～22 日），該會再度召開平陽會議，有三十二位外國傳教士、六十位中國教牧參加。會中決議加強小學教育，吸收非信徒子弟入學，另設夏季學校；改善與士紳地豪關係，爭取豪門官婦友誼；指導貧民工技，助其謀生；並選派代表參加光緒三十三年（1907 年）在上海舉行的全國基督教（指基督新教）務會議。〔註 108〕宣統元年（1909 年），山西內地會參加晉省基督教（指基督新教）聯合會，期使各宗派教會在山西的傳教活動上取得共識。〔註 109〕民國四年（1915 年），內地會所屬平陽、

〔註 102〕 *China's Millions*, v. 1893, no. 75, p. 83; v. 1896, no. 95, p. 10.

〔註 103〕 *China's Millions*, v. 1896, no. 98, p. 156.

〔註 104〕 *China's Millions*, v. 1898, no. 109, pp. 120.

〔註 105〕 *Chinese Recorder*, v. 29, no. 5, pp. 222～227 (1898)，在光緒二十四年一月二十二日～二十六日（1898 年 2 月 12～16 日）召開。*Chinese Recorder*, v. 30, no. 5, pp. 221～228 (1899)，在光緒二十五年一月十六～二十日（1899 年 2 月 25 日～3 月 1 日）召開。*Chinese Recorder*, v. 31, no. 5, pp. 247～252 (1900)，在光緒二十六年一月九～十三日（1900 年 2 月 8～12 日）召開。

〔註 106〕 *Chinese Recorder*, v. 35, no. 10, pp. 533～534 (1904).

〔註 107〕 *Chinese Recorder*, v. 36, no. 8, pp. 425～427 (1905).

〔註 108〕 *Chinese Recorder*, v. 37, no. 8, pp. 468～469 (1906).

〔註 109〕 中華續行委辦會編，《中華基督教會年鑑（二），1915》，書參，頁 100。

潞安兩醫院，業務發達；洪洞中學堂、聖經學堂，霍縣女學堂、初等師範女學堂，人數眾多。由於內地會教育政策採保守本位主義，資助信徒子女接受初級教育，故入學人數比入教人數少。〔註110〕民初，山西內地會的教務發展，可由此表略知梗概：〔註111〕

時　　間		民國三年（1914）	民國九年（1920）	民國十年（1921）
佈道所		37	40	36
傳教站		127	163	201
禮拜堂		166	153	
教　　會		90	115	163
外國傳教士		134	159	131
中國教牧		243	189	285
無薪助手		134	192	30
守聖餐者		4,425	6,182	5,148
受洗人數		422	516	
洗禮累計		6,577	9,385	
日間	學校	38	81（包括寄宿）	67（初等小學）
	學生	714 男 72 女	740 男 84 女	998 男 316 女
寄宿	學校	25		13（高等小學）4（中學）
	學生	374 男 510 女 500 孤兒	531 男 598 女	133 男 68 女；68 男 40 女
醫　　院		2	3	3
診療所		6	10	6
戒煙院		36	2	
信徒奉獻		（單位：中國銀元）2,983.99	10,647.57	
資料出處		（1）	（2）	（3）

內地會傳教區域北跨綏遠歸化、南抵山西運城，是基督新教各傳教團體中會務最興盛者。教務會議，由外國傳教士和中國教牧共同主持。平陽佈道所更設有義務傳道團。此種種現象顯示中國教牧傳教熱誠，但管理權多操在外國傳教士手中。除此之外，內地會另設夏日學校培植青年婦女，畢業後派往各佈道所支

〔註110〕中華續行委辦會編，《中華基督教會年鑑（二），1915》，頁 101～102。
〔註111〕1. 一九一五年內地會年冊，頁 72～73。
　　　　2. 一九二一年內地會年冊，頁 34～35。
　　　　3. Milton T. Stauffer（司德敷） ed., *The Christian Occupation of China*, pp. 189
　　　　　～191, 193～194.
　　　　信徒奉獻的貨幣單位，自楊端六等編，《六十五年來中國國際貿易統計》，頁
　　　　151 換算出。

援宗教教育。〔註112〕晉省整體會務由陸義全（Albert A. Lutley）負責。〔註113〕

　　綜觀轉型時期內地會山西教區教務拓展，遍及包頭、薩拉齊、涼城、沙爾沁、托克托、歸化、豐鎮（以上在今之綏遠省）；（以下在山西省）天鎮、陽高、大同、朔平、左雲、應州、懷仁、岱岳、廣靈、靈邱、渾源、朔州、河曲、崎嵐、興縣、嵐縣、靜樂、臨縣、永寧、平遙、介休、孝義、隰州、大寧、霍州、趙城、洪洞、余吾鎮、潞城、潞安、平陽、翼城、曲沃、絳州、河津（全由中國會友負責）、猗氏、運城、夏州、解州、芮城（開拓時間，詳見附錄三）。〔註114〕雖然中國教會已走上自主，但外國傳教士仍掌封牧、教育、監督權。〔註115〕

三、陝　西

　　光緒十七年至二十四年（1891 年～1898 年）內地會在陝西教務發展，列表說明如下：〔註116〕

時　間	光緒十七年（1891）	光緒十八年（1892）	光緒十九年（1893）	光緒廿年（1894）	光緒廿一年（1895）	光緒廿二年（1896）	光緒廿三年（1897）	光緒廿四年（1898）
佈道所	5	5	10	11	14	16	19	21
傳教站	1	1	3	7	10	9	10	15
禮拜堂	5	5	4	19	24	28	30	36
教　會	3	3	4	6	10	15	17	26
外國傳教士	29	26	33	66	67	74	70	80
中國教牧	5	7	10	8	12	13	17	36
無薪助手	8	6	13	12	12	16	18	19
守聖餐者	201	216	230	260	311	313	324	384
受洗人數	39	27	24	44	62	61	21	85

〔註112〕中華續行委辦會編，《中華基督教會年鑑（四），1917》，書貳，頁 57～61。
〔註113〕一九二一年內地會年冊，頁 17。
〔註114〕一九二一年內地會年冊，頁 17～19；一九三〇年內地會年冊，附錄頁 10～13。
〔註115〕中華全國基督教協進會編，《中華基督教會年鑑（七），1924》，頁 112～113。
　　　　中華全國基督教協進會編，《中華基督教會年鑑（十三），1934～1936》（台北：中國教會研究中心與橄欖文化基金會重印，1983 年 10 月台再版），頁 61～63。
〔註116〕*China's Millions* v. 1892, no. 72, p. 97.
　　　　　　　　v. 1893, no. 77, p. 134.
　　　　　　　　v. 1894, no. 83, p. 122.
　　　　　　　　v. 1895, no. 90, p. 136.
　　　　　　　　v. 1896, no. 97, p. 138.
　　　　　　　　v. 1897, no. 102, p. 109.
　　　　　　　　v. 1898, no. 108, p. 93.
　　　　　　　　v. 1899, no. 117, p. 165.

時　間	光緒十七年（1891）	光緒十八年（1892）	光緒十九年（1893）	光緒廿年（1894）	光緒廿一年（1895）	光緒廿二年（1896）	光緒廿三年（1897）	光緒廿四年（1898）
洗禮累計	277	300	324	368	431	492	520	597
日間　學校	1	2	1		2	1	2	6
日間　學生	9男	6男6女	20男		9	10	16男	30男26女
寄宿　學校						2	2	5
寄宿　學生						16	16男4女	35男14女
醫　院	1	1	1					
診療所	2	2		2	3	3	3	3
戒煙所			1		1	2	6	9
資料出處	（1）	（2）	（3）	（4）	（5）	（6）	（7）	（8）

　　轉型前期，內地會相當重視陝西教區傳教工作，投入很多人力。以光緒十六年（1890年）和光緒二十四年（1898年）教務狀況相互比較，後者的外國傳教數增加四倍，中國教牧數（包括無薪助手）增加四倍半，佈道所及傳教站數增加八倍，禮拜堂數增加十一倍，教會數增加七點六倍，守聖餐者數增加二點七倍。日間和寄宿學校數增加二點六倍，學生數增加二點八倍。〔註117〕此外，陝西內地會加強醫療傳教功能，尤其致力於煙毒防治工作。而光緒十七年～二十四年（1891年～1898年）間，守聖餐者每年平均爲二百八十人，受洗者每年平均增加四十五人等事實，足以證明陝西教區會務是日趨興盛的。其發展方式依舊循著巡迴傳教、〔註118〕探訪會友。〔註119〕由中國教牧輔佐外國傳教士主持會務的模式，也並未改變。然而內地會所屬佈道所能遍及漢中、城固、鳳翔等地，主要是巡迴傳教、醫療佈道和中國教牧努力的結果。其中，光緒二十三年（1897年），城固佈道所所屬三教會、洋縣佈道所所屬兩教會開始自養。〔註120〕光緒二十四年（1898年），漢中佈道所所屬三教會也開始自養。〔註121〕由此可見，轉型前期陝西內地會已有邁向本土化的跡象。

　　光緒二十五年（1899年）之後，陝西教區發展，因爲資料不全，筆者只知其注重教會精神層面的提昇；並強調聖靈、罪與信徒的關係。〔註122〕內地會所屬教會學校尤重宗教課程。〔註123〕民初，陝西教區教務發展列表說明，

〔註117〕比較前註8及 *China's Millions*, v. 1891, no. 67, p. 119.
〔註118〕*China's Millions*, v. 1898, no. 111, p. 174; v. 1899, no. 114, p. 59.
〔註119〕*China's Millions*, v. 1895, no. 91, p. 152.
〔註120〕*China's Millions*, v. 1898, no. 108, p. 93.
〔註121〕*China's Millions*, v. 1899, no. 117, p. 165.
〔註122〕*Chinese Recorder*, v. 39, no. 8, pp. 465～467 (1908); v. 40, no. 10, pp. 592～594 (1909).
〔註123〕*Chinese Recorder*, v. 40, no. 12, p. 275 (1909).

可知其發展大勢：〔註124〕

時　　間		民國三年（1914）	民國九年（1920）	民國十年（1921）
佈道所		25	28	27
傳教站		57	135	133
禮拜堂		82	109	
教　會		42	63	
外國傳教士		73	89	87
中國教牧		157	146	222
無薪助手		36	119	99
守聖餐者		1,799	5,468	4,485
受洗人數		313	649	
洗禮累計		2,765	7,239	
日間	學校	8	56（包括寄宿）	35（初等小學）
	學生	96 男 25 女	606 男 203 女	644 男 174 女
寄宿	學校	8		3（高等小學）
	學生	34 男 61 女	256 男 189 女	18 男 14 女
診療所		6	8	17
戒煙所		8	3	
孤兒院			1	
信徒奉獻		（單位：中國銀元）3,065.86	6,927.73	
資料出處		（1）	（2）	（3）

　　值得注意的是，陝西曾在民國三年（1914 年）遭白狼擾亂，導致內地會傳教士四、五人受傷，會友二十三人被害。〔註125〕但，即使如此，內地會仍在自傳教勢中穩定發展。

　　綜觀轉型時期陝西內地會教務是蓬勃有朝氣的。到民國十五年（1926 年）時，其傳教觸角已遍及漢中、沔縣、城固、洋縣、西鄉、興安、鳳翔、郿縣、盩屋、西安、藍田、山陽、商州、引家衛、興平、桑家莊、武功、醴泉、北屯鎮、隴州、長武、乾州、邠州、同州、韓城、郃陽、蒲城、潼關、鄠縣、

〔註124〕1. 一九一五年內地會年冊，頁 71～72。
　　　　　2. 一九二一年內地會年冊，頁 33～34。
　　　　　3. Milton T. Stauffer（司德敷）ed., *The Christian Occupation of China*, pp. 215, 218.
　　　　　信徒奉獻的貨幣單位，自楊端六等編，《六十五年來中國國際貿易統計》，頁 151 換算出。
〔註125〕中華續行委辦會編，《中華基督教會年鑑（二），1915》，書參，頁 103。

汧陽等地。〔註126〕可惜的是，中國教牧並未因負責工作區廣而擔任主導會務角色，學校、醫院、禮拜堂管理權繼續操在外國傳教士手中。〔註127〕由此可見，陝西內地會只承認自傳事實，外國傳教士卻仍不願放棄本身權益，未對教會自主趨勢加以尊重。

四、甘　肅

　　光緒十七年至二十四年（1891 年～1898 年）內地會在甘肅教務發展，列表說明如下：〔註128〕

時　間	光緒十七年（1891）	光緒十八年（1892）	光緒十九年（1893）	光緒廿年（1894）	光緒廿一年（1895）	光緒廿二年（1896）	光緒廿三年（1897）	光緒廿四年（1898）
佈道所	6	6	5	5	7	8	9	9
傳教站	0	0	0	1	1	1	1	1
禮拜堂	7	7	7	6	8	9	10	10
教　會	3	3	3	5	4	5	5	5
外國傳教士	26	30	26	26	30	35	40	38
中國教牧	5	5	5	8	2	8	8	9
無薪助手	3	1	1	1	3	1	1	3
守聖餐者	49	60	63	70	60	52	60	57
受洗人數	3	15	6	14	9	13	3	0
洗禮累計	64	79	85	110	96	109	112	112
日間 學校	2	1	3	2	2	4	3	2
日間 學生	14男20女	15女	7男15女 4（男女不詳）	7男15女	25	37	17男15女	14男16女
寄宿 學校							1	3
寄宿 學生							7	25男11女
醫　院								
診療所	2	2	1	1	1	1	1	2
戒煙所						1	1	3
資料出處	（1）	（2）	（3）	（4）	（5）	（6）	（7）	（8）

〔註126〕一九三〇年內地會年冊，附錄頁 8～10。
〔註127〕中華全國基督教協進會編，《中華基督教會年鑑（七），1924》，頁 111～2。
〔註128〕 *China's Millions,* v. 1892, no. 72, p. 97.
　　　　　　　　v. 1893, no. 77, p. 134.
　　　　　　　　v. 1894, no. 83, p. 122.
　　　　　　　　v. 1895, no. 90, p. 136.
　　　　　　　　v. 1896, no. 97, p. 138.
　　　　　　　　v. 1897, no. 102, p. 109.
　　　　　　　　v. 1898, no. 108, p. 93.
　　　　　　　　v. 1899, no. 117, p. 165.
　　　並比較 *China's Millions,* v. 1891, no. 67, p. 119.

由此可知轉型前期甘肅教區教務增長情形，內地會先後在甘肅省維持九個佈道所，傳教活動遍及寧夏（今名「銀川」，在寧夏省境內）、涼州、西寧（在青海境內）、蘭州、秦州、洮州（今名「臨潭」）、慶陽、平涼、涇州（今名「涇川」）、西峯鎮、鎮原、靜寧等地；但，會務決定權仍操在外國傳教士手中。內地會學校共五所，有學生六十六人，規模不大。此外，傳教士拓展會務方式，仍以巡迴傳教爲主，〔註129〕並主持業務會議；〔註130〕另由女傳教士負責向中國婦女傳教。〔註131〕雖然內地會期盼以甘肅作爲開拓青康藏區域的轉運站；〔註132〕但這項工作難以達成，因爲甘肅人民對基督宗教冷漠，教務一直無法有顯著成長。〔註133〕

　　光緒二十五年（1899年）之後，由於資料欠周全，筆者只知甘肅教區傳教士仍然注重巡迴傳教，積極謀求向青康藏高原發展。〔註134〕宣統二年（1910年），因蘭州、鎮遠等地三年來農作物欠收發生饑饉，內地會賑災濟貧。〔註135〕至於民初，甘肅教區教務發展，也可由下表知其梗概：〔註136〕

時　　　間	民國三年（1914）	民國九年（1920）	民國十年（1921）
佈道所	10	11	10
傳教站	12	36	29
禮拜堂	22	37	
教　會	15	23	23
外國傳教士	48	54	36
中國教牧	46	45	72

〔註129〕*China's Millions*, v. 1891, no. 66, p. 68, v. 1894, no. 81, p. 54, v. 1899, no. 118, p. 186.

〔註130〕*China's Millions*, v. 1891, no. 67, p. 119.

〔註131〕*China's Millions*, v. 1894, no. 84, p. 142; v. 1895, no. 91, p. 152.

〔註132〕*China's Millions*, v. 1892, no. 70, p. 28.

〔註133〕*China's Millions*, v. 1895, no. 87, p. 28; v. 1895, no. 90, p. 118; v. 1896, no. 95, p. 70; v. 1898, no. 108, p. 89.

〔註134〕*Chinese Recorder*, v. 30, no. 2, p. 100～102 (1899); v. 39, no. 10, pp. 581～583（1908）; v. 43, no. 7, p. 438 (1912).

〔註135〕*Chinese Recorder*, v. 41, no. 9, pp. 626～627 (1910).

〔註136〕1. 一九一五年內地會年冊，頁71。

　　　　2. 一九二一年內地會年冊，頁33。

　　　　3. Milton T. Stauffer（司德敷） ed., *The Christian Occupation of China*, pp. 115, 120.

　　　信徒奉獻的貨幣單位，自楊端六等編，《六十五年來中國國際貿易統計》，頁151換算出。

時　間	民國三年（1914）	民國九年（1920）	民國十年（1921）
無薪助手	18	58	37
守聖餐者	409	830	795
受洗人數	49	104	
洗禮累計	628	1,199	
日間　學校	8	17（包括寄宿）	14（初等小學）
日間　學生	148 男 32 女	264 男 50 女	279 男 65 女
寄宿　學校	2		3（高等小學）
寄宿　學生	13 男 5 女	31 男 30 女	36 男
醫　院	1	2	2
診療所	7	9	8
戒煙所	2		
信徒奉獻	（單位：中國銀元）607.84	1,261.71	
資料出處	（1）	（2）	（3）

轉型後期，秦州及優羌曾遭「白狼」（"White Wolf"）騷擾，整體會務由安德烈（George Andrew）總監督。〔註137〕民國九年（1920 年）及十三年（1924 年），內地會與美宣道會、瑞典協同會等在蘭州博德恩醫院（William Borden Memorial Hospital）和狄道縣宣道會總會舉行甘肅全省基督新教聯合大會。可惜的是，兩次會議參加者均以西人佔多數，決議事項皆未實行；〔註138〕此種結果顯示內地會和其他傳教團體推行甘肅教務，步調難一致。

綜觀清季到民國初年，內地會甘肅教區發展是正增強的。然而，中國教牧並未因會務擴充而擔任自主角色，至民國十年（1921 年）為止仍無人被封牧。由於內地會在甘肅無法順應中國教會本土化趨勢，此導致中國信徒於民國十五年（1926 年）十二月十二日開會，決定另組蘭州中華基督教會，與內地會完全脫離關係，實行自立、自傳、自養，並獲得狄道（今名「臨洮」）、天水、臨潭（即洮州）、靜寧、徽縣、固原等佈道所會友響應。〔註139〕自轉型時期（1891 年～1926 年）甘肅內地會的變遷過程中，可知外國傳教士固然有功於甘肅教務發展，若自我侷限於該會傳統方式，不能有計畫引導中國教會走上本色化，則難以避免那些力求教會自主人士的不滿，終於邁入外國差會與中國教會各自分離命運。

〔註137〕一九一五年內地會年冊，頁 14～15。
〔註138〕中華全國基督教協進會編，《中華基督教會年鑑（十），1928》（台北：中國教會研究中心與橄欖文化基金會重印，1983 年 8 月台再版），書貳，頁 48～49。
〔註139〕中華全國基督教進會編，《中華基督教會年鑑（十），1928》，頁 49。

五、直　隸

　　光緒十七年至二十四年（1891 年～1898 年）內地會在直隸教區教務發展列表說明如下：〔註140〕

時　　間	光緒十七年（1891）	光緒十八年（1892）	光緒十九年（1893）	光緒廿年（1894）	光緒廿一年（1895）	光緒廿二年（1896）	光緒廿三年（1897）	光緒廿四年（1898）
佈道所	4	4	4	4	3	4	4	4
傳教站	3	2	2	1			1	1
禮拜堂	3	4	4	2	2	2	3	3
教　會			2	2	1	1	2	2
外國傳教士	7	10	11	11	10	12	11	12
中國教牧	1		1	3	4	4	4	4
無薪助手								
守聖餐者	4	3	8	14	18	18	23	22
受洗人數		1	5	6	4	0	13	0
洗禮累計		1	6	12	16	16	29	29
日間　學校					1	1	1	
日間　學生					5	6男	4男	
寄宿　學校			1	1				
寄宿　學生			6女	5女				
診療所					1	1	1	1
戒煙所	2		1			1		
資料出處	（1）	（2）	（3）	（4）	（5）	（6）	（7）	（8）

　　由表可知直隸教區在光緒十七年～二十四年（1891 年～1898 年）間教務發展情形；如與光緒十六年（1890 年）教務相互比較，內地會佈道所增加保定（今名「清苑」）一所，組織和人數並未顯著增加，〔註141〕活動仍以外國傳教士巡迴各村鎮爲主。〔註142〕

〔註140〕*China's Millions*, v. 1892, no. 72, p. 97.
　　　　　v. 1893, no. 77, p. 134.
　　　　　v. 1894, no. 83, p. 122.
　　　　　v. 1895, no. 90, p. 136.
　　　　　v. 1896, no. 97, p. 138.
　　　　　v. 1897, no. 102, p. 109.
　　　　　v. 1898, no. 108, p. 94.
　　　　　v. 1899, no. 117, p. 166.
〔註141〕比較前註 8 及 *China's Millions*, v. 1891, no. 67, p. 119.
〔註142〕*China's Millions*, v. 1894, no. 82, p. 82; v. 1894, no. 84, p. 142.

　　光緒二十五年（1899 年）之後的教務發展，由於資料零散不全，筆者僅知內地會傳教士陸義全、青季連（C. H. S. Green）、顧純修（Ernest J. Cooper）、義士敦、博教士（G. Brock*）參加光緒三十二年七月四、五日（1906 年 8 月 23 ～24 日）北戴河傳教會議，謀求華北各省（包括滿州、直隸、蒙古、山東、山西、陝西、甘肅、河南）傳教改革和宗派聯合，成立各省委員會（Provisional Council）由西人、華人代表各一名參加華北跨宗派教務聯會（North China Federal Council），統一詩歌、禮拜堂等專有名詞中文名稱，並準備在光緒三十三年（1907 年）全國基督教（指基督新教）大會中提出華北教務報告。〔註143〕內地會的加入此會議，表示內地會重視華北各宗派聯合行動，及承認並賦予中國神職人員正式地位。至於民初直隸內地會教務發展，可由下表略知梗概：〔註144〕

時　　間	民國三年（1914）	民國九年（1920）	民國十年（1921）
佈道所	3	3	3
傳教站	16	22	10
禮拜堂	18	17	
教　會		10	12
外國傳教士	17	10	15
中國教牧	19	19	14
無薪助手		12	2
守聖餐者	308	360	294
受洗人數	50	41	
洗禮累計	367	534	
日間　學校	5	2（包括寄宿）	2（初等小學）
日間　學生	48	4 女	38 女
寄宿　學校			
寄宿　學生	1	29 女	
診療所	1		
信徒奉獻	（單位：中國銀元）234.62	502.52	
資料出處	（1）	（2）	（3）

〔註143〕 *Chinese Recorder*, v. 37, no. 11, pp. 647～651 (1906).
〔註144〕 1. 一九一五年內地會年冊，頁 73。
　　　　 2. 一九二一年內地會年冊，頁 35。
　　　　 3. Milton T. Stauffer（司德敷）ed., *The Christian Occupation of China*, pp. 58, 62, 67.
　　　　 信徒奉獻的貨幣單位，自楊端六等編，《六十五年來中國國際貿易統計》，頁 151 換算出。

會務方面，鮑康寧（Frederick William Baller*）參與舊約譯本修訂，而外國傳教士負責推動教務。〔註 145〕綜觀轉型時期直隸教區教務發展，內地會僅活動於天津、獲鹿、順德、臨洛關一帶，（開拓時間，詳見附錄三）〔註 146〕會務呈現停滯，教會事業不發達。

六、山　東

光緒十七年至二十四年（1891 年～1898 年），內地會在山東教區教務發展列表說明如下：〔註 147〕

時　間		光緒十七年（1891）	光緒十八年（1892）	光緒十九年（1893）	光緒廿年（1894）	光緒廿一年（1895）	光緒廿二年（1896）	光緒廿三年（1897）	光緒廿四年（1898）
佈道所		4	3	3	3	3	3	3	3
傳教站		0	2	3	3		3	5	5
禮拜堂		3	3	3	3	3		3	2
教　會		3	3	3		2	2	2	2
外國傳教士		28	26	31	31	36	42	46	42
中國教牧		7	7	9	10	11	11	12	14
無薪助手						1			
守聖餐者		55（不包括煙台）	85	101	116	102	75	78	75
受洗人數		12	15	19	20	10	4	6	3
洗禮累計		124	134	153	174	183	187	193	192
日間	學校	4	3	4	5	6	5	6	7
日間	學生	38男12女	22男17女	22男17女 30（男女不詳）	69男	83男 10（男女不詳）	83	47男12女	72男18女
寄宿	學校		2英	2英					
寄宿	學生		約80						
醫　院		3	3	3	2	2	2	2	1
診療所		3	3	3	2	1	1	2	2
資料出處		（1）	（2）	（3）	（4）	（5）	（6）	（7）	（8）

〔註 145〕一九一五年內地會年冊，頁 20～21。
〔註 146〕一九三○年內地會年冊，附錄頁 13～14。
〔註 147〕*China's Millions*, v. 1892, no. 72, p. 97.
　　　　　　　　　v. 1893, no. 77, p. 134.
　　　　　　　　　v. 1894, no. 83, p. 122.
　　　　　　　　　v. 1895, no. 90, p. 136.
　　　　　　　　　v. 1896, no. 97, p. 138.
　　　　　　　　　v. 1897, no. 102, p. 109.
　　　　　　　　　v. 1898, no. 108, p. 94.
　　　　　　　　　v. 1899, no. 117, p. 166.

由表可知轉型前期內地會活動仍然限於煙台、福山、臨海（今名「牟平」）、通伸（T'ung-shin）一帶。以光緒十六年（1890 年）和二十四年（1898 年）教務狀況相互比較，後者的傳教站增加五個，外國傳教士人數是前者一點八倍，中國教牧數是前者的七倍，守聖餐者是前者的一點八倍。內地會繼續發展醫療事業，並設英文學校教育傳教士子女，〔註148〕療養院供傳教士休養身體。〔註149〕傳教方式仍以巡迴傳教分發聖經為主，沒有改變。〔註150〕此外，內地會亦參加青州（今名「益都」）傳教會議，和其他傳教團體討論自養、傳道等問題，並交換心得。〔註151〕

　　光緒二十五年至民國十五年（1899 年～1926 年），因資料不全，山東教務只能看出趨勢。民初，山東內地會教務可自下表知其發展大勢：〔註152〕

時　　間	民國三年（1914）	民國九年（1920）	民國十年（1921）
佈道所	2	2	
傳教站			
禮拜堂	2	2	
教　會	2	2	
外國傳教士	61	52	53
中國教牧	6	3	7
無薪助手	3	4	8
守聖餐者	153	184	173
受洗人數	20	14	
洗禮累計	350	417	
日間　學校	2	2	2（初等小學）
日間　學生	34 男 1 女	62 男	64 男

〔註148〕比較前註 8 及 *China's Millions*, v. 1891, no. 67, p. 119.

〔註149〕*China's Millions*, v. 1894, no. 82, p. 96.

〔註150〕*China's Millions*, v. 1894, no. 82, p. 81.
　　　　Chinese Recorder, v. 23, no. 6, pp. 296～297 (1872).

〔註151〕*Chinese Recorder*, v. 25, no. 1, pp. 47～48 (1894). 光緒十九年十月四～八日
　　　　（1893 年 11 月 11～15 日）召開。

〔註152〕1. 一九一五年內地會年冊，21～22、74。
　　　　2. 一九二一年內地會年冊，頁 35～36。
　　　　3. Milton T. Stauffer（司德敷）　ed., *The Christian Occupation of China*, pp. 201,
　　　　　203～204, 206, 208.
　　　　信徒奉獻的貨幣單位，自楊端六等編，《六十五年來中國國際貿易統計》，頁
　　　　151 換算出。

時　　間		民國三年（1914）	民國九年（1920）	民國十年（1921）
寄宿	學校	1		
	學生	1男3女		
醫　　院		1	1	1
診療所		1	1	
戒煙所		1		
信徒奉獻		（單位：中國銀元）222.90	353.86	
資料出處		（1）	（2）	（3）

此外，值得一提的是，內地會在煙台的中國會友與駐煙台的長老會、浸信會等宗派教會舉行聯合傳教。〔註153〕綜觀整個轉型時期內地會山東教區教務發展，仍是以傳教士個人調養及傳教士子女教育為工作重心，傳教為次要；因此，教務開拓沒有顯著發展。

第四節　轉型時期會務綜析

　　本期內地會仍然維持純宗教傳統，會務深入華南、華中和華北。華南地區，浙江仍是內地會的主要教區，傳教面廣、工作人員多，各佈道所屬教會本色化程度高。雲南和貴州位處邊陲，民族多、語更雜，教務仍由外國傳教士主持，加強吸收錦波（緬語為「卡欽」）、猓玀、撣、花苗、犰家等邊疆少數民族為信徒。福建則為新開拓教區，百廢待舉。民教衝突方面，傳教士明鑑光（William S. Fleming, 1867～1898）於光緒二十四年九月二十一日（1898年11月4日），在貴州省黃平州重安江被譚子成、許五斤、甲香亭等誤為潰匪而遭殺害，〔註154〕為本期內地會在華南地區的不幸事件。總署將兇手處斬、失職官員懲戒並賠卹二萬二千兩，予以結案。〔註155〕

　　華中地區，包括江蘇、安徽、江西、湖北、湖北及四川。江蘇和湖北教務

〔註153〕中華全國基督教協進會編，《中華基督教會年鑑（六），1921》，頁23～44。
〔註154〕《教務教案檔》（台北：中研院近代史研究所，1980年9月初版），第六輯，光緒二十二～二十五年（1896～1999），第三冊，頁1851、1852、1858。
〔註155〕《教務教案檔》，第六輯，第三冊，頁1857～61。
　　　　貴州巡撫王毓藻被判流罪，清平縣知縣劉茂槐和管帶台凱營練軍總兵銜留黔儘先副將劉復禮革職，署黃平州事貴筑縣知縣李應華文交部議奏，都司府知府區維瀚、署丹江通判荔波縣知縣湯炳璣交部察議，前鎮遠府知府升任雲南迤西道全棫續杖八十，監生黃品肅、文生許兗宗和韓租恩斥革。

偏重內地會內部組織運作。安徽、江西兩個老教區，在內地會傳統佈道方式下，外國傳教士與中國教牧活動的點與面皆持續擴大。教會本色化已廣泛受到重視，尤以提昇信徒宗教品質爲要。四川與湖南則是較新興的教區。內地會劃川省爲川東、川西兩個副區，著重巡迴傳傳，而地方教會已具本色化色彩，部分佈道所邁向自養。湖南爲內地會在華中地區最晚開設佈道所的教區，到民國以後教務發展迅速，有湖南逐家佈道團加強基層傳教工作。

　　民教衝突方面：（一）光緒十八年三月二十日（1892 年 4 月 16 日），內地會傳教士章必成和巴光明在四川順慶停留，遭民騷擾，被迫離開。〔註 156〕（二）同年五月二十四日（1892 年 6 月 18 日），內地會傳教士海恩波（Marshall Broomhall, 1866～1937）携眷由四川重慶赴保寧途徑順慶，遭店主引縣令飭諭拒其食宿。〔註 157〕經總署查證係南充縣知縣蓋紹曾顧及海恩波言語稍異、驅散圍觀民眾以避免民教糾紛造成教士誤會所致，而順慶府並無禁止人民留宿洋人官諭，遂照會英國公使歐格訥（Sir Nicholas R. O'Conor, 1843～1908），言明地方官府處理海恩波過境並無不當，此案乃結。〔註 158〕（三）光緒十八年閏六月六日（1892 年 7 月 29 日），內地會傳教士杜西德（Cecil Henry Polhill-Turner）和眷屬在四川松潘遭不滿雇工帶人毆之，八日（7 月 31 日）被官府送往茂州（Mao-cheo），始脫險。〔註 159〕（四）光緒二十一年五月十一日（1895 年 6 月 3 日），內地會白教士和扶教士（Misses P. Næss and E. Nilson）與何英格（Ms. Inger Höl*）在四川成都居所，遭受加拿大美以美會（Canadian Methodist Mission）教案牽連而燬。〔註 160〕這三位內地會女傳教士由華陽縣知縣黃道榮派兵護送安抵嘉定。〔註 161〕其時，保寧、敍州、雅州內地會福音堂皆遭民破壞，教士郭馬可（J. G. Cormack*）夫婦、斐煥章（Joshua Vale）、索德懋（H. J. Squire）、艾銳（Benjamin Ririe）夫婦皆未受傷。〔註 162〕此案，總

〔註 156〕 *Chinese Recorder*, v. 23, no. 10, pp. 490～492 (1892).
〔註 157〕 中央研究院近代史研究所編印，《教務教案檔》（台北：中研院近代史研究所，1977 年 10 月初版），第五輯，光緒十三年（1887～1895），第三冊，頁 1606。
〔註 158〕 《教務教案檔》，第五輯，第三冊，頁 1607、1618～1620。
〔註 159〕 *Chinese Recorder*, v. 23, no. 10, pp. 487～488 (1892).
〔註 160〕 《教務教案檔》，第五輯，第三冊，頁 1645、1680。
　　　　　 Chinese Recorder, v. 26, no. 7, p. 344 (1895).
　　　　　 China's Millions, v. 1895, no. 91, p. 161.
〔註 161〕 《教務教案檔》，第五輯，第三冊，頁 1651～1653。
〔註 162〕 《教務教案檔》，第五輯，第三冊，頁 1653～1657。
　　　　　 Chinese Recorder, v. 26, no. 8, pp. 394～399 (1895).

署將道員周振瓊革職且永不敍用、雅敍二州業經官府彈壓平定、閬中縣賠修保寧教堂等處置方式照會英國公使歐格納，乃告結案。〔註163〕（五）光緒二十四年五月十六日（1898 年 7 月 4 日），內地會沙教士（Mr. Saure*）、羅教士（Mr. D. Lawson）在江西樟樹，因民誤信洋人吃小孩而遭毆打。〔註164〕（六）光緒二十八年七月十二日（1902 年 8 月 15 日），內地會傳教士布雅耳（James R. Bruce*, ？～1902）和羅理明（Richard H. Lowis*, ？～1902）在湖南辰州遭民毆而死。〔註165〕這些教案的發生顯示本期內地會在華中地區推行教務，仍是困難重重。地方官紳與人民對傳教士深入中國內地的舉措和動機，充滿疑懼。

　　華北地區，包括甘肅、陝西、山西、直隸、山東、河南，更遠達新疆，爲本期內地會發達重心。晉陝甘三教區教會本色化趨勢較強，然而美中不足的是內地會傳教士仍不願放棄監督權，使中國教會得以自立。直魯豫三教區教務發展較慢，前二者內地會內部運作性質較重，而山東教務更是以傳教士調養身體、傳教士子弟接受教育爲主。新疆是本期內地會在華北新開拓的教區。光緒三十五年（1899 年），內地會設置綏定佈道所。光緒三十四年（1908 年），再設迪化佈道所（開拓時間，詳見附錄三）。此外，內地會傳教士韓純中、甘貝立（D. M. Campbell）、胡秉道（Ms. Emily K. Hooper）更遠赴滿州（今之「東北」）黑龍江、齊齊哈爾傳教。〔註166〕民教衝突方面：（一）光緒十八年八月二十一日（1892 年 10 月 11 日），內地會傳教士衡得力（George A. Huntley）夫婦及何寶蓮（Ms. E. Maude Holme）在陝西城固遭聽信謠言民眾騷擾。〔註167〕（二）光緒二十六年（1900 年）義和團仇教時，〔註168〕內地會遭受極大傷害，造成傳教士五十八人及孩童二十一人被殺。〔註169〕內地會決定對所有教堂、住房、器具什物、

　　　　China's Millions, v. 1895, no. 91, pp. 161～164.

〔註163〕《教務教案檔》，第五輯，第三冊，頁 1745～1746。

〔註164〕*Chinese Recorder*, v. 29, no. 9, pp. 463～466 (1898).

〔註165〕*Chinese Recorder*, v. 33, no. 9, p. 481 (1902).

〔註166〕一九三〇年內地會年冊，附錄頁 30。

〔註167〕*China's Millions*, v. 1893, no. 74, p. 39.
　　　　Chinese Recorder, v. 24, no. 1, pp. 46～48 (1893).

〔註168〕李定一，《中國近代史》，頁 213～216。

〔註169〕*Chinese Recorder*, v. 32, no. 3, p. 150 (1901); v. 33, no. 3, pp. 155～156, 158 (1902). Marshall Broomhall（海恩波）comp., *Last Letters and Further Records of Martyred Missionaries of the China Inland Mission*（London: Morgan & Scott, 1901），pp.21 ～22.

書籍等，均不要求賠償。〔註170〕

　　由以上分析可知轉型時期內地會在中國差傳發展的實貌，活動遍及十六省，並嘗試開拓福建及滿州的教務工作，而傳教事業也兼及醫療與教育。至於民教衝突處理上，戴德生在光緒十七年（1891 年）時，已明確指示內地會傳教士儘量顧及中國官方處理教案時困難，不應成爲西方強權向中國需索的代表。傳教士遇民騷擾甚至傷害，皆不可以武器對付。〔註171〕雖然本期內地會相關民教衝突中，傳教士並未完全符合戴氏要求；但多數糾紛未索賠的事實，足以說明內地會對教案態度已定型。

死難教士名單：（一）直隸——顧正道（William Cooper）、妻（Margaret）、子（Brainerd）；白傑明（Benjamin Bagnall*）、妻（Emily）、子（Gladys）；幼童 Vera Green（乃 C. H. S. Green 之子）。（二）浙江——湯大爲（David B. Thompson*）、妻（Agnes）、及二子（Edwin, Sidney）；席顧美（Ms. Emma Ann Thirgood*）；施愛迪（Ms. Edith Sherwood*）；華喬傅（George F. Ward*）、妻（Etta）、子（Herbert）；馬瑞葉（Ms. Mariette Etta Manchester*）；狄瑟芬（Ms. Josephine E. Desmond*）。（三）山西——魏愛美（Ms. Emily E. B. Whitchurch*）；凱登肯（Duncan Kay*）、妻（Caroline）、子（Jennie）；紀長生（Stewart Mckee）、妻（Kate）、二子（Alice, Baby Mckee）；史珍（Ms. Jane Stevens*）；孫務本（Charles S. I'Anson）、妻（Florence）、及三子（Dora, Arthun, Eva）；皮惠連（William Graham Peat*）、妻（Helen）及二女（Margaretta, Mary）；柯女士（Ms. Maria Aspden*）；買孔來（George McConnell*）、妻（Isabella）、子（Kenneth）；林倫安（Anton P. Lundgren*）和妻（Elsa）；賴海蒂（Ms. Hattie J. Rice）；魏米安（William M. Wilson*）、妻（Christine）、子（Alexander）；柯密德（Mildred E. Clarke*）；聶法蘭（Ms. Frances Edith Nathan*）；聶玫麗（Ms. Mary Rose Nathan*）；竇愛迪（Ms. Edith Dobson*）；石安迪（Ms. Edith Searell）；胡瑪莎（Ms. Mary E. Huston*）；史瑪嘉（Margaret E. Smith*）；客耀漢（John Young*）、和妻（Alice）；巴得輝（David Barratt*）；蓋戈羅亞（Mrs. Flora Constance Glover*）及子（Faith）；吳愛福（Alfred Woodroffe*）；郇伊莎（Ms. Eliza Mary Heaysman*）；賀愛瑪（Ms. Emma Georgiana Hurn*）；布伊貝（Ms. Elizabeth Burton*）；艾安妮（Ms. Annie Eldred*）；金沙娜（Sarah Annie King*）；歐能仁（Peter A. Ogren*）；卡教士（Nathanael Carleson*）；海妮拉（Ms. Lina Mina Hedlund*）；普思文（Sven A. Persson*）和妻（Emma）；葛實獵（Gustaf Edward Karlberg*）；那教士（Oscar A. Larsson*）；裴安蓀（Ms. Anna Johansson*）；林正俐（Ms. Jenny Lundell*）；應居拿（Ms. Justina Engvall*）；畢安禮（Ernst Peterson）；四名小孩（Edith and Mary Lutley, Jessie and Isabel Sauders）.

〔註170〕*Chinese Recorder*, v. 33, no. 1, p. 1-a (1902).
〔註171〕*China's Millions* v. 1891, no. 67, p. 113～114.

第六章　結　論

　　綜觀中國內地會自清季到民初（1865 年～1926 年）在華傳教事業的發展，可說是戴德生個人傳教生命的延續和擴大。戴德生早年家庭生活歷練，培育他誠摯、堅毅的美德。更換工作的衝擊，促成他反省自己和基督宗教的關係，形成全憑信心和禱告處理周遭一切難題的態度。戴氏受到十八世紀以來英國宗教復興倡導信徒應有純淨生活的影響，對自我要求甚嚴，又深信人唯有重生得救、順服上帝才能過得勝的生活，遂立志效法使徒向普天下傳福音的精神來中國傳教。〔註1〕從他早期在華傳教活動，戴德生發現鴉片走私和苦力貿易是傳教士與中國人民溝通的兩大障礙。薙髮留辮、華衣布履，易於親近百姓；而行醫施醫既消弭了雙方的敵視，又能博得好名聲。隨著他個人深入民間傳教旅行的實地經歷，增加戴德生對自己傳教方略的信心，遂向所屬「中國傳道會」辭職。回英後，他發表〈中國屬靈的需求及要求〉，闡述當時基督新教各傳教團體開創在華事業的情形及自己向中國內地傳教開拓的構想，引起廣泛共鳴，遂糾集志同道合之士成立內地會，實現他久蘊於心的傳教藍圖。

　　其次，就中國內地會各期發展來看，吾人得以明瞭該傳教團體實現傳教藍圖的步驟。初創時期（1866 年～1874 年），該會會務完全由戴德生一人策畫，另得倫敦柏迦氏協助收集各界贈款，以浙江省為會務主要開拓區域，並

〔註 1〕 Marshall Broomhall（海恩波） select and edit, *Hudson Taylor's Legacy: A Series of Meditations* (London: China Inland Mission, 1931), pp. 9～14.
　　　 關於戴德生一生的差傳生涯相片集，見 Irene Chang, James Hudson Taylor III, James Hudson Taylor IV, Joyce Wu, Janey Yiu, and Lisa Yiu eds., *Christ Alone: A Pictorial Presentation of Hudson Taylor's Life and Legacy* (Hong Kong: OMF Hong Kong, 2005).

旁及江蘇、安徽和江西。初創時期內地會的主要傳教方法為戴氏旅行傳教經驗的延伸，即派遣男傳教士走訪各村鎮，在其雇用本地助手協助下，沿途販賣聖經等宗教書冊、舉行街頭佈道以吸引群眾，得到信徒，設立佈道所及傳教站；同時，另行派遣女傳教士主持縫紉學校和內地會女子學校，並由在地中國女傳道陪同進行家庭訪問。由於內地會傳教士來華後，常因水土不服而覺身體不適，又難在短時間內表達流利的華語，而中國紳民復因私利和謠傳破壞內地會的設施，導致傳教士流動率大，無法長居一地，使教務難以在穩定中發展。本期內地會所屬各教會規模皆小，信徒多屬社會低下階層。民教衝突多因租屋引起糾紛，此係該會積極恃中外條約所賦傳教權利深入內地所致。自中英鴉片戰爭以來，外力交侵，中國清政府屢敗並未使民氣消挫。內地會傳教士進入五口之外的地區活動，成為紳民洩憤的最佳目標。由教案交涉經過，可看出該會不求賠償的原則尚未形成，但憑英政府向總署交涉，償還一切損失且鉅細無遺。該會這種傳教態度，在英國國內引起廣泛議論。內地會運用女傳教士進入內地工作，也被其他基督新教宗派教會所屬傳教團體及傳教士攻擊為不合西方倫理、且置婦女同胞於危險四伏的措施。的確，戴德生及所屬內地會成員巡迴旅行、真正接觸中國民間的作風，並不是英方外交棋盤上所預設的一著棋，但他們著實把握中外政經變遷中所給予的傳教契機，遂遭致政府、教會（尤其是宗派教會）雙方面的誹議。由於內地會為發揮戴氏差傳理想而創立，遂不顧外界責難，執著於它自己的傳教使命。自初創時期以後，該會延續此種傳教方法的自信，就一直貫穿其在中國的傳教事業之中。換言之，對一個完全憑信心運作的傳教團體，外力對內地會的影響自始至終都是極有限的。以同治八年（1869 年）基督新教的二十四個傳教團體和不屬於任何團體的傳教士個人在華事業發展為例（詳見附錄六），可看出內地會的教務實力尚不強大，而其差傳策略導致傳教士需求量大，中國教牧栽培速度慢，信徒較少的形勢。內地會的教務發展模式已現端倪。

茁壯時期（1875 年～1890 年），中國內地會隨著會務發展的需要，由英國委員會負責該會財政收支，從事審核有志來華傳教者的宗教信仰是否純正，身體健康狀況等資格，刊行內地會教務消息，安排傳教士來往中國的行程。此委員會的作為使戴德生能專心策畫該會進一步的擴充計畫。本期內地會繼續加強浙江省活動，更細分浙北、浙中、浙東、浙東南、浙南、浙西六區，加強教會組織，栽培本地傳道人並提昇信徒宗教品質。此外，該會會務

重心在把握煙台條約所造成更深入中國的傳教機會，將江蘇的人力投入山西、雲南、陝西、甘肅、貴州、廣西、四川、湖南、河南、山東和直隸各省。傳教士仍秉初創時巡迴傳教開拓方式，只是行程較前更長且費時。內地會也繼續對安徽、江西作教會紮根的工作，並為新來教士進行密集的傳教訓練。另外，該會積極建設湖北教區為華西（Western China）地區事業的支援樞紐。教務特色方面，內地會隨著教區擴大，中國助手的工作量加重，以浙江教會自主性最高、安徽次之，江西和湖北再次之。新教區則以山西教會最具規模，此乃歸功於該會醫療、戒煙成效卓著。其他地區，或因地處邊陲且族多語雜，或受紳民仇教政百般攔阻，使傳教士難以立足，教務推展滯緩。外國傳教士更須克服因地而異的方言障礙。此外，值得注意的是，女傳教士工作範圍增加，和男傳教士一樣肩負開拓、管理傳教據點的重任。本期內地會教力可自光緒十二年（1886 年）基督新教三十五個傳教團體及不屬於任何團體的傳教士個人在華傳教事業發展得到確切說明（詳見附錄七）。內地會的足跡遍及基督新教已傳入十六省中的十五個（新疆除外）。外國傳教士人數大增，佔基督新教各傳教團體傳教士總數的百分之二十二，是同治八年（1869 年）時的兩倍。中國教牧和信徒人數依舊難與其傳教士增加率相提並論。由此可見，茁壯時期內地會開拓方式的確能在最短時間進入最廣的地區，但全靠傳教士個人傳教經驗訓練本地傳道人，是無法配合其教力擴張的速度，故該會需要更多的傳教士以彌補中國助手的不足。此外，內地會過於偏重宗教生活，其教育、醫療事業完全為傳福音而設，也影響會友的增加率，而信徒仍多為社會低下階層。本期內地會設立澳洲分會，並獲得德國、芬蘭教會人力支援。內地會已成為一個跨越國界的國際化基督新教傳教團體。民教衝突方面，由內地會對浙江新昌、溫州的民教糾紛和貴州遵義教案的處置來看，不求賠償原則仍未確立且因地而異。

轉型時期（1891 年～1926 年），中國內地會在內部組織上有了更健全的發展，分為英國、北美、澳洲三個分會，配合在華委員會推動會務，並得到十三個傳教團體的支援，成為「內地會系」的超宗派、國際性的「信心差會」。內地會除繼續其「純福音」派的傳教傳統，也重視中國教會本色化的發展。然而傳教士對教會主權的處理不盡相同。華南地區包括浙、滇、黔三教區，仍以浙江教會最具規模，自立、自傳、自養，且與母會關係良好；雲南和貴州教務則由外國傳教士負責，談不上本色化。華中地區的江蘇、湖北兩個教

區偏重該會內部組織運作，傳教事業的開拓次之。在安徽、江西兩個教區中，外國傳教士對教務支配力仍強。四川乃是新興教區中發展最迅速的，湖南次之。華北地區，山西、陝西、甘肅教會本色化較強，直隸、山東、河南教務發展緩慢。本期內地會的教域差傳（evangelical sphere of influence）實力，可由光緒二十四年（1898 年）基督新教五十四個傳教團體在華事業發展得到更清晰的輪廓（見附錄八）。其中，內地會傳教據點最廣，佔總數的百分之三十四。外國傳教士人數佔總人數的百分之三十三，是同治八年（1869 年）時的三倍；但，中國教牧和信徒人數仍無法與其投入的傳教士人力成比例。教育事業與其他基督新教傳教團體相比較，也顯得微不足道。再以光緒三十一年（1905 年）基督新教五十五個傳教團體和不屬於任何團體的傳教士個人在華教務發展為例（見附錄九），顯示內地會傳教士較多、中國教牧及信徒較少的現象並未改觀。教育事業方面，中、高等教育機構已日漸受到重視，但由學生數來看，學校規模不大。醫療事業方面，診療所分佈廣，病患人數相形之下顯得過少。可見內地會仍是偏重純宗教的團體。民教衝突方面，內地會傳教士並未主動引起教案，乃是受到他會波及，或遭誤殺所致。其中，尤以光緒二十六年（1900 年）義和團事件使該會傳教士死傷最為慘烈。值得注意的是，內地會對教案處理態度的轉變。戴德生明確指示涉案傳教士應顧及中國官方的立場，勿成為西方強權向華需索的籌碼。

再就清季到民初內地會在各省教務實質分析，吾人得以認識各省發展經過。（一）浙江（咸豐七年，1857 年）——為戴德生領導內地會首先建立傳教事業的省分。同治五年到十三年（1866 年～1874 年），設立十個佈道所（見附錄三），教務由點擴展到面，並協助杭州本地傳教士聯盟在餘杭等地進行自傳。光緒元年到十六年（1875 年～1890 年），再增四個佈道所，由中國牧師王來全、任芝卿等負責實際會務，王來全擔任浙北教區總監督。內地會另在杭州、寧波召開本地傳教士會議，討論教會增長等事宜，顯示中國教牧角色漸趨重要。除浙北、浙中教區外，傳教士對會務支配力仍強，佈道所的設置隨外國傳教士駐居而定。光緒十七年到民國十五年（1891 年～1926 年），除加強訓練中國傳道人外，並輔導信徒組織各年齡級的獻身團，從事平信徒的自傳工作。佈道所再加十四個，地方教會多自立、自傳、自養且與母會關係良好。

（二）江蘇（咸豐四年，1854 年）——江蘇是戴德生以中國傳道會傳教

士身份來華的第一個落腳之地。戴氏暫居上海倫敦會會館，適應環境和學習中文。自戴氏建立內地會後，從同治五年到十三年（1866 年～1874 年），江蘇屬內地會巡迴傳教區，傳教士往來上海、南京、揚州、蘇州、鎮江和清江浦等地，但無法建立據點。但，上海因是清季重要的條約口岸（treaty port），遂成爲內地會在華總辦事處設置之地。〔註2〕光緒元年到六年（1875 年～1880 年），內地會曾一度致力加強教務，旋即配合華北教務開發計畫，使江蘇成爲該會所屬中國委員會組織運作中心，並設立揚州語文學校訓練傳教士說流利的華語。基於會務的設計和規畫，江蘇當地的地方教會發展從光緒七年（1881 年）至民初爲止，規模很小（見附錄十），佈道所始終維持二到九所之間。

　　（三）安徽（同治八年，1869 年）──同治八年到十三年（1869 年～1874 年），屬內地會巡迴傳教區，傳教士往來安慶、廣德、蕪湖、大通、太平、池州和寧國等地。光緒元年（1875 年）後，教務穩定成長，至光緒十六年（1890 年）止，內地會在安徽共設置九個佈道所（見附錄三），另在安慶建傳教士語言訓練所。光緒十七年到民國十五年（1891 年～1926 年）間，又添十個佈道所。傳教士主導會務，地方教會本色化程度低。

　　（四）江西（同治八年，1869 年）──同治八年到十三年（1869 年～1874 年），屬內地會巡迴傳教區，傳教士往來九江、大姑塘一帶。光緒元年到十六年（1875 年～1890 年），會務以鄱陽湖和廣信河流域爲重心。內地會在江西共設立十個佈道所（見附錄三），教會規模小，全年守聖餐者最多爲一百六十九人。光緒十七年（1891 年）後，分江西爲贛北、贛西、贛中西、贛東、贛南五區，先後添設二十六個佈道所（見附錄三），非常重視教務會議，傳教事業遂欣欣向榮（見附錄十）。

　　（五）湖北（同治十三年，1874 年）──會務自始即爲開創華西事業及支援華北省區而設，教會規模小，至光緒二十四年（1898 年）爲止，全年守聖餐者至多五十七名。民國以後，信徒人數略增（見附錄十），會務仍重於轉運性質。內地會曾先後維持七個佈道所（見附錄三）。

　　（六）湖南（光緒元年，1875 年）──內地會自光緒元年派遣傳教士進

〔註 2〕阮仁澤、高振農主編，《上海宗教史》（上海：人民出版社，1993 年再版），頁
　　　841。內地會總部最先設在杭州，之後，曾遷往揚州、鎮江等地。最後遷到上
　　　海並建立總會大樓，接待傳教士並處理日常會務。
　　　關於內地會上海總部的建築外觀，可參見顧衛民輯，《鏡頭走過》，頁 35。

入湖南巡迴傳教，因紳民反教，至光緒二十三年（1897 年）時，乃無法設立傳教據點。光緒二十四年（1898 年）起，陸續設置辰州、常德、長沙等十六個佈道所（見附錄三），以巡迴傳教隊、逐家佈道團發展教務，教會事業始得建立（見附錄十）。

（七）河南（光緒元年，1875 年）──光緒元年至十六年（1890 年），屬內地會巡迴傳教區，傳教士租屋困難，僅建立周家口、賒旗店兩個佈道所。光緒十七年（1891 年）後，會務日興，該會支持基督徒獻身會的社會改革工作。至民國九年（1920 年）邵易亨封牧後，積極加強教育事業、造就信徒，並舉行多次全省教務會議，純化信徒宗教生活，教會日興（見附錄十）。至民國十五年（1926 年）止，內地會曾先後設置十八個佈道所（見附錄三）。

（八）山西（光緒二年，1876 年）──光緒二年到十一年（1885 年），屬內地會巡迴傳教區，傳教士往來太原、平陽一帶。光緒十二年（1886 年），廣勝魔封牧，擔任洪洞總監督後，因內地會賑災、戒煙工作聲譽卓著，會務迅速興盛，至光緒十六年（1890 年）止，教會全年守聖餐者最高達七百零二人。內地會仍採巡迴傳教、鄉村佈道、探訪會友等傳教方式，地方教會本色化程度高，舉行多次太原、平陽本地教牧會議，探討改進教務方法，會友另組義務傳道團。教育事業偏重小學，醫療機構爲內地會中具規模者。至民國十五年（1926 年）止，內地會在山西曾先後設置五十個佈道所（見附錄三）；其中，七個在今綏遠境內，內地會是山西基督新教各傳教團體中教勢最大者（見附錄十）。

（九）陝西（光緒二年，1876 年）──光緒二年到十六年（1876 年～1890 年），屬內地會巡迴傳教區，傳教士往來西安、漢中等地。自光緒十七年（1891 年）起，內地會得醫療傳教、戒煙工作之助，教務日盛（見附錄十）；且多由傳教士主持會務。教育事業集中於初等、高等小學。至民國十五年（1926 年）止，內地會在陝西曾先後設立三十二個佈道所（見附錄三），爲陝西最大的基督新教傳教團體。

（十）甘肅（光緒二年，1876 年）──光緒二年到十六年（1876 年～1890 年），屬內地會巡迴傳教區，設立秦州、寧夏（今名「銀川」）、蘭州、西寧、涼州等五個佈道所，會友至多五十人。光緒十七年到二十四年（1891 年～1898 年），內地會雖增加傳教士，教會人數至多六十人，會務除以發展甘肅事業爲主外，並兼作開拓青康藏區域的轉運站。民國以後，教育事業偏重小學，醫

療事業有顯著發展。由於傳教士操縱會務，難符合地方教會本色化需要，導致部分本地信眾和教牧於民國十五年（1926 年）另組蘭州中華基督教會，與內地會完全脫離關係。內地會先後在甘肅設立十八個佈道所；其中，一個在寧夏境內，另一個在青海境內（見附錄三）。即使如此，內地會仍是甘肅境內規模最大的基督新教傳教團體（見附錄十）。

（十一）雲南（光緒三年，1877 年）——光緒元年（1875 年）起，內地會傳教士曾試圖由緬甸的八莫進入雲南傳教。直到光緒七年（1881 年）時，傳教士才得從事巡迴傳教旅行。由於滇民對基督宗教冷漠，內地會雖投入相當多的傳教士人力，教會人數至光緒二十四年（1898 年）止，至多四十七人。民國以後，會務漸興；內地會以邊疆少數民族爲主要傳教對象，並設立初等、高等小學及診療所等教會事業。至民國十五年（1926 年）止，內地會在雲南先後設立十三個佈道所（見附錄三），爲雲南境內規模最大的基督新教傳教團體（見附錄十）。

（十二）貴州（光緒三年，1877 年）——光緒二年（1876 年），內地會傳教士由湖南順沅江進入貴州旅行佈道。至光緒十六年（1890 年）止，設貴陽、安順兩個佈道所，有會友五十四人，以苗人爲主。光緒二十五年（1899 年）後，內地會教務日興，仍以邊疆民族爲主，並發展初等、高等小學及醫療事業。至民國十五年（1926 年）止，內地會在貴州共設置十五個佈道所，其中一個在廣西境內（見附錄三），爲貴州最主要的基督新教傳教團體（見附錄十）。

（十三）四川，分川西（光緒三年，1877 年）和川東（光緒十二年，1886 年）兩副區——光緒二年（1876 年）時，內地會傳教士向重慶等地做傳教旅行，遠及藏東。光緒九年（1883 年）起，內地會便創辦教育事業。至光緒十六年（1890 年）止，有會友一百六十四人。此後教務穩定成長，外國傳教士和中國教牧參加華西傳教會議。民國以後，地方教會逐漸自養，且改稱內地自養會，開創中學事業。至民國十五年（1926 年）止，內地會在四川共設立二十七個佈道所，其中一個在西康境內（見附錄三），地方教會頗具規模（見附錄十）。

（十四）山東（光緒五年，1879 年）——內地會傳教士自光緒二年（1876 年）起，在煙台旅行傳教。光緒七年（1881 年）時，內地會陸續設立醫院、診療所、英文學校爲傳教士及其眷屬等服務。至民國十年（1921 年）爲止，

教會人數不超過一百七十三名。至民國十五年（1926 年）止，內地會僅在煙台、福山、臨海等地活動。

（十五）直隸（光緒十三年，1887 年）──光緒十二年到十六年（1886～1890 年），屬內地會巡迴傳教區，會友三名。此後教務滯緩，只設獲鹿、天津、順德、保定四個佈道所，至民國十年（1921 年）時僅二百九十四人守聖餐，地方教會規模小（見附錄十）。

（十六）新疆（光緒三十一年，1905 年）──光緒十四年（1888 年），內地會傳教士開始進入新疆旅行佈道，屬內地會新興巡迴傳教區。光緒二十五年（1899 年），內地會設立綏定佈道所。光緒三十四年（1908 年）時，再增設迪化佈道所。

除此之外，內地會傳教士也對福建、東北和西藏做開拓傳教事業的嘗試。

最後，就清季到民初中國內地會教務性質而論，其「純福音派」的傳教策略，一直把握在最短時間將教城面散布最廣的特性。以內地會佈道所開拓表觀察（見附錄三），屬於純傳教的省份，內地會皆保持其初創時的衝勁，不斷設立新的佈道所，堅守不干擾其他傳教團體原有工作，雖然它對在中國教會日漸位居主流的自由派神學（Liberal Theology）及社會福音派神學（Social Gospel）所支配傳教事業的趨向並不同意，但仍盡量與宗派間聯合教務會議。此種傳教策略及差傳理念的衝突終使內地會於民國十五年（1926 年）毅然退出中華全國基督教協進會，不再積極主動尋求與其他基督新教宗派傳教團體在華推展教會事業的合作共識。再由民國十年（1921 年）各省內地會的外國傳教士、中國教牧和守聖餐者人數做觀察（詳見附錄十），足以說明該會的傳教力量仍是龐大的。然而，由於內地會以學徒式訓練中國教牧，[註3] 難以大量栽培本地人才以符合教務擴充的需要，演成一種精英型態。中國教牧領導力增強，培植了席勝魔、楊紹唐等名牧。[註4] 但也造成隨時間演變，需要更多傳教士填補神職人員的真空，遂造成有十三個歐美傳教團體差派傳教士在其指導下工作之事。另一方面，由於內地會重視信徒宗教生活，也獲得許多

〔註 3〕趙天恩，〈中國教牧事奉模式之發展〉，余達心、馮蔭坤等編，《事奉的人生──中國神學研究院講師致賀滕近輝院長六十壽辰論文集》（香港：宣道出版社，1982 年 7 月初版），頁 292～293。

〔註 4〕查時傑，《中國基督教人物小傳》（台北：中華福音神學院出版社，1983 年），上卷，頁 21～25、279～288。

本地無薪助手參與教會事工，使中國信徒宗教信仰更紮實。

　　在中國本色化的發展上，內地會傳教士入華即從衣著、飲食、語言上力圖與中國人民一致，開始外觀上的調合。中國助手在傳教士一對一的傳教訓練中，較能獲得自傳能力，這可由內地會在各省發展經過得到證明。但是，地方教會是否能真正得到自主權，則視各省傳教士態度而定。由於內地會一開始便鼓勵中國人自傳，此種現象是其傳教方略所必然造成的，故其鼓勵態度是有限制的，遂不能因應中國教會潮流而發生突破性的改革。

　　另從民教衝突上分析，初創時期所發生的教案顯示內地會入境隨俗的服飾並不能消弭中國百姓的疑懼。為設置傳教據點（傳教站或佈道所）而引起租屋糾紛是必然的。茁壯時期，內地會傳教士做長距離的旅行佈道，也引發財物被劫事件，但並未發生大教案，在在說明傳教士對中國紳民不友善的舉止，採取盡量避免衝突的態度。轉型時期，由於中外緊張情勢，教案反而增加，至拳亂時達於高峯。經過三個發展期，內地會才確立不求賠償的原則；但也有個案的不同。此外，由與內地會相關的教案來觀察，也可分析出該會傳教士並非個個尊重中國習俗，致力研究儒學等以調合中國文化與基督宗教教義的裂痕。

　　再就教會事業發展來論，在內地會傳教事業具規模的十五省（新疆除外）（見附錄十）的發展情形做觀察，足以說明它偏重小學教育的特性，僅在江蘇、河南、山西、四川省設有中學。該會的醫療事業也是為傳教而設，規模不大。

　　總結地說，由以上分析可知中國內地會在清季到民初的傳教事業，能夠一直維持其「純福音派」傳教方略，在於其內部組織適時的擴充和調整、中國教牧的輔助與自立、信徒熱心參與自傳事工、其他基督新教傳教團體的合作、傳教士吃苦耐勞的精神和全憑信心且源源不斷的經費支持（見附錄四）所致。內地會的建立源自戴德生個人傳教理想，傳教士均擁有宗教使命感，且隨會務擴大使自信增強，終於形成內地會特有差傳模式，成為近代基督宗教，尤其是基督新教在華傳教史上一個不可忽視的傳教團體。但，也由於其宗教性太強，未能在文化上多作調合，使中國教會本土化發展和教育、醫療等事業未能與其傳教事業發展並駕齊驅。簡要的說，中國內地會是十九世紀中、西政治、經濟、社會、文化下的產物，吾人絕不能以文化侵略涵蓋其在中國的所有活動，因為它實在安慰了中國廣大鄉村人民身處天災、兵亂下的

痛苦心靈。

如果吾人視宗教傳播是一種傳教者與受傳者雙向度和多方位的對話。在這個宗教對話過程中，對話的雙方不僅是在宗教本身上相互衝擊和調適，也在其他和宗教傳播相關領域、議題、事務上相互挑戰和影響。所謂差傳（missiology）絕不僅僅是傳教（evangelization）而已，更不能爲傳道（preaching）工作或行爲所能完全涵蓋。事實上，在傳教者差傳的過程中，基督宗教本身的形式，可能被受傳者所改變而孕育出另一種文化類型、風格或宗派的基督宗教（Acculturated Christianity）。〔註5〕以內地會在華差傳爲例，身爲傳教者的它，隨著傳教士的腳蹤由浙江擴及中國內地十六省，並嘗試向福建，以及西藏及東北兩地區開拓教務。該會在此長達半世紀以上的差傳歷程中，已將創辦人戴德生個人傳教精神轉化爲內地會傳教精神與傳統。組織上也由個人差傳，轉換爲以英國傳教士爲主的超宗派團體，再躍昇爲接受歐美傳教士和傳教團體的國際化超宗派差會。暫不論中國信眾本身的基督宗教化如何，內地會已形塑成一個新宗派類型的基督新教差會（A new acculturated Protestant mission）。再就教會本色化的角度來解析內地會在華的教務拓展，該傳教團體只能做到使極少數的中國人成爲基督徒，尙無法對中國傳統文化、政教關係、社會架構等進行任何有力挑戰。完全憑信心支取傳教士及中國教牧日用飲食的內地會，在此本色化的前期（由傳教士將基督宗教傳給中國人民，再由初代信徒將此宗教傳播出去）中，努力將內地會信心差傳精神內化在教會信眾之中。由此可知，跨越十九、二十世紀內地會在華差傳軌跡（1865～1926）確實是一部信心行傳。經由內地會個案研究，有助於吾們認識基督新教傳教團體在華活動的梗概。若能在神學思想、個案比較上做更深入的探討，相信對往後中西文化交流必能提供更充分且有力的參考資料。

〔註5〕 A. Camps, L. A. Hoedemaker, M. R. Spindler and F. J. Verstraelen eds., *Missiology: An Ecumenical Introduction*, with special assistance of J. D. Gort and F. J. Verstraelen for English edition (Grand Rapids, Michigan: William B. Ferdsmans, 1995), Introduction.

附 錄 部 分

【附錄一】中國內地會中國助手中文譯名對照表

羅馬拼音原名	中文譯名	職稱	羅馬拼音原名	中文譯名	職稱
Ceng Yung-i	盛允一	P.	Dzing Lao-yiao	金老堯	C.
Mr. Chang	張先生	E.	Dzing Loh-tsing	金樂清	C.
Chang Liang-iong	張良勇	P.	Dzing Sï-vu	金師傅	C.
Chang Lien-seng	張蓮生	Ch.	Dzing Sin-dzæ	金新哲	Pr.
Chang Pao-tsuen	張寶全	D.	Dzing Sing-yiu	金興裕	Pr.
Chang Si-fu	張師傅	C.	Dzing T'ien-ih	金天一	E.
Chang Siao-fung	張小豐	P.	Dzing Væn-koh	金凡果	St.
Ch'en Sï-fu	錢師傅	C.	Fong Neng-kwe	方能貴	E.
Ch'en Wen-loh	錢文樂	E.	Fung Che-pao	馮七寶	E.
Mr. Ch'eng	鄭先生	S.	Fung Weng-ing	馮萬英	Pr.
Ch'eng Sï-fu	鄭師傅	C.	Fung Wong-sin	馮往行	C.
Ch'eng-tsan	鄭 生	不詳	Han Sien-seng	韓先生	E.
Ch'eng Yung-i	鄭允義	P.	Mr. Hiong	洪先生	E.
Cheng Sien-seng	陳先生	S.	Ho Shü-eng	何書安	E.
Pastor Chu	朱牧師	P.	Hsia	夏醫生	不詳
Chu Siao-t'u	朱小度	Ch.	Hsia Sien-seng	夏先生	E.
Chu Ying-tsiu	朱盈溪	P.	Mr. Hsü	許先生	E.
Chun Chow-tung	鍾周同	E.	Hü Lao-san	胡老生	Ch.
Da-kwei	大 貴	不詳	Hu Teh-yuen	胡德元	C.
Dao-hying	道 興	不詳	Hwang Keh-chung	黃克中	E.
Din-kying	丁 群	不詳	Iao Sï-fu	姚其祥	C.
Mr. Dong	董先生	E.	Ih-sing	易 新	C.
Dzing Dao-ling	金道林	St.	Ing Sin-sang	陰先生	S.
Dzing Ih-sing	金一心	Pr.	Jü-i	褚 義	Ch.
Dzing-kwông	金 廣	不詳	Kao Ziao-gyi	高曉冀	E.
King-shu	金 樹	C.	Mr. Nyien	任先生	E.
King Sien-seng	金先生	S.	Nying Tsï-ky'ing	任芝卿	E.

羅馬拼音原名	中文譯名	職稱	羅馬拼音原名	中文譯名	職稱
Koh Yih-djün	萬毅君	E.	Ó Ah-ho	歐阿河	E.
Kong Jü-ling	龔祖林	不詳	Ó Shü-éng	歐書恩	E.
Kying Ts'ing-sæn	金青山	C.	P'en Sien-seng	潘先生	E.
Læn-feng	連　方	不詳	Mr. P'un	彭先生	C.
Lao-han	勞　涵	S.	Pun Dao-seng	彭道聖	St.
Lao Yiu-dzing	勞宜景	C.	Sæn-kwu-tsia	單國霞	B.
Mr. Li	李先生	E.	Seng Shü nyun	孫書倫	S.
Li Ah-ky'ing	李阿卿	C.	Shih Da-tsing	石大清	E.
Li Cheng-wan	李成晚	Pr.	Shih Sï-meo	石師母	B.
Li Kwe-yüong	李貴用	C.	Shih Siao-tsung	石曉中	Pr.
Li Ming-hai	李明海	不詳	Si Jün-kao	施軍高	E.
Li Sï-fu	李師傅	C.	Sing Sin-sang	辛先生	E.
Li Sï-meo	李師母	B.	Tæ Si-fu	葉師傅	C.
Liang Sï-vu	梁師傅	Ch.	Tai Si-fu	戴師傅	C.
Liang Z-nyun	梁子溫	E.	Teh-foh	鐵　福	Ch.
Mr. Liao	廖先生	不詳	Teng-qüing	田　昆	E.
Ling Hyiu-djü	林書居	C.	T'eng Si-fu	鄧師傅	C.
Ling Lao-sï	林老師	Pr.	Mr. T'ong	董先生	C.
Ling Tsiao-song	林曉松	C.	Mr. Ts'a	薩先生	Pr.
Mr. Liu	劉先生	P.	Mr. Ts'ai	蔡先生	E.
Mrs. Liu	劉師母	B.	Tsang Sien-seng	詹先生	E.
Liu Dien-kying	劉天慶	E.	Tsen Pu-ren	曾普仁	S.
Liu Lao-s	劉老師	Ch.	Tsi Sien-seng	席先生	C.
Liu Si-yüing	劉思雲	Pr.	Tsï-ky'ing	許　慶	E.
Liu Sien-seng	劉先生	E.	Mr. Tsiang	蔣先生	不詳
Lo Gan-fuh	羅安福	E.	Tsiang Ah-liang	蔣阿良	P.
Loh Ah-ts'ih	羅阿實	E.	Tsiang Bê-nyü	蔣北旅	C.
Loh Kying-sih	羅清詩	E.	Tsiang Fah-kying	蔣法卿	E.
Loh Ts'ih-ih	羅西一	E.	Tsiang Foh-yüen	蔣富元	St.
Long-chung	龍　中	C.	Tsiang Hyü-z	蔣淑子	B.
Lu Cheng-wan	陸成文	C.	Tsiang Liang-gwe	蔣良貴	P.
Mr. Luh	魯先生	C.	Tsiang Ping-hwe	蔣平惠	E.
Moh Dziang-ling	馬江林	C.	Tsiang Soh-liang	蔣守良	P.
Ng Sih-wan	吳思文	Pr.	Tsiang Üong-kao	蔣永高	E.
Tsiu Din-kýing	徐頂慶	E.	Wong Sin-seng	王先生	E.
Tsiu Fông-kying	徐芳慶	E.	Wông Sing-ch'ing	王新慶	E.

羅馬拼音原名	中文譯名	職稱	羅馬拼音原名	中文譯名	職稱
Tsiu kwe-foh	徐貴福	C.	Wông Teng-yüing	王天雲	E.
Tsiu Kyuo-kwe	徐國貴	不詳	Wông Yi-hying	王宜興	C.
Tsiu Sï-meo	徐師母	B.	Wu Chang-king	吳長慶	C.
Tsiu Sin-sang	徐先生	E.	Wu Ch'eng-mei	吳成美	C.
Tsiu Üong-yiang	徐豐揚	E.	Wu Ch'eng-tsan	吳稱讚	E.
Tso Long	趙　龍	Ch.	Wu Sï-fu	吳師傅	E.
Ts'uen-ling	玄　齡	C.	Wu sing-'o	吳新河	E.
U Djün-yiao	烏君堯	P.	Mrs. Yang	楊　氏	B.
U Sien-seng	烏先生	C.	Yang Ts'uen-ling	楊全林	E.
U Veng-meo	烏凡謀	C.	Yao King-fu	姚金福	Pr.
Üong-kao	王　高	不詳	Yao Shang-teh	姚三德	E.
Uong Kw'e-kwun	王貴坤	E.	Yao Sï-fu	姚師傅	C.
Væn Kwông-pao	范官保	E.	Yiang Sin-sang	楊先生	E.
Væn Kyi-seng	范器聖	P.	Yiang Yü-tseng	楊玉成	E.
Væn Sï-meo	范師母	B.	Mr. Yiao	姚先生	E.
Van Yüô-dông	范有棟	C.	Yiao Sï-vu	姚師傅	C.
Veng-ing	范　英	S.	Yih-djün	易　全	不詳
Mr. Vong	馮先生	E.	Yu Hyiang	余　祥	C.
Vong Veng-siu	馮萬敍	C.	Mr. Yü	余先生	E.
Mr. Wa	瓦先生	C.	Yü Kying	余　青	C.
Wang Cheng-shu	王誠樹	E.	Yü Nyüoh-san	余樂善	Pr.
Wang Kin-yuen	王清圓	Ch.	Yün Ah-lôh	陰阿得	C.
Wông Jü-song	王菊頌	C.	Yüô Sin-sing	尤新生	Pr.
Wông Kyüo-yiao	王瞿堯	E.	Zi Ching-djun	姬琴君	C.
Wông Læ-djün	王來全	P.	Ziāo-gyi	喬　驥	
Wông Lu-song	王路嵩	C.	Zin Lao-si	金老西	St.

說明：中國助手職稱中譯以趙天恩，〈中國教牧事奉模式之發展〉，余達心、馮蔭坤等
　　　編，《事奉的人生 —— 中國神學研究院講師致賀滕近輝院長六十壽辰論文集》
　　　（香港：宣道出版社，1982 年 7 月初版）一文爲準。

B.	Bible-woman	女傳道	P.	Pastor	牧師
C.	Colperteur	福音書冊販賣員	Pr.	Preacher	傳教師
Ch.	Chapel worker	禮拜堂管理員	S.	School teacher	學校教員
D.	Deacon	執事	St.	Student	見習生
E.	Evangelist	男傳道			

【附錄二】中國內地會傳教士名錄中英對照表

教士英文原名	中文名／生卒年	來華年	教士英文原名	中文名／生卒年	來華年
Dagna Aass @		1893	Mrs. Mary Olive	韋金寶珍	1925
A. G. Abrahamsson	阿亨頌	1919	Atkimson Amos	(1902～1932)	
Mrs. (A. G.) Abrahamson		1921	Edward Amundsen		1896
A. H. Abrahamson		1891	Lina O. Amundsen@		1891
I. A. M. Ackzell @	安守道	1912	A. Y. Anderson @		1892
James R. Adam	黨居仁	1887	Christina Anderson @		1891
	(1864～1915)		Clara Anderson @	德玉桃	1891
Mrs. (James R.) Adam		1889	C. J. Anderson	安祝仁	1891
J. S. Adams	艾介士*	1878	Mrs. (C. J.) Anderson		1892
Mrs. (J. S.) Adams		1878	D. C. Anderson @	德懷仁	1925
I. E. Ahlman@	楊利美	1925	E. Anderson		1895
Gustaf Ahlstrand	楊志勝	1891	E. M. S. Anderson @		1889
Mrs. (G.) Ahlstrand		1898	Frida Anderson @		1891
Thilda Ahlström @	柳	1891	Hanna Anderson @		1891
O. G. W. Ahlman @	孟	1905	John A. Anderson, M. D.	韓湧泉	1889
G. Ajilstrand		1891	Mrs. (John A.) Anderson	盧（醫生）	1893
D. M. Alderman @	滿樂義	1923	（原名 Ms. Alexandria Ross, M. D.）		
William Henry Aldis	姚明如	1897	Mrs. J. N. G. Anderson	張	1912
	(1871～1948)		J. R. Anderson @	安傳義	1905
Mrs. (W. H.) Aldis		1899	K. A. F. Anderson	安德順	1924
A. B. Allen	梁錫祉	1924	Mrs. (K. A. F.) Anderson		1923
A. R. Allen @	梁恩同	1904	K. R. Anderson	安康衢	1905
H. A. C. Allen	梁廷棟	1889	Mrs. (K. R.) Anderson		1908
Mrs. (H. A. C.) Allen		1890	Mary Anderson @	梁玉鐘	1891
E. H. Allibone @	李貴英	1898	M. Graham Anderson	安道明	1908
A. S. Almqvist	愛魁慈	1920	Mrs. (M. G.) Anderson		1899
Ida Alofson @		1891	W. A. Anderson	安德生	1921
Herbert J. Alty	德	1889	Mrs. (W. A.) Anderson		1922
Mrs. (H. J.) Alty		1906	C. A. Anderzen	安德先	1902
N. J. Amos	韋慕詩	1924	Mrs. (C. A.) Anderzen		1903

教士英文原名	中文名／生卒年	來華年
George Andrew	安德烈	1881
Mrs. (G.) Andrew		1882
（原名 Ms. J. Findlay）		
G. Findlay Andrew	安獻今	1908
Mrs. (G. F.) Andrew		1908
H. Edwin V. Andrews	安德路	1906
Mrs. (H. E. V.) Andrews		1906
C. Angwick @		1892
Hulda Annerlow @		1893
Miss Aplin @		1901
A. Argento		1896
Alexander Armstrong		1887
Mrs. (A.) Armstrong		1887
R. C. Arnott @		1897
W. Arplainen @	安	1893
I. B. Arthur @		1888
J. A. Aspberg	艾司柏	1922
Maria Aspden @	柯女士*	1892
	（？～1900）	
L. Aspinall @		1890
E. Astin @		1891
P. V. Aubler		1897
H. E. Aufrecht @	奧費來	1922
C. Augwik @		不詳
B. C. Baber @	巴秀清	1916
E. H. Bachmann @	包德貞	1925
F. Backenstoss @		1898
Benjamin Bagnall	白傑明*	1873
	（？～1900）	
Mrs. Emily Bagnall	（？～1900）	1880
E. Bailey @		1892
Ella C. Bailey @	李錦文	1908

教士英文原名	中文名／生卒年	來華年
G. W. Bailey	李寶利或李保理	1924
Mrs. (G. W.) Bailey		1924
E. M. Bain @	貝榮恩	1926
Clara Baker @	裴克禮	1888
E. R. Baker		1916
F. A. R. Baker	貝文遠	1907
N. Baker	貝爾克	1919
Mrs. (N.) Baker	貝季長生	1917
E. Baller		不詳
Frederick William Baller	鮑康寧*	1873
	（1852～1922）	
Mrs. (F. W.) Baller	鮑包瑪莉*	1866
（原名 Ms. Mary Bowyer）（？～1909）		
J. J. Banbury		不詳
Hannah Bance @	班慶恩	1895
J. M. Bangert @		1888
A. G. Banks @	潘美貞	1902
E. M. Barber	巴愛華	1922
Stephen Paul Barchet	白克敵	1865
Mrs. (S. P.) Barchet	巴瑪利*	1866
（原名 Ms. Mary Bausum）		
Florence Barclay @	（？～1955）	1889
（後為 Mrs. M. Beauchamp）		
Priscilla A. Barclay @	包	1889
A. Bardsley @	包絲莉*	1890
A. M. Barker @		1891
F. S. Barling	白德鄰	1915
Mrs. (F. S.) Barling		1916
Miss Barnes @	巴恩絲*	1866
M. E. Barraclough @	（？～1909）	1891

教士英文原名	中文名／生卒年	來華年	教士英文原名	中文名／生卒年	來華年
Alice Barratt @	(？～1888)	1888	M. Bee		1891
David Barrett	巴得輝*	1897	H. L. Beer		不詳
	(？～1900)		Mrs. (H. L.) Beer		不詳
R. Barnett @		不詳	J. Beer		1896
R. F. Basnett @		1890	R. J. Begbie @	步傳經	1917
Lily Bastone @	(？～1895)	1887	Thomas D. Begg		1888
S. E. Bastone @		1887	Mrs. (T. D.) Begg		1888
J. Bates		不詳	E. O. Beinhoff	鮑躍淵	1902
Miss Batty @	巴蘭芬	不詳	Mrs. (E. O.) Beinhoff		1902
W. H. Batstone	石琢之	1923	O. W. Bekken	聶	1918
Mrs. (W. H.) Batstone		1924	W. Malprus Belcher	卜存仁	1888
M. Batterham @	班愛梅	1899		(1864～1929)	
L. D. Bauer @	苞文瀾	1924	Mrs. S. Rayer Belcher	卜存仁師母	不詳
E. Bäumer	貝	1890	E. Bell @	貝伊兒*	1978
E. Bavin @		1891	George A. Bell	白嘉禮	1921
Agnes Baxter @	巴子善	1909	Mrs. (G. A.) Bell		1924
Mary Baxter @	巴錫恩	1906	J. Bell	白約翰	1924
A. E. Beard	畢爾德	1919	Mrs. (J.) Bell		1921
Mrs. (A. E.) Beard	畢包成章	1919	Mary Bell @	貝瑪利*	1866
R. V. Bazire	畢喜雅	1922	J. F. J. Bender	奔德	1890
Mrs. (R. V.) Bazire		1926	O. Bengtsson	孫	1894
Montagu Beauchamp	章必成	1885	E. L. Benneth @		1898
	(1860～1939)		R. C. Benson @	貝寫經	1919
Mrs. (M.) Beauchamp			S. Bentall @	貝恩光	1925
（原名 Ms. Florence Barclay）			Miss Bentwood@		1895
H. Becker	包格非	1911	August Berg	伯信成	1890
Mrs. (H.) Becker		1911	Mrs. (A.) Berg		1892
O. W. Beckon	聶禮遜	1918	E. G. Berg @	伯淑貞	1912
Mrs. (O. W.) Beckon	聶司淑貞	1918	A. R. Bergling	山如仁	1892
E. Richard Beckman	白錦榮	1891	Mrs. (A. R.) Bergling		1893
Mrs (E. R.) Beckman		1919	C. S. M. Bergling	山忠孝	1925/

教士英文原名	中文名／生卒年	來華年
R. M. Bergling	山忠信	1922
Mrs. (R. M.) Bergling	山路秀琳	1922
G. E. Bergman	伯思滿	1924
Mrs. (G. E.) Bergman		1924
K. G. B. Bergman	白日滿	1913
Mrs. (K. G. B.) Bergman	白林愛英	1919
C. J. Bergquist	裴立德	1916
Mrs. (C. J.) Bergquist	裴路德華	1928
Mrs. S. Bergström	孫	1891
M. Beschnidt @	貝士尼	1893
Charles Best	貝寶善	1892
Mrs. (C.) Best	貝韋志善	1909
G. E. Betts		1892
D. Beugler @	步之美	1917
A. Beutal	貝	1898
Mrs. J. A. Beutel	貝喀略匯	1904
K. G. Bevan	貝益芬	1925
Mrs. (K. G.) Bevan	貝巴翠英	1925
Edward G. Bevis	畢斐然	1897
E. Bewes @		不詳
W. T. Beynon	（？～1900）	1885
Mrs. (W. T.) Beynon	（？～1900）	1887
Dorothy Jean Bidlake@	貝素珍 (1899～1929)	不詳
M. Biggam @	貝珍英	1905
A. Biggs		1896
T. A. Binks	畢克施	1925
Mrs. (T. A.) Binks	畢義秀英	1925
Federick Bird	裴光華	1902
C. Howard Bird	柏永森	1897
Mrs. C. H. Bird	柏永森師母	1910

教士英文原名	中文名／生卒年	來華年
J. E. Bjorkbuam		1892
E. Björklund @		1896
Emily Black @	鄔（？～1914）	1884
J. Black @	鄔珍*	1883
Mary Black @	鄔瑪麗	1884
Sarah M. Black @		1889
M. W. Blacklaws @		1898
L. Blackmore @	鄔保恩	1897
A. E. Blair @	賴福田	1925
A. Bland	艾	1887
Mrs. (A.) Bland		1897
M. J. Bland @		1888
F. Bläsner	晶曜庭	1896
Mrs. Bläsner		1899
Emily Blatchley @	白愛妹 (1845～1874)	1866
S. Blithing		1898
C. F. Blom	羅冠民	1892
Mrs. (C. F.) Blom		1905
Hulma Blomberg @		1892
Robert E. Blomdahl	（？～1928）	1922
E. F. Blomqvist @	步成詩	1920
W. G. Bobby	浦源深	1892
Mrs. (W. G.) Bobby		1893
H. M. Bond @	鮑覺虔	1917
A. M. Booth @	普美眞	1921
G. H. Booth	普照恩	1917
Mrs. (G. H.) Booth		1918
M. E. Booth @		1890
Rudolf Alfred Bosshardt	蒲巳	1922
Mrs. (R.A.) Bosshardt	蒲蓋萬英	1921
Mark E. Botham	濮 (教士)	不詳

教士英文原名	中文名／生卒年	來華年	教士英文原名	中文名／生卒年	來華年
Mrs. M. E. Botham	濮童寶珍	1913	R. G. Broman @		1890
Olive M. Botham @	濮美瑛	1923	C. Bromby	裴慕仁	1909
Thomas Earlum S. Botham	濮 (?～1898)	1885	Mrs. (C.) Bromby		1908
Mrs. (T. E. S.) Botham	(?～1909)	1884	J. P. Brook @	步文英	1906
(原名 Ms. Ella A. Barclay)			G. Brooks	步成章	1922
H. L. Bourne	鮑秉公	1910	A. Gertrnde Broomhall @	海幗德	1884
Mrs. (H. L.) Bourne		1911		(1861～1944)	
Mary Bowyer @	包瑪莉*	1866	Albert Hudson Broomhall	海國祿	1884
(後爲 Mrs. F. W. Baller) (1843～1909)				(1862～1934)	
F. Box @		不詳	Mrs. (A. H.) Broomhall	(1864～1953)	1887
M. Box @		1891	(原名 Ms. Alice A. Miles)		
R. A. F. Box @		1890	Benjamin Charles	海文啓	約 1903
E. Boyd @	包愛妮*	1878	Broomhall	(1875～1961)	
Fanny Boyd @	包芬妮*	1878	Mrs. (B. C.) Broomhall	海艾梅瑞	1905
	(?～1890)		(原名 Ms. Marion Aldwinckle)		
A. O. Bradbury @		1891		(1882～1952)	
Ellen Bradfield @	包愛玲*	1888	E. M. Broomhall @	海寬厚	1924
J. Branscombe		不詳		(1895～1984)	
J. K. Brauchli	(?～1906)	不詳	Edith E. Broomhall @	海懿德	1888
R. A. Brehm	柏如林	1924	(後爲 Mrs. Gilbert Ritchie) (1867～1973)		
Dr. Brereton	希瑞登*	不詳	Marshall Broomhall	海恩波	1890
Emil Breton	湯培生	1906		(1866～1937)	
Mrs. (E.) Breton		1909	Mrs. (M.) Broomhall @	海柯玉英	1894
A. H. Bridge		1888	(原名 Ms. Florence Corderoy) (1871～1957)		
L. F. Bridge @		1895	Mary Gertrude Broomhall @	海寬愛	不詳
W. F. Hodge Briscoe	柏秀榮	1904		(1894～1962)	
Mrs. (W. F. H.) Briscoe		1919	I. F. Broumpton		1886
F. M. Britton @	布麗登*	1887	Mrs. (I. F.) Broumpton		1886
G. Brock	博*	不詳	James F. Broumton	巴子成	1875
John Brock	博春臣	1887	Mrs. (J. F.) Broumton	(?～1902)	1879
Mrs. (J.) Brock		1916	(原爲 Mrs. William McCarthy)		

教士英文原名	中文名／生卒年	來華年
G. Gordon Brown		1886
George G. Brown	任重	1886
Mrs. (G.) Brown		不詳
M. C. Brown @	任瑞芳	1898
M. Graham Brown @		1888
Nellie Brown @		1891
Richard Brown	（？～1914）	1895
E. A. Brownlee	李道田	1909
Mrs. (E. A.) Brownlee		1909
Alexander Bruce	（？～1894）	不詳
James R. Bruce	布雅耳*	1896
	（？～1902）	
P. A. Bruce	步如旭	1911
Mrs. (P. A.) Bruce		1912
Miss Brunschweiler @		1897
Jessie Buchan		1889
C. H. Budd	包德*	不詳
C. Budde @	卜德	1914
W. M. Bunn @	貝德恩	1922
C. A. Bunting	李思忠	1899
Mrs. (C. A.) Bunting		1895
F. Burden		1890
Mrs. (F.) Burden		不詳
E. A. E. Burén @	濮碧霞	1894
O. Burgess	車步雲	1890
Mrs. (O.) Burgess		1895
G. Bürklin	林立德	1926
Mrs. (G.) Bürklin	林凌恩典	1925
E. F. Burn @	柏貴珍	1900
William E. Burnett		1883
Mrs. (W. E.) Burnett		1881

教士英文原名	中文名／生卒年	來華年
Mrs. J. E. Burroughes		不詳
H. C. Burrows	（？～1905）	1892
M. J. Burt @		1890
E. Burton @		1895
Elizabeth Burton @	布伊貝*	1898
	（？～1900）	
M. Bush @		1897
E. B. Bushy @	奚濟生	1919
R. Buss	蒲施義	1925
Elizabeth Butland @		1883
I. M. Burroughs @		1887
Maria Byron	布瑪利亞*	1884
Alice Mildred Cable @	蓋群英	1902
	（1877～1952）	
E. Cajander @	康月娥	1898
	（？～1930）	
George Cameron	柯喬治*	不詳
James Cameron	賈美仁	1875
	（1845～1891）	
Mrs. (J.) Cameron		1891
M. T. Cameron @	賈裁詩	1920
W. M. Cameron		1892
D. M. Campbell	甘貝立	1926
T. Cook	顧明德	1909
Mrs. (T.) Cook		1910
F. E. Campbell @		1888
L. M. Cane @		1898
Ford L. Canfield	康富德	1918
Mrs. (F. L.) Canfield	康婁道深	1918
Miss Cannon @		1892
B. Cardiner @		1888

教士英文原名	中文名／生卒年	來華年	教士英文原名	中文名／生卒年	來華年
J. E. Cardwell	高學海	1867	Mrs. (J.) Cerny	程淑氏	1912
Mrs. (J. E.) Cardwell		1868	H. J. Chalkley	李約翰	1919
Oscar Carlen	賈麟	1902	Mrs. (H. J.) Chalkley	李史道純	1915
Mrs. (O.) Carlen		1904	I. Chalmers @		1891
E. Carleson @	嘉禮遜	1916	E. Chapman @		1897
Nathanael Carleson	卡*	1890	L. Chapman @		1891
	(？～1900)		Miss Cheney @		1884
Mrs. (N.) Carleson		不詳	A. Christensen @	葛德存	1915
L. Carley @		不詳	N. J. Christensen	柯	1921
Selma Carlos @	(？～1891)	不詳	Mrs. (N. J.) Christensen		1921
Christina Carlson @		1891	E. J. Churcher @		1897
Helga Carlson @		1891	A. H. L. Clarke @	花若蘭	1916
G. A. Carlson	(？～1898)	不詳	C. P. Clark @	卡西*	1886
N. Carlson		不詳		(？～1893)	
Mrs. Sven Carlsson	克而順	1915	E. E. Clark		1889
S. L. Carlyle @	革	1889	George W. Clarke	花國香	1875
Selina Carpenter @	卡斯達*	1883	Mrs. Fanny Clarke	(？～1883)	不詳
Sidney Herbet Carr, M. D.	柯維財	不詳	Mildred E. Clarke	柯密德*	1893
	(1872～1914)			(？～1900)	
John Cecil Carr, M. D.	柯維忠	不詳	Samuel R. Clarke	陳	1878
	(1877～1922)		Mrs. (S. R.) Clarke		1878
M. E. Carsley @		1896	（原名 Ms. A. L. Fausset）		
C. Carwardine	賈韞玉	1897	J. L. Classon	蓋錫順	1904
William Wharton Cassels	蓋士利或蓋偉良	1885	Mrs. (J. L.) Classon	蓋林道英	1911
	(1858～1925)		S. E. Claussen @	柯秀清	1922
Mrs. (W. W.) Cassels		1886	Howard S. Cliff	柯盡忠	1921
（原名 Ms. M. L. Legge）(？～1925)			Mrs. (H. S.) Cliff	柯海寬愛	1921
J. Harold Casto	張師道	1926	T. A. P. Clinton	甯德恩	不詳
Mrs. (J. H.) Casto		1926	Mrs. T. A. P. Clinton	甯鮑秀貞	1901
J. Cerny	程爾儀	1913	E. S. Clough		1891
			D. B. Cobb @	顧文英	1921

教士英文原名	中文名／生卒年	來華年
Lillian Cobb @		不詳
F. Cole @	柯貴英	1894
Miss Coleman @		1891
F. L. Collins @	柯彩蓮	1894
Harry S. Conway	孔好義	1894
Mrs. (H. S.) Conway	（？～1903）	1898
Allyn B. Cooke	楊思慧	1918
	（1896～1990）	
Mrs. (A. B.) Cooke		1918
K. E. Cooke @	顧寶恩	1904
Ernest J. Cooper	顧純修	1889
Mrs. (E. J.) Cooper		1902
William Cooper	顧正道	1881
	（？～1900）	
Mrs. Margaret Cooper	（？～1900）	1888
A. Copp	柯普安*	1878
Mrs. (A.) Copp		約1878
Mrs. (H.) Corden		1867
J. G. Cormack	郭馬可*	1890
Mrs. (J. G.) Cormack		不詳
Harry Costerus	賈合理	1914
Mrs. (H.) Costerus		1923
John J. Coulthard	郭豁達	1879
	（1859～1956）	
Mrs. M. Coulthard	郭戴存愛	1884
（原名 Ms. Maria Hudson Taylor）		
	（1867～1897）	
M. C. Cowan @		1891
L. C. Cowley @		1889
George A. Cox	計安全	1888
Mrs. (G. A.) Cox	計谷恩林	1924

教士英文原名	中文名／生卒年	來華年
W. J. Coxon @		1898
I. A. Craig @	陳安春	1902
M. I. Craig @	蓋美蓮	1913
S. Cream @		1893
Robina L. Crewdson @	古樂娜*	1888
Anne Crickmay@	（1876～1882）	約1881
（後爲 Mrs. J. J. Turner）		
D. W. Crofts	雍保眞	1895
Mrs. Crofts	（？～1909）	1907
George Crombie	江朗筆	1865
Mrs. A. S. Crombie	施金娜*	1865
（原名 Ms. Anne Skinner）		
Miss Crossthwaite @		1889
M. S. Cruickshanks @	羅光美	1911
E. J. Crystall @	陶愛得	1908
Emma Culverwell @	谷	1887
F. H. Culverwell @	谷桂馥	1889
L. Cundall @		1890
J. O. Curnow		1887
Mrs. (J.O.) Curnow		1888
Henry Corden	柯亨力*	1867
R. Cunningham	顧華福	1907
Mrs. (R.) Cunningham	顧德文理	1909
Mrs. H. H. Curtis	蓋	1902
L. Cusden @	谷恩林	1924
J. Dalziel	戴慈友*	1878
Mrs. (J.) Dalziel		1878
F. L. Danielson @	德淑貞	1921
E. M. Darby @	戴錦雲	1924
J. Darking @		1893
Jane Darrington @	（？～1892）	不詳

教士英文原名	中文名／生卒年	來華年	教士英文原名	中文名／生卒年	來華年
John Darroch		1877	Henry Dick	狄亨力*	1883
Mrs. (J.) Darroch		1889	A. Dickenson @		1895
M. Darroch @	竇瓊延	1898	V. Dickenson @		不詳
G. C. Davey @	戴文遠	1909	Frank Dickie	瞿勝鵬	1889
W. J. Davey		1892	Mrs. (F.) Dickie	（？～1895）	1891
J. E. Davies @	戴蕙思*	1892	J. R. Dickson	德克森	1915
	（？～1895）		E. Dives @	杜子安	1909
B. M. Davidge @		1897	Ivy M. Dix @	丁崇德	1926
Miss Davis @		1892	R. Dix @	丁執甫	1920
A. A. Davis @		1898	Edith J. Dobson @	竇愛迪*	1894
C. F. E. Davis		1892		（？～1900）	
Mrs. (C. F. E.) Davis		不詳	G. F. C. Dobson		1896
E. J. Davis	戴維思	1923	F. E. Doggett @		1889
Mrs. (E. J.) Davis	戴施美蘭	1923	Miss Doig @		1875
Jane Davis @		1896	George Domay	竇錫恩	1896
Y. E. Dawson @	（？～1888）	1888	J. S. Donald	竇拿*	1889
I. E. A. Day @	戴思榮	1925	J. P. Donovan	竇傑*	1873
L. M. Day @	戴崇仁	1926	J. K. Dörr	杜學忠	1926
S. B. Deake		不詳	Adam C. Dorward	（？～1888）	1878
Mrs. (S. B.) Deake		不詳	J. K. Douglas		1885
P. M. Deck @	德文蘭	1910	Arthur William Douthwaite	陶士偉	1874
G. T. Denham	陳進修	1909		（？～1899）	
Mrs. (G. T.) Denham		1921	Mrs. (A. W.) Douthwaite	（？～1896）	1890
C. C. J. Denninghoff	戴保榮	1909	（原名 Ms. E. Doig）		
Louise Desgraz @	夏安心	1866	Adam C. Doward	陶鄂*	不詳
（或狄樂義；後爲 Mrs. E. Tomalin）			F. Dowman @		1883
	（？～1907）		G. F. Draffin	杜克春	1903
Josephine E. Desmond @	狄瑟芬*	1898	Mrs. (G. F.) Draffin		1912
	（1867～1900）		E. Drake @	藍璧英	1894
A. S. Devenish		1890	S. B. Drake	崔可*	1879
F. M. Dibley @	李恩榮	1912	W. Dreier	德宜邁	1921

教士英文原名	中文名／生卒年	來華年
Mrs. (W.) Dreier		1924
Frederick C. H. Dreyer	丁良才	1895
Mrs. (F. C. H.) Dreyer		1896
J. F. Drysdale		1887
D. I. Dudrow	饒馮光	1926
George H. Duff		1888
Mrs. (G. H.) Duff		1888
James E. Duff		1890
Mrs. (J. E.) Duff	不詳	
A. Duffy	屠	1888
Mrs. (A.) Duffy		1890
James A. Dunachie	鄧賴思	1924
	(1901～1957)	
Mrs. (J. A.) Dunachie	鄧芮文濤	1923
(原名 Ms. Anna Ritchie) (1898～1995)		
George Duncan	童跟福	1866
	(1844～1873)	
Mrs. (G.) Duncan	(？～1876)	1868
(原名 Ms. Catherine Brown)		
J. N. Duncan	董德福	1924
Henrietta. M. Duncan @	鄧傳喜	1905
Miss Annie F. Dunn @	(？～1890)	1889
E. Dunsdon @		1896
L. Dunsdon @		1893
Francis (Frank) John S. Dymond	邰慕廉	1887
Mrs. (F. J. S.) Dymond	不詳	
Arthur Eason	易亞得*	1880
Mrs. (A.) Eason	不詳	
Arthur E. Easton	不詳	
Mrs. (A.) Easton	不詳	

教士英文原名	中文名／生卒年	來華年
George F. Easton	義士敦	1875
Mrs. (G. F.) Easton		1881
(原名 Ms. Caroline Gardner)		
S. Eaton	易得恩	1916
Mrs. (S.) Eaton		1916
J. H. Edgar	葉長青	1898
E. V. Edlund @	勞國柱	1911
C. G. Edwards	艾文師	1926
Ebenezer Henry Edwards, M. D.	葉守眞	1882
Mrs. (E. H.) Edwards		1882
(原名 Ms. Florence Kemp)		
M. A. Edwards @	魏寶榮	1904
J. J. P. Egerton		1889
Mrs. P. E. Ehn	應亞拿	1905
F. P. Eitel	安德	1923
Mrs. (F. P.) Eitel	安李月娥	1923
Emma Ek @		1891
K. H. Ekblad	栩樹葉	1913
Mrs. (K. H.) Ekblad		1923
J. A. Eklund	怡格圖	1921
Mrs. (J. A.) Eklund		1929
Annie Eldred @	艾安妮*	1898
	(1871～1900)	
A. M. Elieson @	益樂貞	1923
Clara Ellis @		1887
F. Ellis @		1887
L. K. Ellis		1887
W. L. Elliston	艾禮唐*	1879
	(？～1888)	
Mrs. (W. L.) Elliston	(？～1893)	1882

教士英文原名	中文名／生卒年	來華年	教士英文原名	中文名／生卒年	來華年
W. Elmslie		1892	A. H. Faers	扶學富	1887
Miss Elofson	不詳		Mrs. (A. H.) Faers		1895
G. Eltham @	德福田	1908	Maude Fairbank @	費瑪*	1890
William J. Embery	安選三	1901	Charles Fairclough	富裕生	1898
Mrs. (W. J.) Embery		1904	Mrs. (C.) Fairclough		1898
G. Emblen @	林馮貞	1926	E. Fairey @		1891
Ida Jean Emerick @	不詳		J. Falls		1897
W. Emslie	（？～1915）	1892	E. J. Farrent	（？～1902）	1897
Mrs. (W.) Emslie		1896	F. T. Faucer		1885
A. N. Engbäck	伊保安	1920	Jane (or Jennie) E. Faulding @	福（珍妮）（1843～1904）	1866
Mrs. (A. N.) Engbäck		1921	（後爲第二任戴德生師母）		
N. I. Engegretsen	楊柏森	1915	H. Faulds @		1898
Mrs. (N. I.) Engebretsen	楊蓋德培	1915	Miss Fausset @	傅斯德*	1878
W. Englund	義恩稱	1903	J. Faussett @		1886
Mrs. (W.) Englund	義詹天安	1922	C. Fawson		1897
S. Engström @		1897	Henry S. Ferguson	伏格思（1869～1932）	1895
Justina Engvall @	應居拿*（？～1900）	1899	Mrs. (H. S.) Ferguson	（？～1912）	1906
W. E. Entwistle		1891	A. K. Ferriman @	范麗曼*	1887
Anna Erickson @	愛栗森	1892	John S. Fiddler	費德烈	1896
Mrs. Erikson	艾克蓀*	1886	Mrs. (J. S.) Fiddler		1899
A. M. Esam @	易艾美*	1889	（原名 Ms. Matilda E. Way）		
A. E. Evans	易心傳	1890	J. Finlayson		不詳
Mrs. (A. E.) Evans		1895	Elizabeth Fischbacher @	巴若蘭	1922
R. L. Evans		1896	Edward S. Fish, M. D.	費濟華	1911
Mrs. (R. L.) Evans	不詳		Mrs. (E. S.) Fish	費魏德仁	1921
C. A. Ewbank		1888	Charles Thomas Fishe	魚	1869
Archibald Ewing		1887	Mrs. (C. T.) Fishe	（？～1897）	1894
F. Eynon @	伊寶珍	1915	Edward Fishe	費愛德*（？～1877）	1868
Thomas Eyres		1888			
Mrs. (T.) Eyres	（？～1891）	不詳			

教士英文原名	中文名／生卒年	來華年
Mrs. (E.) Fishe		1868
Mabel Fishe		1895
Miles Fishe		1895
H. E. Fisher	夏友伯	1926
C. Fitzsimons @		1888
Francis Julius Fitzwilliam	李崇德	1926
	(1902～1940)	
Mrs. (F. J.) Fitzwilliam		1926
Herbert W. Flagg	范善慶	1916
	(1889～？)	
Mrs. (H. W.) Flagg		1914
C. A. Fleischmann	費宗銘	1902
Mrs.(C.A.) Fleischmann		1914
C. W. Fleming		1895
K. Fleming @		1891
William Small Fleming	明鑑光	1895
	(1867～1898)	
E. A. Flinkman @	林滿英	1912
B. L. Flodberg @	傅祿寶	1926
J. E. Fogelklow @		1897
Erik Folke	符勵愷	1887
Mrs. (E.) Folke		1888
Henry T. Ford	法明律	1892
Mrs. (H. T.) Ford		1893
R. M. Ford @	符錦福	1908
A. M. Forstmeier @	梅樹滋	1925
L. M. Forth @		1887
Emily Fosbery @		1884
A. J. Foster @		1890
E. Foucar		不詳
F. T. Foucar		1885
Henry E. Foucar	富道德	1891

教士英文原名	中文名／生卒年	來華年
Mrs. (H. E.) Foucar		1888
F. I. Fowle @		1890
F. J. Fowle @	巷	1890
Miss Fowles@		1884
C. Frandsen @		1892
A. H. Franke	范仁克	1904
Mrs. (A. H.) Franke		1906
G. A. Franzen	富潤心	1920
James O. Fraser	富能仁	1908
	(1886～1938)	
Mrs. (J. O.) Fraser	富郃氏	1928
（原名 Ms. Roxie M. Dymond)		
G. S. Fredberg	柏	1904
Mrs. (G. S.) Fredberg		1915
K. Fredriksen @	宋麗珍	1912
N. L. Fredriksson @	愛華珍	1911
E. A. Frelander @	法蘭得	1925
Evangeline F. French@	馮貴珠	1893
	(1871～1961)	
Mr. F. French	譚*	不詳
Francesca L. French@	馮貴石	1909
	(1873～1961)	
M. Friedersdorf @	安靜峙	1922
E. Fröhlich		1896
E. S. Fröhlich @	扶而立	1926
N. Fugl	富桂蘭	1910
O. L. Fuhrmann	周文霖	1926
H. W. Funnell	傅道民	1912
Mrs. (H. W.) Funnell	傅杜氏	1918
D. Fursdon @	富錦文	1924
E. Fysh @		1890

教士英文原名	中文名／生卒年	來華年	教士英文原名	中文名／生卒年	來華年
E. K. M. Gaedke @	杜恩浩	1925	Mrs. (R.) Gillies		1897
C. S. Gambell @		1893	William T. Gilmer		1891
J. Gardiner	賈執中	1907	A. B. Gjelseth	吉	1904
Mrs. (J.) Gardiner		1907	Mrs. (A. B.) Gjelseth		1894
J. D. Gardiner @		1888	S. S. Gjerde		1890
R. Gardiner @		1891	S. Glanville	甘蘭輝	1904
（後爲第三任 Mrs. George Clarke）			Mrs. (S.) Glanville		1905
Annie Garland @	賈蘭珍 (1861～1929)	1891	R. H. Glazier	雷希耀	1926
			Mrs. (R. H.) Glazier	雷陸崇善	1925
Susie J. Garland @	賈素珍 (1870～1930)	1891	C. J. Glittenberg	柏康爾	1923
			Mrs. (C. J.) Glittenberg	柏亞拿	1923
F. Gasser	賈道隆	1907	Archibald E. Glover	蓋洛窪 (1861～1954)	1897
Mrs. (F.) Gasser		1910			
William Gassick		1881	Mrs. Flora Constance Glover	蓋戈羅亞* (？～1900)	1897
Caroline K. Gates @	姜玉眞	1887			
S. Frida Gaul @	包寬敬	1910	Robert Hall Glover, M. D.	高樂弼	不詳
Elsie Gauntlett @	古 (1871～1942)	1896	M. C. Goddard @	富錦章	1924
			J. R. Gold		1897
O. Gaurdiola		1896	S. J. Golder	鄧愛光	1924
N. E. Gemmell @	賈溫柔	1919	Mrs. (S. J.) Golder		1924
H. L. Georg	趙安懷	1907	E. Gomersal @	孔寶書	1926
Mrs. (H. L.) Georg		1908	T. W. M. Goodall	居道揚	1890
N. K. Getgood @	蓋美榮	1925	Mrs. (T. W. M.) Goodall		1887
George W. Gibb	唐進賢 (1869～1940)	1894	Caroline Sarah Goodman @	顧曼*	約1882
			（後爲 Mrs. William Wilson）		
Mrs. (G. W.) Gibb		1892	A. Goold		1891
Agnes Gibson @		1884	M. Goold @		1891
Douglas M. Gibson	吉培生	1914	R. T. W. Gornitzka	郭道揚	1908
Mrs. (D. M.) Gibson		1915	Mrs. (R. T. W.) Gornitzka		1912
W. H. Gill		1885	H. A. Gough @	葛慕貞	1902
Alice Gillham @		1889	J. J. Goulthard		1887
R. Gillies	吉長慶	1898			

教士英文原名	中文名／生卒年	來華年
G. Gowar @	高恩海	1912
A. M. M. Gower		1891
Carl Grant Gowman	高漫	1911
	(1886～1930)	
Mrs. (C. G.) Gowman		1911
E. A. Grabham @		1889
Archibald Gracie	蓋思明	1887
Mrs. (A.) Gracie		1887
John Graham	安平治	1890
Mrs. (J.) Graham		1908
M. Graham @		1888
Adam Grainger	鍾秀之	1889
Mrs. (A.) Grainger		1890
Miss Grann @	葛*	1888
E. G. Grant @	賈宏	1912
A. Graric		1889
A. V. Gray		1897
Isabella Gray @		1893
Richard Gray		1885
Mrs. Gray-Owen		1883
C. H. S. Green	青季連	1891
Mrs. (C. H. S.) Green		1891
Jessie G. Gregg @	賈貴安	1895
	(1871～1942)	
Robert Grierson	朱	1885
Mrs. (R.) Grierson		1889
Edna B. Griffith	紀桂年	1909
H. M. Griffin	紀律芬	1922
Mrs. (H. M.) Griffin		1922
M. L. Griffith	紀正綱	1889
Mrs. (M. L.) Griffith		1895
A. A. Grint		1895

教士英文原名	中文名／生卒年	來華年
W. A. Grist		1896
J. O. Grohmann	洪	1903
Mrs. (J. O.) Grohmann		1909
A. L. Groom @		1882
Frederick Groombridge	顧飛*	1873
H. A. Grouland		1898
Miss Groves @		1887
William Grundy		1895
Marie Guex @	蓋	1889
George Whitfield Guinness, M. D.	金純仁 (1869～1927)	1897
Mrs. (G. W.) Guinness		1900
Harry Guinness	金克己	不詳
Mary Geraldine Guinness @ (後為 Mrs. F. Howard Taylor)	金樂婷 (1862～1949)	1888
Olof Gullbrandson		1891
F. W. K. Gulston		1885
Mrs. (F. W. K.) Gulston		1882
A. Gustafsson @	宋豔鄉	1903
E. H. Gustafson		1898
Emma Gustafson @		1891
F. R. Gustafson		1892
K. O. Gustafsson	估大昇	1919
Mrs. (K. O.) Gustafsson	估德淑貞	1919
O. E. M. Gustafsson @	葛綺美	1923
Euphenice Guthrie @	葛	1897
A. Haacks @		1897
William Hagquist	哈殿臣	1891
Mrs. (W.) Hagquist		1899
A. F. Hahane	罕納福	1890
Mrs. (A. F.) Hahne		1893

教士英文原名	中文名／生卒年	來華年	教士英文原名	中文名／生卒年	來華年
G. L. Haight		1896	M. Harrison	哈力生*	1885
E. Hainage @		1887	Thomas P. Harvey	郝多馬*	1869
James C. Hall	賀若賢	1889	M. E. Haslam @	韓志安	1908
Mrs. (J. C.) Hall		1898	A. Hastings @		1891
E. E. Hall @		1896	F. S. Hatton	赫得祿	1924
E. G. Hallin	韓倫	1908	Mrs. (F. S.) Hatton	赫楊寬仁	1922
Mrs. (E. G.) Hallin		1921	Miss Hattrem @	郝瑞玟*	1890
F. Hallin @	林	1889	R. Hattrem @	韓	1890
R. S. Hamilton	赫慕恩	1925	E. Haug	何以諾	1920
Mrs. (R. S.) Hamilton	赫穆玉英	1925	Mrs. (E.) Haug	何施寶訓	1920
Verna Hammeren @		1893	C. Haus berg@		1896
E. Hanbury @		1888	D. Wright Hay @	魏重生	1920
M. E. Handen @		1898	A. Hayman	成邦慶	1913
W. J. Hanna	韓純中	1902	Mrs. (A.) Hayman	成周恩秀	1922
Mrs. (W. J.) Hanna		1923	F. Haynes @		1891
C. B. Hannah	韓士傑	1899	H. D. Hayward	海萬德	1925
Mrs. (C. B.) Hannah		1905	Mrs. (H. D.) Hayward		1925
Douglas A. Harding @	丁秉衡	1897	J. N. Hayward	懷馬*	1889
Mrs. (D. A. G.) Harding	丁慈	1898	Mrs. (J. N.) Hayward		1889
D. J. Harding		1895	James A. Heal	郝雅姆*	1885
M. Hardman	任鳴謙	1889	Mrs. (J. A.) Heal	郝卡瑪達*	1883
Mrs. (M.) Hardman		1887	Eliza Mary Heaysman @	郜伊莎* (1874～1900)	1897
G. E. Harlberg		1896			
E. B. Harman @	韓文廣	1910	A. A. H. Hedengren @	席愛仁 (？～1930)	1909
G. K. Harris	海春深 (1887～1962)	1916			
			Lina M. Hedlund @	海妮拉* (？～1900)	1894
Mrs. (G. K.) Harris	海施海安	1917			
R. F. Harris	海麗師	1912	D. Heierle @	海貞利	1925
Mrs. (R. F.) Harris	海德恩惠	1919	E. F. Heiss @	海永清	1910
Miss Harrison @		1891	Mrs. H. J. Helgesen	海道泉	1910
J. D. Harrison	李德富	1926	H. G. Henderson @	衡文智	1923
Mrs. (J. D.) Harrison	李顧榮瑞	1926			

教士英文原名	中文名／生卒年	來華年
Peder E. Hendriksen		1891
A. Henry @		1891
Walter T. Herbert	海哲士	1898
Mrs. (W. T.) Herbert		1898
K. F. Herr	海得恩	1924
Mrs. (K. F.) Herr	海本況	1921
M. E. G. Heusner @	韓美德	1926
H. J. Hewitt		1895
L. E. Hibberd @		1886
C. E. Hicks		1896
Edith Higgs @		1897
Eugenie Hilbold @		1891
R. Hildenbrand	西德邦	1924
Mrs. (R.) Hildenbrand		1924
A. I. Hill @	韓翠蘋	1917
Mrs. K. R. I. Hill	吉	1893
M. O. Hjärtström	夏得勝	1919
Mrs. (M. O.) Hjärtström	夏恩立生	1919
William H. Hockman	和復理	1915
Mrs. (W. H.) Hockman		1915
A. Hoddle		1887
E. M. Hodme @		1887
A. Hofstrand		1892
R. Hogben	何清源	1909
Mrs. (R.) Hogben	何德愛德	1915
Alfred Hogg, M. D.	雷序福	不詳
Mrs. (A.) Hogg		不詳
Charles F. Hogg	賀查理*	1884
Mrs. (C. F.) Hogg		1883
Mrs. J. D. Höglander	賀賴德	1902
Hegvig Hoglund @		1892
S. Hogstad @		1891

教士英文原名	中文名／生卒年	來華年
J. E. Hoivaag	安得生	1919
Mrs. (J. E.) Hoivaag		1918
Inger Höl @	何英格	1890
P. Holé	胡心德	1907
Mrs (P.) Holé		1918
T. J. Hollander		1892
O. Hollenweger	何倫衛	1907
Mrs. Hollenweger	何愛倍爾	1910
E. Maude Holme @	何寶蓮	1887
Sverre Holth	霍砍	1925
Mrs. (S.) Holth		1921
A. H. Höök @		1887
H. V. Höök @	鷹素貞	1922
W. C. Hooken		1892
Emily K. Hooper @	胡秉道	1913
E. G. Hoover @	胡德恩	1924
E. G. Horn @		1898
C. Horne @	何麗*	1876
William S. Horne	和	1888
J. A. Hornsby @		1892
Charles Horobin	何 (？～1896)	1884
Mrs. (C.) Horobin		1888
Miss Horsburgh @		1889
Jessie F. Hoskyn @	(？～1909)	1890
Dixon Edward Hoste	何斯德 (1861～1946)	1885
Mrs. (D. E.) Hoste	何海幗德	1884
(原名 Ms. A. Gertrude Broomhall)		
Frank Houghton	華福蘭 (1894～1972)	1920
Mrs. (F.) Houghton	華蓋臻榮	1918

教士英文原名	中文名／生卒年	來華年
S. Houghton	華登禮	1926
Mrs. Houghton	華貝樂道	1929
Miss Howe @		1896
G. T. Howell		1892
R. W. Howes	何恩施	1925
Mrs. (R. W.) Howes	何范恩洪	1925
Stanley Hoyte	候文輔	1913
Mrs. (S.) Hoyte		1923
L. E. Hubbard @		1886
Miss Huberty @	修*	1876
K. Hughes @	胡*	1876
E. Hughesdon		1884
Augusta Hulander @		1892
J. S. Hulse	司樂恩	1924
Mrs. (J. S.) Hulse	司蘭桂芳	1925
A. M. L. Hultkrantz @	康若蘭	1907
J. M. Hultqvist @	胡淑媛	1916
J. M. Hundere @	（？～1902）	不詳
William J. Hunnex	胡惠廉*	1879
A. Hunt @	衛錦蘭	1893
Carolin Hunt @		1895
E. Hunt @		1897
Edward Hunt	衡	1889
Mrs. (E.) Hunt		1890
Henry W. Hunt	韓世箴	1879
Mrs. (H. W.) Hunt	（？～1899）	1878
W. H. Hunt	衛惠區*	不詳
Mrs. (W. H.) Hunt		1878
George Hunter	韓(？～1900)	1890
Mrs. (G.) Hunter		1890
George W. Hunter	胡進潔 (1861～1946)	1889

教士英文原名	中文名／生卒年	來華年
Albert H. Huntley		1887
Mrs. (A. H.) Huntley		1888
George A. Huntley	衡得力*	1889
Mrs. (G. A.) Huntley		不詳
Emma Georgiana Hurn @	賀愛瑪* (1868～1900)	1898
Mary E. Huston @	胡瑪莎* (1866～1900)	1895
G. R. Hutchinson	赫警笙	1922
Mrs. (G. R.) Hutchinson		1922
M. H. Hutton	胡致中	1911
Mrs. (M. H.) Hutton		1914
Thomas Hutton	胡雅各*	1884
Mrs. (T.) Hutton		1885
A. C. Hvidsteen	賈特生	1919
William Hyslop		1897
Charles S. I'Anson	孫務本 （？～1900）	1887
Mrs. Florence I'Anson	（？～1900）	1889
E. E. Ingman @	顏懿廉 （？～1930）	1903
H. I. Ingwardo	殷華多	1915
Mrs. (H. I.) Ingwardo		1915
Crace Irvin @	廉（？～1912）	1888
J. C. Jack @	楊寬良	1921
E. A. H. Jackson		1898
G. B. Jackson	孫克生	1920
Mrs. (G. B.) Jackson	孫懷錦玉	1924
Josiah A. Jackson	蔡文才 （？～1909）	1866
Mrs. (J. A.) Jackson	（？～1878）	1876

教士英文原名	中文名／生卒年	來華年
N. C. Jakobsen	楊銘新	1911
Mrs. (N. C.) Jakobsen		1911
A. S. Jakobson @		1886
Francis Huberty James	秀耀春* (1851～1900)	1876
Mrs. (F. H.) James		1876
Thomas James	錢（？～1915）	1885
Mrs. (T.) James		1882
C. A. Jamieson	陳國將	1911
Mrs. (C. A.) Jamieson		1910
C. S. Janson		1887
Anna Janzon @	楊潔如	1890
E. H. Jefferys		1895
Thomas Jenkins	（？～1886）	1885
W. Jenner	英晏玉	1922
Alfred Jennings	簡爲政	1897
Mrs. (A.) Jennings		1896
A. Jensen @	延思上	1903
C. J. Jensen	嚴至佑	1899
Mrs. (C. J.) Jensen	（？～1916）	1891
M. L. Jensen		1896
M. Jenssen	孫滿德	1918
A. M. Johansen @	岳奉箴	1897
H. Johanson @	羅寶珍	1891
J. A. Johanson		1896
A. H. Johannson @		1897
A. S. Johansson	郁翰才	1924
Mrs. (A. S.) Johansson		1926
Anna Johansson @	裘安蓀* (？～1900)	1898
J. N. Johansson		1919
Axel T. Johnson		1891
R. Edith A. Johnson	周永年	1920
Emil Johnson	嚴得生	1900
Emily M. Johnson @		1887
F. Johnson @		1898
Nels S. Johnson		1891
Thilda Johnson @		1891
I. L. Johnstone	江志登	1925
Mrs. (I. L.) Johnstone		1925
Miss Jones @	鍾*	不詳
E. C. Jones @	周恩祿	1912
Lewis Jones	周濟川	1892
Mrs. (L.) Jones		1893
S. E. Jones @	姚	1886
A. S. M. R. Jorgensen @	孫文華	1910
M. A. G. Jose @		1897
Francis S. Joyce	趙理明	1891
Mrs. (F. S.) Joyce		1894
Charles H. Judd, Sr.	祝家寧 (1842～1919)	1867
Edward Judd	賈愛德*	1868
Mrs. (Ed.) Judd		不詳
Edwin Judd		1890
Frederick H. Judd	祝康寧	1896
Mrs. (F. H.) Judd		1896
H. A. Judd @	祝*	1887
G. Juttka	郁德恩	1925
E. G. Kamphausen	安富德	1924
Mrs. (E. G) Kamphausen		1925
F. Kampmann	康滿	1897
Mrs. (F.) Kampmann		1897
M. Kannenberg @	葛能貞	1912

教士英文原名	中文名／生卒年	來華年
Gustaf Edward Karlberg	葛實獵* （？～1900）	1896
C. Karlman @		1891
Aug. Karlsson		1891
J. G. Kauderer	高有耀	1897
Mrs. (J. G.) Kauderer		1903
Duman Kay		1886
Duncan Kay	凱登肯* （？～1900）	1884
Mrs. Caroline Kay	（？～1900）	1890
L. J. Kay @	柯*	1890
F. A. Keller	葛蔭華	
Mrs. (F. A.) Keller		1898
E. G. Kendon @	金天恩	1912
E. Kentfield @	康斐德*	1888
M. E. Keränen @	任述賢	1915
E. Kerly @	任文明	1910
Miss Kerr @		1887
C. M. Kerr @		1890
E. M. Kerr @		1896
M. Kerr @		1882
William Key	葛偉廉*	1884
Mrs. (W.) Key	（？～1891）	1886
Jane Kidd @ （後為 Mrs. J. H. Riley）	紀德*	1879
D. Kilen	齊德	1911
Mrs. (D.) Kilen		1911
F. R. Kinahan @		1886
C. F. King	（？～1898）	不詳
Emily King @	（？～1881）	不詳
George King	金義來	1875

教士英文原名	中文名／生卒年	來華年
Mrs. (G.) King （原名 Ms. Herrietta Black）（？～1913）	金鄔貴貞	1883
George Edwin King, M. D.	金 （1887～1927）	1910
Mrs.（G. E.）King （原名 Ms. Ivy Ethel Wallis）（1888～？）	金文扶華	1912
Karl King		1891
Margaret King @	金寶恩 （1866～1931）	1896
N. E. King	廣正明	1895
Mrs. (N. E.) King		1896
Sarah Annie King @	金沙娜* （1870～1900）	1898
Thomas H. King		1884
Mrs. (T. H.) King		1888
Miss Kingsbury @	秦蓓	1880
F. Kirkwood @		1896
H. Klein	廉和清	1893
Mrs. (H.) Klein		1896
H. L. Klenert	任道明	1926
Ida Klint @		1891
E. F. Knickerboker		1893
Mrs. (E. F.) Knickerboker		1893
A. E. Knight @		1887
W. Percy Knight	賴*	1892
Mrs. (W. P.) Knight	賴斐懷德	1890
C. Knok @	羅裕讓	1912
R. P. Kocher @	孔文秀	1924
L. E. Kohler @	郭賚貞	1899
H. M. Kölkenbeck @		1889
A. Konzelmann @	孔榮光	1926

教士英文原名	中文名／生卒年	來華年
G. Krampf	傅守德	1924
Mrs. (G.) Krampf		1922
A. Kratzer @	蓋道宏	1910
K. E. Kreick @	艾寬仁	1921
G. F. A. Krienke	柏	1897
Mrs. (G. F. A.) Krienke		1899
John Becker Kuhn	楊志英	1926
	(1906～1966)	
Mrs. Isobel Kuhn	楊宓貴靈	1928
(原名 Ms. Isobel Miller) (1901～1957		
E. Kuhs @	施信義	1913
A. M. Kvarme @	米愛禮	1923
O. M. Lacey @	賴宏恩	1926
H. N. Lachlan	藍	1889
Mrs. (H. N.) Lachlan		1884
C. N. Lack	饒裕泰	1898
Mrs. (C. N.) Lack		1920
A. W. Lagerquist	勞	1890
Mrs. (A. W.) Lagerquist		1891
W. G. Lagerquist		1890
S. Lagerstan @		1898
B. H. Lajus @	賴恩彩	1905
B. C. Lambert	藍培德	1920
Mrs. (B. C.) Lambert	藍孫寶珍	1909
C. W. Lambert		1889
Miss A. Lancaster @	藍彩娥*	1880
(後爲第二任 Mrs. George Clarke)		
R. J. Landale	藍道爾*	不詳
R. E. Landgren		1898
M. A. Lane @		1889
Anna M. Lang @	郎成美	1890
(後爲第二任 Mrs. S. P. Smith)		

教士英文原名	中文名／生卒年	來華年
B. M. Lang @		1922
Alexander Langman	梁	1884
Mrs. (A.) Langman		1884
E. L. Larsen @	宋桂珍	1914
H. M. Larson @	樂美麗	1924
Oscar A. L. Larsson	那*	1898
	(？～1900)	
G. P. LaRue	劉谷深	1926
Mrs. (G. P.) LaRue		1926
W. Fyfe Laughton		1884
Mrs. (W. F.) Laughton		1885
M. R. Lawrence	羅任思	1921
D. Lawson	羅	1887
Mrs. (D.) Lawson		1888
James Lawson	駱 (？～1915)	1888
Mrs. (J.) Lawson		1889
Albert P. Laycock, M. D.	貝(醫生)	不詳
F. D. Learner	連福川	1911
Mrs. (F. D.) Learner		1910
Annie A. LeBrun @		1885
H. E. N. Ledgard	黎道宏	1909
Mrs. (H. E. N.) Ledgard	黎陶素仁	1914
C. A. Leffingwell @		1896
E. G. Legerton @		1890
Mary L. Legg @	李馬利*	1886
(後爲 Mrs. W. W. Cassels) (？～1925)		
Bessie Leggat @	李	1890
E. E. Lemmon @	孟思澤	1925
E. E. Lenell @	李安心	1920
Hilda E. Levermore @	李桂香	1910
A. B. Lewis	柳慶春	1904

教士英文原名	中文名／生卒年	來華年	教士英文原名	中文名／生卒年	來華年
Charles G. Lewis @		1895	E. M. Lucas @	盧可思*	1888
Mrs. (C. G.) Lewis		1896	O. C. Lucas @	陸蘭芬	1908
R. H. Lewis	（？～1902）	不詳	E. Lund		1888
William J. Lewis	盧偉廉*	1885	Jenny Lundell @	林正俐*	1899
Mrs. (W. J.) Lewis	（？～1896）	1886		（？～1900）	
H. E. Liebchen	李步青	1925	Anton P. Lundgren	林倫安*	1892
Mrs. (H. E.) Liebchen		1927		（1870～1900）	
Mrs. J. A. Lifbom	適李德貞	1911	Mrs. Elsa Lundgren	（？～1900）	1891
G. S. Limi @	李永福	1920	R. J. Lundgren @	林德竹	1920
K. M. L. Lindén	凌登	1916	E. J. M. Lundie @	陸增光	1919
L. H. E. Linder	胡林德	1894	H. Lundvall @	林	1894
Mrs. (L. H. E.) Linder	（？～1903）	1903	Albert A. Lutley	陸義全	1887
Hedrig Lindgren @		1891	F. I. Luton @	陸如蓮	1925
Dora Lindwall @		1891	Countess E. Lüttichau	呂培貞	1926
G. G. Lindholm @	林桂芳	1925	E. Maag	瑪克德	1903
C. Little @	李特珥	1886	Mrs. (E.) Magg		1904
E. S. Little	李一士*	不詳	C. C. MacDonald @	葛素珍	1898
Miss Little-John @	（？～1885）	不詳	M. MacDonald @		1898
Horace Liversidge	雷海明	1916	F. V. MacDowell @	陶恩深	1925
Mrs. (H.) Liversidge	雷鄧傳經	1913	Mrs. J. MacFarlane	米平祥	1891
M. Livingstone @		1898	J. William M. Macgregor	（？～1882）	1882
H. M. Ljungqvist	勇魁士	1920	C. S. MacIntyre @	馬裕田	1926
Fanny Lloyd @	雷鳴鳳	1892	Maggie Mackee @	麥瑪琪*	1887
Johanna Lloyd @		1890		（？～1889）	
W. T. Locke		1896	Mrs. Mackenzie		1889
A. O. Loosley	（？～1910）	1900	Katherine B. Mackintosh @	麥金苗*	1884
B. Loosley @	顧得民	1911	A. H. Maclean @	馬淑貞	1919
T. Mary Lorenson @		1890	A. K. Macpherson	麥斐參	1904
M. Lorsbach @	羅思博	1921	Mrs. (A. K.) Macpherson		1908
Richard H. Lowis	羅理明*	1899	M. Macpherson @		1898
	（？～1902）		Thomas Macoun		1889

教士英文原名	中文名／生卒年	來華年
A. H. Madsen @	孫恩宣	1926
Christin Madsen @		1891
S. Maguritwelxol @	蘇寬仁	1910
A. Mair	梅證光	1907
Mrs. (A.) Mair		1906
Miss Malin @		1888
Mariette Etta	馬瑞葉*	1895
Manchester @	(1871～1900)	
Ebenezer J. Mann	任守謙	1903
Mrs. (E. J.) Mann		1905
F. Manz	滿恩禮	1892
Mrs. (F.) Manz		1896
E. Marchbank @	馬	1889
K. H. Marchbank @		1892
J. Markwick	馬衛克*	1878
F. E. Marler @		1890
G. J. Marshall	馬 (?～1911)	1890
Mrs. (G. T.) Marshall	(?～1912)	1895
Miss Martin @		1892
John B. Martin	馬殿臣	1898
Lydia Martin @		1897
Neillie Martin @		1889
W. A. Martin	馬榮思	1926
A. Marty		1897
H. J. Mason	梅	1892
Mrs. (H. J.) Mason	梅巴哈拿	1905
Percy Cunningham Mather	馬爾昌	1910
	(1882～1933)	
R. H. Mathews	馬守眞	1906
Mrs. (R. H.) Mathews		1909
Elsie May @	梅愛詩	1890
E. M. McBrier		1890

教士英文原名	中文名／生卒年	來華年
E. M. McCarthy @	麥	1920
Frank McCarthy	麥有德	1886
Mrs. (F.) McCarthy		1884
(原名 Ms. E. Webb)		
John McCarthy	麥加弟	1866
	(1840～1911)	
Mrs. (J.) McCarthy		1867
William McCarthy	(?～1879)	1879
Mrs. (W.) McCarthy		1879
George McConnell	買孔來*	1890
	(?～1900)	
Mrs. Isabella McConnell	(?～1900)	1893
J. McDonald @	美德純	1913
Miss McFarine @	麥法玲*	1884
C. McFarlane @	苗玉成	1884
Robert Lamont McIntyre	馬安仁	不詳
	(1879～1920)	
Mrs. R. L. McIntyre	馬李底亞	1902
Stewart Mckee	紀長生*	1884
	(?～1900)	
Mrs. Kate Mckee	(?～1900)	1887
H. McKenzie @	耿希忠	1888
Rebecca McKenzie @		1888
M. G. McLaraghan @		1896
Jane McLean	麥珍*	1866
Mary McLean @	麥琳*	1867
L. McMinn		1891
James McMullan		1884
Mrs. (J.) McMullan		1886
M. G. McQueen @	林得國	1911
Annie McQuillan @		1887

教士英文原名	中文名／生卒年	來華年	教士英文原名	中文名／生卒年	來華年
E. McQuire @	穆蔭嘉	1924	Mrs. (G.) Miller		1887
R. McWatters @		1887	J. A. Miller @		1887
Miss Meadows @		1896	Theresa Miller @		1887
James J. Meadows	宓道生	1862	D. J. Mills	宓	1887
（爲戴德生差派中國的第一位傳教士）			Mrs. (D. J.) Mills		1889
	（1835～1914）		Rose Minchin @	（？～1884）	1884
Mrs. Elizabeth Meadows	宓玫*	1866	Miss Mitchell	米*	不詳
（原名 Ms. Elizabeth Rose 爲第二任			B. M. Mitchell @	米恩美	1922
宓道生師母）	（？～1890）		G. E. Mitchell @	米懷仁	1915
Mrs. Martha Meadows	（？～1863）	1862	M. Moler @	慕傳榮	1906
（第一任宓道生師母）			L. Möller @	穆錦廉	1913
L. Meadows @		1896	Marie Monsen @	孟慕貞	不詳
Lillie Meadows @	宓露意	1887	R. T. Moodie		1897
Lily Meadows @	宓立意	1900	L. E. Moody @	胡崇智	1906
Minnie Meadows @		1896	Arthur Moore	穆信誠	1906
Annie E. Mellor @	梅桂蘭	1893	Mrs. (A.) Moore		1906
J. H. Mellow	麥熙疇	1905	C. G. Moore	莫爾*	1878
Mrs. (J. H.) Mellow	麥葛秉和	1906	Mrs. (C. G.) Moore		1878
John Meikle	糜	1888	Wilson W. Moore	慕悟仁	不詳
Mrs. (J.) Meikle		1891	C. A. Morgan		1897
Alexander Menzies	（？～1895）	1891	Miss Morrow @		1891
George E. Metcalf	梅懷仁	1906	W. B. Moses	（？～1898）	不詳
Mrs. (G. E.) Metcalf	梅杜沐恩	1917	M. G. Mower @	莫崇信	1906
A. Meyer	梅案爾	1921	James Moyes		1896
Mrs. (A.) Meyer		1922	G. M. Muir @	計	1887
A. Meyer @		1891	Sarah Muir @		1883
Robert H. Middleton	米道榮	1894	Miss Müller @	穆霞*	1878
Mrs. (R. H.) Middleton		1916	A. Müller @	宓學信	1911
Theresa Mieler @		1890	Bertha Muller @		1892
A. Miller	畢定國	1894	H. J. Mungeam	孟懷潔	1904
Mrs. (A.) Miller		1898	Mrs. (H. J.) Mungeam		1906
George Miller		1884	J. Munro @		1888

教士英文原名	中文名／生卒年	來華年	教士英文原名	中文名／生卒年	來華年
Mr. Murdoch		1889	George Nicoll	尼喬治*	1875
C. K. Murray @	穆	1884	Mrs. (G.) Nicoll		1879
Ebe Murray	饒	1888	A. G. Nicholls	郭秀峯	1894
Mrs. (E.) Murray		1891	Mrs. (A. G.) Nicholls		1918
J. H. Murray @	穆*	1876	H. A. Nikolausson @	林生道	1921
M. Murray @	穆*	1884	E. Nilson @	扶	1891
R. L. Murphy @	費含琳	1923	M. Nilson @		1891
A. A. Myrberg	麥	1904	M. I. Nilson @	倪雲香	1921
Mrs. (A. A.) Myrberg		1902	Elsa Nilsson @		1891
Frances Edith Nathan @	聶法蘭* (？～1900)	1894	Lottie Norden @		1892
			Vicktor L. Nordlund		1891
Mary Rose Nathan @	聶玫麗* (？～1900)	1899	J. M. Nordmo	諾慕	1917
			Mrs. (J. M.) Nordmo		1919
M. NcNair		1888	Annie Nordstrom @		1891
James Neave		1896	F. M. Norris @	(？～1904)	1896
A. Nelson @	聶樂德	1923	Herbert L. Norris	(？～1888)	1885
J. A. E. Nelson	聶慕義	1915	Jean Notman @	樂曼*	1865
Mrs. (J. A. E.) Nelson		1926	Ruth L. Nowack @	羅福生	不詳
John Nelson	聶	1891	C. J. Nykvist	鈕林芝	1913
Mrs. J. G. Nelson	聶家玉璽	1891	Mrs. (C. I.) Nykvist		1919
P. Nelson	聶法定	1891	L. M. Nylin @	余存德	1904
Mrs. (P.) Nelson		1892	Carl G. Nyström	鈕士通	不詳
R. W. Nelson @	聶藹義	1915	Mrs. C. F. Nyström	鈕	1896
C. Nesland @	藍愛仁	1905	R. E. Oakeshott @	吳貴富	1889
P. Næss @	白*	1890	J. E. Oberg	文約翰	1923
O. S. Netegarrd		1888	Mrs. (J. E.) Oberg		1923
L. Newquist @		1892	Mrs. O. E. Öberg		1896
C. C. Nicholson @	孫崇德	1919	E. A. Ogden @		1895
M. Nicholson @	聶克維	1923	Peter Alfred Ogren	歐能仁* (？～1900)	1893
Lewis Nicol	倪義來	1866			
Mrs. Eliza Nicol		1866	Mrs. Olivia Ogren		1893
(原名 Ms. Eliza Calder)			C. A. Ohlson	郁享生	1905

教士英文原名	中文名／生卒年	來華年
Mrs. (C. A.) Ohlson		1916
Em. Ohlson		1890
B. E. Okey @	計碧蓮	1925
Lily S. Olding @		1889
P. O. Olesen	孫成仁	1905
Mrs. (P. O.) Olesen	孫蓋崇恩	1906
L. E. Oliver @	奧麗薇*	1886
A. Olson @	鄂愛寧	1892
F. Olson	孫信成	1896
Mrs. (F.) Olson		1896
O. Olson @	索玉松	1891
H. Olson	武	1911
Mrs. (H.) Olson		1913
J. Olson		1891
E. Olsson	（？～1894）	1890
J. E. Olsson	吳周泰	1910
Mrs. (J. E.) Olsson		1910
E. A. M. Oquist @	衛平福	1921
J. S. Orr	王廷獻	1896
Mrs. (J. S.) Orr		1898
Archibald Orr-Ewing	榮晃熙 (1857～1930)	1886
Mrs. (A.) Orr-Ewing （原名 Ms. Mary Scott)	（？～1894）	1887
M. A. Orr-Ewing @	榮美莉	1922
Alfred J. Otley	（？～1897）	1896
Mrs. J. R. Ottosson	伍	1913
R. Gray Owen	（？～1891）	不詳
F. J. Page @	裴忠謙	1905
I. Page		1905
Mrs. (I.) Page		1890

教士英文原名	中文名／生卒年	來華年
E. Palmberg	拔道指	1902
Mrs. (E.) Palmberg	拔孫彩蓉	1903
E. J. Palmer @		1891
E. M. Parr @	巴志道	1908
G. K. Palmer @	巴靜英	1916
R. Palmer @		1896
Miss Parker @		1887
George Parker	巴格道 （？～1931）	1876
Mrs. (G.) Parker （原名 Ms. Shao Mianzi)		1880
Susie C. Parker @	（？～1889）	1888
E. M. Parr @	巴志遠	1908
A. G. Parrot	皮樓特*	1879
Mrs. (A. G.) Parrot		1882
F. E. Parry	巴貝山	1911
Mrs. (F. E.) Parry	巴義倫禮	1913
Herbert L. Parry	巴明道	1884
Mrs. (H. L.) Parry （原名 Ms. Emma H. A. Spiller)	巴李彩蓉	1884
Christina Parson @		1891
Charles H. Parsons	巴光明	1890
L. M. Pasmore @		1896
A. Paul		1896
F. Paul @	包寬愛	1912
R. H. Paul	飽澤中	1913
Mrs. (R. H.) Paul		1921
Susie Payer @		1890
Talmage De W. Payne	貝文華	1924
Mrs. (De W.) Payne		1925
Edward S. Pearce	貝	1876

教士英文原名	中文名／生卒年	來華年
Mrs. (E.) Pearce		1875
（原名 Ms. L. E. Goodman）		
Mary Pearson @	（？～1897）	1891
William Graham Peat	皮惠連*	1887
	（？～1900）	
Mrs. Helen Peat	（？～1900）	1889
（原名 Ms. Helen Mackenzie）		
M. Peden		1895
Thersia Pederson @		1891
R. J. Pemberton @	貝月芳	1904
Sven A. Persson	普思文*	1896
	（？～1900）	
Mrs. Emma Persson	（？～1900）	1894
E. Petersohn @	柏德聲	1915
A. E. Peterson @	倍麗蓀	1922
Christin Peterson @		1891
Ellen Peterson @		1891
Ernst Peterson	畢安禮	1892
	（？～1900）	
M. C. Peterson @		1898
S. Peterson @		1892
T. Peterson @		1891
B. M. D. Pettersson @	樊貴英	1896
Ernst F. Pettersson	（？～1900）	1900
H. Pfannemüller	方模理	1899
Mrs. (H.) Pfannemüller		1914
L. E. Pflueger @	方蒙恩	1918
I. E. Phare @	裴寶蓮	1924
M. Phare @	裴雅英	1925
A. Phelps		1888
R. E. Piaget @	蓋美萬	1921

教士英文原名	中文名／生卒年	來華年
Emma Pickles @	斐	1894
Thomas Wellesley Pigott	皮唐慕	1879
	（1847～1900）	
D. F. Pike	畢道隆	1903
Mrs. (D. F.) Pike		1903
Erik Pilquist		1891
Ernest J. Piper		1893
Mrs. (E. J.) Piper		1897
J. C. Platt		1895
Arthur Twistleton	杜明德	1885
Polhill-Turner		
Mrs. (A. T.) Polhill-Turner	（？～1906）	1884
Cecil Henry Polhill-Turner	杜西德	1885
Mrs. (C. H.) Polhill-Turner		1884
Samuel Pollard	（1864～1915）	1887
Mrs. (S.) Pollard		1887
Peder Polmen		1891
E. S. Pook @		1890
Gladstone Porteous	張爾昌	1904
Mrs. (G.) Porteous		1905
R. W. Porteous	博淵如	1904
Mrs. (R. W.) Porteous		1894
Bertha Porter @		1890
R. B. Porter	步青雲	1907
Mrs. (R. B.) Porter		1907
C. H. von Poseck @		1896
E. L. Pottinger @	丁桂英	1925
E. Marion G. Powell @	鮑紫蓉	約1926
Robert Powell	包崇德	1896
Mrs. (R.) Powell		1906
Rose Power @		1890
Arthur Preedy	伯禮第	1892

教士英文原名	中文名／生卒年	來華年
Mrs. (A.) Preedy		1904
B. Preisinger @	蒲賴恩	1912
George Prentice		1891
M. A. Price @	施裕如	1926
H. M. Priestman @	任愛和	1913
Miss Pring @	賓*	1879
T. Protheroe	普德婁*	1881
W. L. Pruen	潘	1880
Mrs. (W. L.) Pruen		1876
Frida Prytz @	柏安澤	1890
M. Pyle @	蘭愛仁	1911
S. Querry @		1890
A. P. Quirmbach		1897
J. Rabe @	巴意敬	1912
S. Yohanna Rabe @	包寬愛	1910
J. H. Racey		1888
Eliza Ramsay @	（？～1893）	1889
H. C. Ramsay		1897
I. W. Ramsay @	謝	1887
J. Ramsten @		1897
Leighton P. Rand, M. D.	安樂歡 （1895～1929）	1924
Horace A. Randle	藍和雷	1876
Mrs. (H. A.) Randle		1878
R. N. Randall		1890
C. Readshaw	夏美德	1902
C. Readshaw @	夏美麗	1902
F. A. Redfern	（？～1896）	1887
Mrs. (F. A.) Redfern		1887
Mary Reed @	李馬莉	1888
D. V. Rees	李瑞思	1921
G. Rees		1897

教士英文原名	中文名／生卒年	來華年
F. M. Reid @		1890
H. L. Reid @	廉仁	1895
Henry Reid	李愛恩	1867
J. A. S. Reid		1897
John Reid	德	1884
Mrs. (J.) Reid		1888
Lilias Reid @		1895
M. A. Reid @		1896
E. B. Reisser @	李道厚	1924
George Rendall	（？～1886）	1883
V. Renius	任道貞	1891
Mrs. (V.) Renius	（？～1906）	1913
M. Rentschler @	任學文	1911
Sophia Reuter @		1886
H. F. Reynolds @	任蘭英	1925
F. H. Rhodes	馮席珍	1894
Mrs. (F.H.) Rhodes		1899
E. Rice@	任子瑞	1909
Hattie Jane Rice @	賴海蒂 （1858～1900）	1893
A. R. Richardson	李時光	1915
Mrs. (A. R.) Richardson		1916
H. French Ridley	胡立禮	1890
M. E. Riggs @		1891
F. K. Riis	芮	1920
Mrs. (F. K.) Riis		1924
Peter Rijnheart		1890
J. H. Riley	賴德禮 （？～1886）	1878
Mrs. (J. H.) Riley （原名 Ms. Jane Kidd）	（？～1886）	1879

教士英文原名	中文名／生卒年	來華年
M. Ringberg	任棟臣	1908
Mrs. (M.) Ringberg		1903
G. Rinvold	任芝清	1924
Benjamin Ririe	艾銳	1887
Mrs. (B.) Ririe		1891
Lloyd Robert Rist	李春雪	不詳
	(1885～1929)	
Mrs. L. R. Rist	李	1911
Gilbert Ritchie	芮明哲	不詳
	(1872～？)	
Mrs. (G.) Ritchie	芮海懿德	1888
Ida W. Roberts @		1890
M. Roberts @	貝崇愛	1921
E. N. Roberson		1892
D. de B. Robertson	羅柏生	1919
Mrs. (D. de B.) Robertson	羅藍素貞	1921
D. M. Robertson		1885
J. D. Robertson @		1886
J. H. M. Robinson	饒福康	1919
Mrs. (J. H. M.) Robinson		1919
T. A. S. Robinson	梁以成	1894
Mrs. (T. A. S.) Robinson		1893
Mrs. T. E. Robinson	任何永心	1902
J. A. Robson @		1895
A. Robotham @	駱鳳鸞	1891
A. G. Rodgers	饒哲夫	1890
E. E. Roehl @		1897
C. Rogers		1890
G. Rogers	饒哲夫	1899
Mrs. (G.) Rogers		1897
R. Röhm	冉明誠	1896
Mrs. (R.) Röhm		1896

教士英文原名	中文名／生卒年	來華年
S. Römcke @	榮福田	1906
A. P. Rose	羅士*	不詳
Elizabeth Rose @	宓玫	1866
（後為 Mrs. J. J. Meadows）（？～1890）		
O. Rosenquist		1891
A. Ross @		1893
Bella Ross @		1890
Isabella Ross @		1890
Miss Rossier @		1878
John S. Rough		1889
Mrs. (J. S.) Rough		1888
S. P. Rough @	王桂香	1919
Mary A. Roulston @	鄧傳經	1915
G. F. Row	饒興道	1898
Mrs. (G. F.) Row		1898
B. C. Rowe @	婁敦厚	1919
J. L. Rowe	饒裕堂	1904
Mrs. (J. L.) Rowe	饒惠寶珍	1900
William D. Rudland	路惠理	1866
	（？～1913）	
Mrs. (W.) Rudland	路貝瑪利*	1866
（原名 Ms. Mary Bell）（？～1874）		
G. Rugg @	盧崇愼	1906
J. H. Ruscup @	任翰英	1917
V. A. Russell		1897
William Russell		1887
Mrs. (W.) Russell		1883
M. Rutz @	盧道生	1908
Axel H. Rydberg		1891
Charly Rydell		1891
E. A. Sadler	曹德宏	1926
Mrs. (E. A.) Sadler		1925

教士英文原名	中文名／生卒年	來華年	教士英文原名	中文名／生卒年	來華年
A. I. Saltmarsh @	曹貴音	1900	L. Schmidt @	施崇德	1906
L. A. Salzgeber	蓋有義	1924	M. K. E. Schmidt @	司貞秀	1925
Mrs. (L. A.) Salzgeber		1925	O. Schmidt	崔明道	1892
Mr. Sambrook	單普格	不詳	Mrs. (O.) Schmidt		1920
Mrs. H. Sames	夏李紹香	1907	P. Schmidt	崔忍証	1924
S. A. Samuelson @		1892	Mrs. (P.) Schmidt		1926
J. T. Sandberg	孫芝城	1892	J. Schnuttenhassel @		1896
Mrs. (J. T.) Sandberg		1891	A. Schnüttgen @		1890
J. Sandeberg @		1900	Harold Schofield	索（教士或賜斐德）	1880
A. Sanders @	（？～1903）	1891		(1851～1883)	
A. Sanderson	桑	1888	Mrs. (H.) Schofield		1880
E. M. Sanderson @	桑恩福	1921	F. K. Schoppe	蘇學博	1903
A. H. Sanders		1895	Mrs. (F. K.) Schoppe		1903
Annie Saunders @		1891	E. Schröder @	史樂德	1912
A. R. Saunders	索行仁	1887	Else Schröder @	謝務本	1913
Mrs. (A. R.) Saunders		1889	A. Schröter @	石樂德	1913
Frederick G. Saunders	（？～1892）	不詳	K. W. Schweiger	孫志道	1907
Mrs. (F. G.) Saunders	宋貝榮恩	1926	Mrs. (K. W.) Schweizer		1906
Mr. Saure	沙*	不詳	Christina J. Scott @		1890
F. R. Sauzé	蘇	1890	G. A. Scott	師科德	1926
Dr. Savin		1896	Mrs. (G. A.) Scott	師列裕如	1926
H. Annie Say @	余安妮*	1886	Margaret J. Scott @	（？～1893）	1890
E. S. Sayers	施亞士	1886	Ralph C. Scoville	師格非	1918
	（？～1888）		Mrs. (R. C.) Scoville		1918
Louisa Seymour @		1895	R. A. Seaman	席修善	1919
M. Scarlett	蘇文遠	1921	Mrs. (R. A.) Seaman	席貝月娥	1916
M. O. Schindewolf	許德道	1915	Edith E. Searell @	石安迪	1895
Mrs. (M. O.) Schindewolf		1910		（？～1900）	
W. A. Schlichter	司主德	1918	E. C. Searle		1895
Mrs. (W. A.) Schlichter		1918	O. G. Searle @	施溢采	1924
E. E. M. Schlitzkus	席存愛	1925	S. Seed @		1890

教士英文原名	中文名／生卒年	來華年
Elsa Seger @		1891
I. Seidenberg @	施本眞	1910
A. E. Seiler @	林文清	1924
A. Seipel	邵振廷	1902
Mrs. (A.) Seipel		1912
R. Seliger	郜理格	1913
Mrs. (R.) Seliger		1913
Thomas Selkirk	謝	1889
Mrs. (T.) Selkirk		1891
John R. Sell	史洪道 (？～1867)	1866
E. C. Senton @		1886
A. Sharp @	施道明	1907
F. Sharp		1890
M. R. Sharp @	夏知詩	1919
W. E. Shearer	宋福安	1888
M. T. Shepherd	謝柏森	1925
Mrs. (M. T.) Shepherd		1927
Edith S. Sherwood @	施愛迪* (？～1900)	1893
F. E. Shindler	席鳳倫	1891
Horace A. Sibley		1891
L. Sichelschmidt @		1896
T. E. Sihvonen @		1923
James Simpson		1888
M. I. Simpson @	謝惠和	1926
J. R. Sinton	董輔仁	1907
Mrs. (J. R.) Sinton	董雪	1909
N. K. Sjoberg @		1898
E. B. Sjöström @	余安仁	1915
A. Skollenberg @	克林伯	1903

教士英文原名	中文名／生卒年	來華年
G. T. Slade	德嘉爾	1923
Mrs. (G. T.) Slade		1920
A. Slater @		1891
Morris S. Slichter	薛 (1884～1927)	不詳
Mrs. M. Slichter	(？～1927)	1915
J. A. Slimmon		1884
W. B. Sloan		1891
R. L. Smalley @	馬志潔	1888
A. Smith @		1896
Cecil G. Smith	吉靜先	1891
Mrs. (C. G.) Smith		1890
E. L. Smith @	施存善	1914
I. Smith @	司傳義	1906
John Smith	(？～1903)	1885
Mrs. (J.) Smith		1887
L. C. Smith @	(？～1902)	1896
Margaret E. Smith @	史瑪嘉* (1858～1900)	1896
R. De W. Smith		1897
Stanley Peregrine Smith	司米德 (1861～？)	1885
Mrs. (S. P.) Smith	(？～1891)	1886
（原名 Ms. Sophie Reuter, 第一任司米德師母）		
Mrs. (S. P.) Smith		1890
（原名 Ms. Anna M. Lang, 第二任司米德師母）		
Miss Snow @	石藍	1878
F. G. Snow	司道衡	1910
I. S. Söderberg @	施德寶	1926
M. J. Söderström @	蘇克勤	1920

教士英文原名	中文名／生卒年	來華年	教士英文原名	中文名／生卒年	來華年
Ullrick Söderström	（？～1901）	1891	E. Steel @		1890
Mrs. (U.) Söderström	蘇碧英	1892	J. C. Steen		1888
Henry Soltau, Jr.	索樂道	1881	A. M. T. Steitz @	賽月英	1923
Mabel E. Soltau @	施愛仁	1901	Frieda Stellmann @	謝寶琴	不詳
T. Sörensen @	徐麗生	1896	David Stenberg	史德保	不詳
D. Souter		1888	C. T. Stephens		1890
Minnie Southall @		1882	Frederick A. Steven	施	1883
John Southey	（？～1922）	1891	C. H. Stevens	施道宏	1893
Mrs. (J.) Southey		1891	Jane Stevens @	史珍*	1885
William Soutter		1896		（？～1900）	
Herbert Sowerby	蘇河畢	1880	John Whiteford Stevenson	范約翰	1866
L. Spark @		1888		（1844～1918）	
H. Spengler @	彭慕貞	1926	Mrs. (J. W.) Stevenson		1866
C. W. Spohr	司布恩	1912	（原名 Ms. Anne Jolly）		
Mrs. (C. W.) Spohr	司席高德	1912	Owen Stevenson	孫道忠	1883
H. J. Squire	索德懋	1894	Mrs. (O.) Stevenson	（？～1912）	1896
E. E. Staalesen @	其道生	1924	J. C. Stewart		1886
G. A. Stalhammer @		1897	D. K. Steybe		1911
O. G. Stalman		1885	Mrs. (D. K.) Steybe		1913
John C. Stam	師達能		George W. Stokes	（1863～1900）	1892
	（1907～1934）	不詳	Mrs. (G. W.) Stokes	（？～1900）	1892
Mrs. Elizabeth Alden Scott Stam	師史文明	不詳	（原名 Ms. Margaret Whittaker）		
	（1907～1934）		J. A. Stooke		1887
M. E. Standen @	安鳳秀	1896	S. Storhaug @		1891
B. M. Stark @	師道勝	1926	George Stott	曹雅真	1866
James Stark	師學文	1889		（？～1889）	
Mrs. (J.) Stark		1893	Mrs. (G.) Stott		1870
K. B. Stayner @		1893	M. E. Stott @		1887
H. Ruth Stedmann @	施戴曼	1889	Maggie H. Stott @		1890
	（？～1891）		Tina Y. Stott @		1890
S. Jane Stedman @		1890	Elma Strand @		1892
			Arnold Strange	德仁基	1925

教士英文原名	中文名／生卒年	來華年
	(1897～1941)	
Mrs. (A.) Strange	德雲錦福	1924
O. L. Stratton		1896
F. Strauss	石陶世	1921
Mrs. (F.) Strauss		1922
W. S. Strong		1892
Mrs. (W. S.) Strong		1890
F. Stroud @		1882
Charles Thomas Studd	施達德	1885
	(1860～1931)	
Mrs. (C. T.) Studd		1887
(原名 Ms. Priscilla Livingstone Stewart)		
John Henry Sturman	(？～1887)	1883
N. Styrelius	宋益謙	1909
Mrs. (N.) Styrelius		1905
Mina Sundström	(？～1900)	1891
H. Suter @	蘇克忠	1911
M. M. Suter @		1897
G. A. Sutherland	師德仁	1925
Mrs. (G. A.) Sutherland	師貝懷義	1925
N. A. Sutley		1887
F. E. Sutton @	(？～1898)	1897
J. Svenson @		1897
E. K. Svenssom @	瑞恩遜	1919
J. H. Svensson	瑞聞生	1913
Mrs. (J. H.) Svensson		1921
Alma Swanson @	參玉蘭	1891
H. Swenson	宋益謙	1912
Mrs. (H.) Swenson		1912
L. M. Syltevik @	蘇錦文	1919
R. Syvertsen @	雪素媛	1921
John Talbot		1890

教士英文原名	中文名／生卒年	來華年
Mrs. John Talbot	堵麻德心	不詳
F. M. H. Tapscott		1886
A. Hudson Taylor		1884
Mrs. (A. H.) Taylor		1887
Annie Royle Taylor @	戴安娜*	1884
Arthur Taylor	戴安生	1907
Mrs. (A.) Taylor	戴白寶喜	1905
A. G. Taylor	戴樂仁	1926
Mrs. (A. G.) Taylor		1926
E. Taylor @		1886
Edward E. Taylor	戴道明	1926
Ernest Hamilton Taylor	戴存信	1898
Mrs. (E. H.) Taylor	(1871～1942)	1896
(原名 Ms. E. Gauntlett)		
Frederick Howard Taylor	戴存義	1890
	(1862～1946)	
Mrs. (F. H.) Taylor	戴金樂婷	1888
G. I. F. Taylor @	戴貴珍	1915
Harry L. Taylor	戴樂安	1925
Herbert Hudson Taylor	戴存仁	1881
	(1861～1950)	
Mrs. (H. H.) Taylor	戴葛玉蓮	1884
(原名 Ms. Jeanie Gray)		
	(1864～1937)	
James Hudson Taylor	戴德生	1854
	(1832～1905)	
Mrs. Maria Taylor	戴瑪利亞*	1853
(原名 Ms. Maria Jane Dyer, 第一任戴德生師母)	(1837～1870)	
Mrs. Jane (or Jennie) Taylor	戴福珍妮	1866
(原名 Ms. Jane E. Faulding 第二任戴德生師母) (1843～1904)		

教士英文原名	中文名／生卒年	來華年	教士英文原名	中文名／生卒年	來華年
M. Taylor @	戴得天	1911	Mrs. (S.) Thuestad		1922
M. Henry Taylor	戴亨利*	1873	E. E. Tilley @		1898
Maria Hudson Taylor @	戴存愛	1884	C. F. Tippet @	白淑貞	1902
（後爲 Mrs. J. J. Coulthard）(1867～1897)			C. H. Tjäder	查明道	1889
Walter C. Taylor		1891	Mrs. (C. H.) Tjäder		1892
William Taylor	德紹周	1890	C. A. Todd @		1890
Mrs. (W.) Taylor		1888	H. Todd @	陶能特	1920
A. E. Tebboth @		1895	E. D. Todman @	陶集成	1920
W. E. Terry	（?～1888）	1885	E. M. Tolmson @		1887
Mrs. (W. E.) Terry		1886	Edward Tomalin	林	1879
Emma Ann Thirgood @	席顧美*	1889	Mrs. (E.) Tomalin	夏安心	1866
	（?～1900）		（原名 Ms. Louise Desgraz）		
L. S. Thoering @	林遠光	1921	Edward Tomkinson	童	1887
M. Thomas @		1898	Mrs. (E.) Tomkinson		1887
J. W. H. Tomkinson	童約翰	1915	C. Tomson @	（?～1887）	不詳
Mrs. (J. W. H.) Tomkinson	童柏景仁	1914	P. Torjesen	葉永青	1918
C. Thompson @		1887	Mrs. (P.) Torjesen		1921
Charles Thompson		1892	David Törnvall	多	1891
David Baird Thompson	湯大爲*	1880	Mrs. (D.) Törnvall	多貝玉寶	1891
	（?～1900）		G. D. N. Törnvall	多福壽	1919
Mrs. Agnes Thompson		1883	T. Torrance		1896
（原名 Ms. Agnes Dowman）（?～1900）			E. G. Toyne		1895
J. Thompson	唐震聲	1912	A. Tranter @	戴瑞安	1895
Mrs. (J.) Thompson		1912	E. A. Tree @		1898
R. E. Thompson	董普華	1920	William Tremberth		1890
Mrs. (R. E.) Thompson		1923	F. Trench	譚*	不詳
W. T. Thompson		1891	E. G. W. Trickey	杜格利	1915
Jessie Thompson @		1895	Mrs. (E. G. W.) Trickey		1921
R. V. Thompson @	唐素貞	1917	E. E. V. Trojahn @	邵靜安	1903
A. F. Thor		1890	S. A. Troyer @		1896
August E. Thor		1890	A. Trudinger	杜鴻揚	1896
S. Thuestad	杜恩賜	1922	Mrs. (A.) Trudinger		1897

教士英文原名	中文名／生卒年	來華年
D. Trudinger @	杜恩賜	1904
G. Trudenger @	杜岫雲	1896
E. M. Tucker @	葛錦章	1899
Frank Tull	杜從新	1897
Mrs. (F.) Tull		1898
Frederick Tunell		1891
Emmeline Turner @	鄧娜*	1872
	(？～1897)	
Hattie Turner @		1888
Joshua J. Turner	德治安	1875
Mrs. (J. J.) Turner	柯安娜*	約1881
(原名 Ms. Anne Crickmay)		
C. E. Tweddell	馮輝堂	1924
Mrs. (C. E.) Tweddell	馮步成章	不詳
E. Twidale @	賴知恩	1920
Walter E. Tyler	陶宇謙	1899
Mrs. (W. E.) Tyler		1895
Miss Ulff		1896
M. J. Underwood @		1888
H. G. Upham	(？～1893)	1891
T. Urry	(？～1900)	1892
Joshua Vale	斐煥章	1887
Mrs. (J.) Vale		1894
T. G. Vanstone		1885
Mrs. (T. G.) Vanstone		1887
Wilhelm T. Vatne	(？～1911)	1910
K. Vatsaas	王耀基	1900
Mrs. (K.) Vatsaas		1926
Winfred N. Vicent @	雲錦福	不詳
Hilda D. Vickers @	道德生	不詳
G. Vinden	雲登	1920

教士英文原名	中文名／生卒年	來華年
Mrs. (G.) Vinden	雲孫崇仁	1921
Christine Villadsen @	(？～1918)	1913
Sarah Voak @		1888
S. Anna Wackux @	韋寬良	1910
Mrs. A. Wackwitz	韋憲良	1912
Mrs. A. G. Waern	懷	1905
H. W. Wagner	王恩立	1925
R. K. Waldie @		1887
Mrs. Walker		1895
J. Walker	汪德立	1926
Mrs. (J.) Walker		1926
M. J. Walker		1885
Mrs. (M. J.) Walker		1888
R. G. Walker	文光斗	1908
Mrs. (R. G.) Walker	文藍美蓮	不詳
Robert N. Walker	魏禮科	1920
Mrs. (R. N.) Walker		1920
Elizabeth D. Wallace @	韋	1892
S. Walldorf @	萬德鄰	1922
K. P. Wallen		1890
Mrs. (K. P.) Wallen		1890
H. Wallenfelt	王	1920
S. A. Wallin	汪林	1913
Mrs. (S. A.) Wallin		1913
Miss Wallis @		1892
E. Wallis @	文扶華	1907
M. J. Wallis @	文立成	1920
G. C. Walter @		1896
H. M. Wang @	王淑眞	1921
George F. Ward	華喬傳*	1893
	(？～1900)	

教士英文原名	中文名／生卒年	來華年
Mrs. Etta Ward	(1866～1900)	1894
（原名 Ms. Etta L. Fuller）		
Miss Warr @		1892
E. Warren @	萬得恩	1925
Mrs. O. Warren	萬	1907
S. J. Warren	任明光	1926
Mrs. (S. J.) Warren		1925
W. H. Warren	萬守塏	1892
B. Curtis Waters	翟	1887
Mrs. (B. C.) Waters		1902
M. E. Waterman @	魏葆靈	1896
L. E. Watney @	萬一本	1912
Elizabeth Webb @		1884
Frederic B. Webb @		1892
Jennie Webb @	魏禮莉	1885
W. H. Webb	魏義柏	1925
Miss Webber @		1887
L. I. Weber	鄔秀珠	1898
Bessie Webster @	聞保琦	1895
James S. Webster		1896
J. Wedicson @	魏蔭庇	1899
M. Wegerle @	韋禮賢	1913
F. C. Wehmeyer	證維勞	1924
Mrs. (F. C.) Wehmeyer		1924
G. P. Welch	魏爾地	1922
Mrs. (G. P.) Welch	魏韓福恩	1923
E. Weller	衛守仁	1909
Mrs. (E.) Weller	衛烏子猶	1909
H. A. Weller	衛守義	1910
Mrs. (H. A.) Weller		1910
R. Wellwood		1887

教士英文原名	中文名／生卒年	來華年
Margaret C. Welzel @	蘇寬仁	1912
G. W. Wester	衛潤世	1903
W. Westwood	德	1892
Mrs. (W.) Westwood		1892
Andrew Whiller	魏安道*	1878
Mrs. (A.) Whiller	(？～1882)	不詳
Emily E. B. Whitchurch @	魏愛美*	1884
	(？～1900)	
E. A. White @	白錦榮	1924
E. R. White @	白傳恩	1905
Silvester Frank Whitehouse	(1867～1900)	1888
Mrs. (S. F.) Whitehouse		約1893
（原名 Ms. Legerton）(？～1900)		
A. Whitford @	惠安	1890
Margaret Whittaker @	(？～1900)	1892
（後爲 Mrs. G. W. Stokes）		
M. A. Widgery @		1891
K. Wiesinger	魏福生	1922
Mrs. (K.) Wiesinger		1924
J. W. Wilcox	衛克私	1896
Mrs. (J. W.) Wilcox		1896
K. M. Wilhelm	文盛德	1924
Mrs. (K. M.) Wilhelm		1925
T. G. Willett	衛保哲	1890
Mrs. (T. G.) Willett	(？～1901)	1896
B. T. Williams		1897
C. Williams @		1893
C. L. Williams @		1888
D. M. Williams @	聞存義	1921
E. O. Williams	魏(？～1899)	1888
Mrs. (E. O.) Williams		1888

教士英文原名	中文名／生卒年	來華年
F. M. Williams @	魏	1888
J. E. Williams, M. D.	勞敬修	1890
	(？～1907)	
Mrs. (J. E.) Williams		1890
L. M. Williams @	溫寬柔	1922
Mary Williams @	魏瑪利*	1884
M. J. Williams @	李貴珍	1893
R. Williams	溫茂生	1894
James Williamson	衛養生	1866
	(1838～1896)	
Mrs. (James) Williamson		1875
K. I. Williamson @	溫	1887
M. B. Williamson @		1898
A. K. Willoughby @	烏文達	1921
W. A. Wills	魏惠廉*	1876
Mrs. (W. A.) Wills	米*	1878
A. B. Wilson	文樂生	1897
Mrs. (A. B.) Wilson		1901
Amy G. Wilson @	維四張	1920
D. M. Wilson @	韋有善	1908
E. A. Wilson		1897
I. E. Wilson @	文道韞	1917
N. C. Wilson @	維聖道	1920
W. Wilson	維	1897
William Wilson		1882
Mrs. (W.) Wilson		約1882
(原名 Ms. Caroline Sarah Goodman)		
William M. Wilson	魏米安*	1891
	(？～1900)	
Mrs. Christine Wilson	(？～1900)	1891

教士英文原名	中文名／生卒年	來華年
Thomas Windsor	文	1884
Mrs. (Thomas) Windsor		1891
W. G. Windsor	文道成	1921
Mrs. (W. G.) Windsor	文博如意	1922
M. L. Wistrand @	衛淑菁	1924
H. E. F. Withers @	韋秀珍	1915
E. E. Witt	費思德	1911
Mrs. (E. E.) Witt		1912
H. Witt	費爾廉	1900
Mrs. (H.) Witt		1904
H. H. F. Witte	韋德禮	1904
Mrs. (H. H. F.) Witte		1908
Axel Witzell		1891
C. Wohlleber	吳立德	1900
Mrs. (C.) Wohlleber		1898
Edith Wood @		1896
Lawrence C. Wood	吳林德	1921
Mrs. (L. C.) Wood	吳富錦文	1924
F. Marcus Wood	木廉臣	1883
Alfred Woodroffe	吳愛福*	1897
	(？～1900)	
G. S. Woodward		1891
Francis Worley	王廉	1911
Mrs. (F.) Worley	王丁志貞	1912
E. G. Wray @	魏銘箴	1910
Andrew Wright	魏安得*	1886
	(？～1902)	
Mrs. (Andrew) Wright		1888
E. Wright @	文理明	1910
H. Wupperfeld	吳本馥	1895
Mrs. (H.) Wupperfeld		1891

教士英文原名	中文名／生卒年	來華年	教士英文原名	中文名／生卒年	來華年
O. Wüst	吳樂道	1925	Mrs. Alice Young (原名 Ms. Sarah Alice Troyer)	（？～1900）	1896
Mrs. (O.) Wüst		1927			
J. Yorkston	樂克敦	1912	J. A. Young @		1889
Mrs. (J.) Yorkston	樂貝德貞	1915	H. D. Zimmermann	孟得意	1924
Florence Young @		1891	Mrs. (H. D.) Zimmermann		1924
John Young	客耀漢* (1871～1900)	1896			

說明：本表自 *China's Millions*（1875～1899），*Chinese Recorder*（1868～1915），一九一五、一九二一、一九三○年內地會年冊，一九一○、一九二○、一九三○、一九四○、一九五○年內地會名錄。A. J. Broomhall（海恆博），*Hudson Taylor & Open Century, Book Five: Refiner's Fire* (London: Hodder & Stoughton and the Overseas Missionary Fellowship, 1985), pp.476～496; A. J. Broomhall, *Hudson Taylor & China's Open Century, Book Seven: It is not Death to Die!* (London: Hodder & Stoughton and the Overseas Missionary Fellowship, 1989), pp.662～679. 魏外揚，《重回庚子年》（台北：宇宙光全人關懷機構，2001 年 11 月初版）；魏外揚，《中國教會的使徒行傳：來華宣教士列傳》（台北：宇宙光全人關懷機構，2006 年 7 月初版）；黃錫培，《捨命的愛：中國內地會宣教士小傳》（美國加州：美國中信出版社，2006 年 6 月初版），以及徐欣嫻，《全然奉獻為中國的戴家：從戴德生到戴繼宗》（台北：宇宙光全人關懷機構，2006 年 7 月初版）整理出。傳教士英文原名部份，有「@」號者，為單身女傳教士。中文名部分，有「＊」號者，乃筆者自譯，為正文中已提及的傳教士，但查不出其中文名者；未列入正文的傳教士，又查不出其中文名者，則一概不自譯。

【附錄三】中國內地會佈道所開拓時間表

（清季至民國 15 年，1926 年為止）

省份＼時間	浙江	江蘇	安徽	江西	湖北	河南	山西	陝西	甘肅	直隸	雲南	貴州	四川	山東	湖南	新疆
咸豐四年（1854）		上海														
咸豐七年（1857）	寧波															
同治五年（1866）	奉化 紹興 杭州															
同治六年（1867）	台州 溫州	南京														
同治七年（1868）	寧海	揚州 蘇州 鎮江	安慶													
同治八年（1869）		清江浦		九江												
同治九年（1870）	新昌															
同治十一年（1872）	衢州															
同治十二年（1873）				大姑塘												
同治十三年（1874）	平陽		寧國		武昌											
光緒元年（1875）	處州 金華										八莫（在緬甸）					
光緒二年（1876）					宜昌											
光緒三年（1877）				玉山			太原					貴陽	重慶			
光緒四年（1878）	常山			貴溪 河口					秦州							
光緒五年（1879）					樊城		平陽	漢中						煙台		
光緒六年（1880）									寧夏（今名「銀川」，在寧夏省）							

省份＼時間	浙江	江蘇	安徽	江西	湖北	河南	山西	陝西	甘肅	直隸	雲南	貴州	四川	山東	湖南	新疆
光緒七年（1881）													成都			
光緒八年（1882）	永康										雲南（今「祥雲」）大理					
光緒九年（1883）			徽州			周家口										
光緒十年（1884）			池州		沙市											
光緒十一年（1885）							包頭（在綏遠省）隰州曲沃大寧		蘭州西寧（在青海省）					福山		
光緒十二年（1886）			來安		南漳	賒旗店	歸化（今「歸綏」，在綏遠省）大同洪洞霍州						保寧		臨海	
光緒十三年（1887）		正陽關		南昌	老河口		孝義潞安（今「長治」）	城固	涼州	獲鹿	昭通		巴州			
光緒十四年（1888）		高郵鎮江					平遙運城	渭南鳳翔		天津順德		安順	萬縣嘉定敍州			
光緒十五年（1889）				廣豐安仁	漢口		潞城				曲靖		灌縣廣元			
光緒十六年（1890）			大通廣德六安	湖口弋陽			襄垣	三原同州					瀘州			
光緒十七年（1891）		安東		吉安豐岡	襄城		吉州介休		洮州	保定	東川	興義				
光緒十八年（1892）			太和至德				猗氏						松潘新店子			
光緒十九年（1893）	窄溪		蕪湖	餘干新城			河津	西安郿縣隴州興平盩厔				獨山				

時間 ＼ 省份	浙江	江蘇	安徽	江西	湖北	河南	山西	陝西	甘肅	直隸	雲南	貴州	四川	山東	湖南	新疆
光緒廿年（1894）	蘭谿龍泉		建平					桑家莊乾州								
光緒廿一年（1895）	雲和			樟樹		太康陳州	朔平左雲夏州解州	邠州引家衛藍田	慶陽平涼涇州（今「涇川」）							
光緒廿二年（1896）	松陽黃巖小梅					荊紫關	余吾鎮	西鄉洋縣	西峯鎮				順慶			
光緒廿三年（1897）			穎州				應州翼城	韓城汧陽長武	鎮原靜寧		騰越	螃蟹	打箭爐（今「康定」，在西康省）			
光緒廿四年（1898）	縉雲天台太平		廬州固鎮 Fuhing-tsih	牯嶺臨江星子饒州			絳州渾源永寧	興安					渠縣營山		常德	
光緒廿五年（1899）	仙居			建昌撫州信豐永新		西華新安光州			優羌							綏定
光緒廿七年（1901）	莫干山			廣信		開封									長沙	
光緒廿八年（1902）	嚴州				鄖城	河南府（今「洛陽」）	豐鎮（在綏遠省）					遵義	江津邛州南部開縣梁山			
光緒廿九年（1903）				南豐東鄉袁州		扶溝	薩拉齊（在綏遠省）	武功醴泉					夔州		沅江寶慶	
光緒卅年（1904）			舒城	贛州遂州				汧縣郃陽			平彝	鎮遠			南州	
光緒卅一年（1905）						澠池									湘潭	
光緒卅二年（1906）				寧都崇仁											衡州	
光緒卅三年（1907）				永豐							洒普山武定					
光緒卅四年（1908）							趙城						大竹			迪化
宣統二年（1910）				樂平			天鎮									
宣統三年（1911）							臨縣						彭山		靖州	

省份＼時間	浙江	江蘇	安徽	江西	湖北	河南	山西	陝西	甘肅	直隸	雲南	貴州	四川	山東	湖南	新疆
民國元年（1912）							靜樂					黔西			洪江 湘鄉 桃花坪	
民國二年（1913）							靈邱 芮城	蒲城 鄠縣				安平				
民國三年（1914）							朔州								新寧	
民國四年（1915）				涇縣			興縣 嵐縣					大定				
民國五年（1916）	嵊縣					上蔡									兩頭塘	
民國六年（1917）								北屯鎮				葛布	太平			
民國七年（1918）												三江 （在廣西省）			永豐 衡山	
民國八年（1919）							懷仁				撒老吳					
民國九年（1920）												新街	永寧			
民國十年（1921）						沈邱 陝州	河曲	山陽 商州				永昌	合江			
民國十一年（1922）							崎嵐		固原			結構				
民國十二年（1923）					雞公山		涼城 （在綏遠省） 沙爾沁 （在綏遠省）		徽縣 平番 （今「永登」）							
民國十三年（1924）				瑞金 龍南			托克托 （在綏遠省） 陽高	潼關								
民國十四年（1925）							岱岳 廣靈	早勝鎮								
民國十五年（1926）				新喻					河州 （今「臨夏」）	臨洛關		畢節 通州				

說明：本表依教務開拓時間排序，僅列從清季到民國十五年（1926年），中國內地會傳教士在浙江等十六省（教區）設置佈道所的時間。至於福建和東北，在民國十五年時，仍屬該會巡迴傳教區，遂不列入表內。

【附錄四】中國內地會經費收入一覽表

時　　　間	收入(自光緒八年(1882年)以降，單位皆爲中國銀元)	時　　　間	收入(自光緒八年(1882年)以降，單位皆爲中國銀元)
同治三年～光緒七年(1864～1881)	98,380.73(英鎊)	光緒卅年 (1904)	703,349.81
光緒八年 (1882)	58,886.47	光緒卅一年 (1905)	191,666.10
光緒九年 (1883)	78,442.01	光緒卅二年 (1906)	735,378.81
光緒十年 (1884)	143,519.25	光緒卅三年 (1907)	877,339.98
光緒十一年 (1885)	24,500.53	光緒卅四年 (1908)	951,133.54
光緒十二年 (1886)	128,732.84	宣統元年 (1909)	861,484.54
光緒十三年 (1887)	76,585.61	宣統二年 (1910)	835,882.11
光緒十四年 (1888)	232,872.49	宣統三年 (1911)	891,716.47
光緒十五年 (1889)	344,341.17	民國元年 (1912)	773,522.15
光緒十六年 (1890)	208,225.62	民國二年 (1913)	961,381.32
光緒十七年 (1891)	237,658.02	民國三年 (1914)	892,223.96
光緒十八年 (1892)	296,960.83	民國四年 (1915)	872,205.33
光緒十九年 (1893)	372,025.12	民國五年 (1916)	891,184.25
光緒廿年 (1894)	438,889.63	民國六年 (1917)	877,483.79
光緒廿一年 (1895)	489,776.42	民國七年 (1918)	755,249.28
光緒廿二年 (1896)	956,863.31	民國八年 (1919)	836,842.90
光緒廿三年 (1897)	771,528.90	民國九年 (1920)	769,841.40
光緒廿四年 (1898)	766,765.32	民國十年 (1921)	1,224,420.20
光緒廿五年 (1899)	753,098.14	民國十一年 (1922)	956,216.73
光緒廿六年 (1900)	659,440.31	民國十二年 (1923)	7,407,674.10
光緒廿七年 (1901)	682,290.30	民國十三年 (1924)	1,682,916.80
光緒廿八年 (1902)	864,699.96	民國十四年 (1925)	1,417,852.30
光緒廿九年 (1903)	309,542.67	民國十五年 (1926)	1,754,166.20

說明：本表自一九三〇年內地會年冊，頁 40～43 整理出來。並參考楊端六等編，《六十五年來中國國際貿易統計》，頁 151 之「六十一年來海關兩與各國貨幣比價表」，換算年地會及各分會收入爲中國銀元。由於同治三年到光緒七年（1864～1881）的經費無法換算，遂將其收入合計，以英鎊爲貨幣單位直列表中。此外，各項換算數字皆取至小數點後第三位四拾五入。

【附錄五】基督新教各傳教團體代號名稱對照表

代號	團體英文名稱	傳教團體中文名稱	國別	來華年代	資料出處
1	American Baptist Missionary Union	大美國浸禮會眞神堂	美	道光廿三年(1843)	(1)
2	American Baptist Mission (Independent) (North)	美國浸禮會	美	道光十六年(1836)	(2)(4)
3	American Board of Commissioners for Foreign Missions	美國公理會(美部會)	美	道光十年(1830)	(3)
4	Methodist Episcopal Church	監理會(美南美以美會)	美	道光廿八年(1848)	(2)
5	Methodist Episcopal Church (South)	美以美會(北)	美	道光廿七年(1847)	(2)
6	American Presbyterian Mission (North)	美國長老總差會(美北長老會)	美	道光十八年(1838)	(2)
7	Protestant Episcopal Mission in the U. S. A.	美國聖公會	美	道光十五年(1835)	(2)
8	Reformed Dutch Mission	大美國歸正教	美	道光廿二年(1842)	(1)
9	Seventh Day Baptist	傳耶穌教安息日浸禮會	美	道光廿七年(1847)	(1)
10	Southern Baptist Convention	美國南浸信傳道會(美南浸信會)	美	道光十五年(1836)	(2)
11	Southern Presayterian Mission	美南長老會	美	同治六年(1867)	(2)
12	United Presbyterian Mission	大美長老會	美	咸豐十年(1860)	(5)
13	Woman Missionary Union	美女公會	美	同治七年(1868)	(1)
14	English Baptist Missionary Society	大英浸禮會	英	道光廿五年(1845)或咸豐九年(1859)	(2)(5)
15	British and Foreign Bible Society	大英聖書公會	英	嘉慶十九年(1814)	(2)
16	China Inland Mission	中國內地會	英	同治四年(1865)	(2)
17	Church Missionary Society	英行教會(屬英國聖公會，倡低派神學傳統〈Low Church theological tradition〉)	英	道光廿四年(1844)	(2)(3)

代號	團 體 英 文 名 稱	傳教團體 中文名稱	國別	來華年代	資料 出處
18	London Missionary Society	倫敦會	英	嘉慶十二年 (1807)	(2)
19	Methodist New Connection Missionary Society	聖道公會	英	咸豐九年 (1859)	(2)
20	National Bible Society of Scotland	蘇格蘭聖經會	英	同治二年 (1863)	(2)
21	English Presbyterian Mission	大英長老會	英	道光廿七年 (1847)	(2)
22	Society for the Propagation of the Gospel in Foreign Parts	聖公會(屬英國聖公會，倡高派神學傳統〈High Church theological tradition〉)	英	道光廿三年 (1843)	(2)
23	United Methodist Free Church	大英美以美會	英	咸豐十年 (1860)	(5)
24	United Presbyterian Church of Scotland	蘇格蘭長老會	英	同治元年 (1862)	(2)
25	Wesleyan Missionary Society	循道會	英	咸豐三年 (1853)	(2)
26	Presbyterian Church of Canada	加拿大長老會	加	同治十年 (1871)	(2)
27	Evangelical Missionary Society of Basel	巴色會	德	道光廿七年 (1847)	(2)
28	Rhenish Missionary Society	禮賢會	德	道光廿七年 (1847)	(2)
29	Unconnected with any mission	獨立傳教士			(4)
30	Berlin Missionary Society	巴陵信義會	德	光緒八年 (1882)	(2)(4)
31	Berlin Ladies' Mission (Berlin Women's China Society)	巴陵女書院	德	光緒八年 (1882)	(2)
32	American Bible Society	美國聖經會	美	光緒二年 (1876)	(2)
33	Foreign Christian Missionary Society	基督教會	美	光緒十二年 (1886)	(1)
34	Christian and Missionary Alliance	宣道會	美	光緒十四年 (1888)	(1)
35	United Brethren in Christ	基督同寅會	美	光緒十五年 (1889)	(2)
36	Swedish-American Mission	瑞美會	美	光緒十六年 (1890)	(2)
37	American Friends' Mission	貴格會	美	光緒十三年 (1887)	(1)(3)

代號	團 體 英 文 名 稱	傳教團體中文名稱	國別	來華年代	資料出處
38	Methodist Episcopal Church, Canada	英美會 (美道會)	加	光緒十七年 (1891)	(2)
39	Gospel Baptist Mission	浸禮福音會	美	光緒十八年 (1892)	(1)(2)
40	Y. M. C. A. in Foreign Lands	青年會		光緒廿一年 (1895)	
41	Reformed Presbyterians	美國約老會	美	光緒廿一年 (1895)	(2)
42	Cumberland Presbyterian China Mission	根本論長老會	美	光緒廿三年 (1897)	(1)
43	Female Education Society	中華女子教育促進會	英	道光十七年 (1837)	(3)
44	Irish Presbyterian Mission in Manchuria	愛爾蘭長老會	英	同治八年 (1869)	(1)
45	Church of Scotland Foreign Mission	蘇格蘭福音會	英	光緒四年 (1878)	(2)
46	Zenana Missionary Society	聖公會婦女部(屬英國聖公會)	英	光緒十年 (1884)	(3)
47	Bible Christian Methodist Mission		英	光緒十一年 (1885)	(1)
48	Friends' Foreign Mission Association	公誼會	英	光緒十二年 (1886)	(4)
49	General Evangelical Protestant Missionary Association	同善會	德	光緒十一年 (1885)	(1)
50	Swedish Alliance Mission	瑞華盟會	瑞典	光緒十三年 (1887)	(2)
51	Congregational Church of Sweden		瑞典	光緒十六年 (1890)	
52	German China Alliance	德華盟會	德	光緒廿年 (1894)	(2)
53	Norwegian Lutheran China Mission Association	中華基督教路德會	挪威	光緒十七年 (1891)	(2)
54	Dannish Missionary Society	路德會	丹麥	光緒十八年 (1892)	(2)
55	Chinese Blind Mission		超宗派	光緒十三年 (1887)	
56	Diffusion of Christian Knowledge		超宗派	光緒十三年 (1887)	
57	International Institute		超宗派	光緒廿三年 (1897)	

代號	團 體 英 文 名 稱	傳教團體中文名稱	國別	來華年代	資料出處
58	Advent Mission Society	來復會	美	光緒廿三年(1897)	(3)
59	Bible Mission		美	光緒卅年(1904)	(3)
60	Christian Catholic Church in Zion		美	光緒廿五年(1899)	
61	Hauge's Synod Mission	鴻恩會	美	光緒十七年(1891)	(3)
62	Reformed Church in United States	大美復初會	美	光緒廿五年(1899)	(2)
63	Seventh Day Adventist Mission	基督復臨安息日會	美	光緒廿八年(1902)	(2)
64	South Chili Mission	南直隸福音會	美	光緒廿二年(1896)	(3)
65	Christians' Mission, Ningpo	基督徒公會	英	光緒十九年(1893)	(3)
66	Religious Tract Society		英	嘉慶廿年(1815)	
67	Presbyterian Church of New Zealand	紐絲長老會	紐西蘭	光緒廿七年(1901)	(3)
68	Dannish Lutheran Society	路德會	丹麥	光緒廿二年(1896)	(2)
69	Finland Missionary Society	信義會	芬蘭	光緒廿四年(1898)	(2)
70	Norwegian Missionary Society	信義會	挪威	光緒廿八年(1902)	(2)
71	Swedish Missionary Society	行道會	瑞典	光緒廿二年(1896)	(2)
72	Berlin Founding Hospital		德	光緒卅年(1850)	
73	Disciples of Christ			光緒十二年(1886)	
74	Book and Tract Society	廣學會	英	光緒十二年(1886)	(3)

說明：本表所列傳教團體係自附錄六到九摘出，其中文名稱、來華年代則參考下列資料整理出。不詳者，皆保留原名，一概不自譯。

　　1. D. MacGillivray（季理斐）ed. *A Century of Protestant Missions in China, 1807 ～1907*（S. F.: Chinese Materials Center, reprinted, 1979）.

2. 查時傑，〈民國基督教會史（一）〉《國立台灣大學歷史學系學報》，第 8 期，頁 116～124（1981 年 12 月）。

3. 東亞研究所編印，《諸國の對支那投資》（日本：東亞研究所印行，1943 年〈昭和 18 年〉3 月），下卷。

其他補充資料：

4. Milton T. Stauffer（司德敷）ed., *The Christian Occupation of China（中華歸主）：A General Survey of the Numerical Strength and Geographical Distribution of the Christian Forces in China* (Shanghai: China Continuation Committee, 1922; S. F.: Chinese Materials Center, reprinted, 1979), pp. 11～13.

5. Alexander Wylie（偉烈亞力）, *Memorials of Protestant Missionaries to the Chinese：Giving a List of Their Publications, and Obituary Notices of the Deceased with Copious Indexes* (Shanghai: American Presbyterian Mission Press, 1867; Taipei: Cheng-wen Publishing Co., reprinted, 1967).

6. 關於聖公宗（Anglicaniism）所屬宗派教會（尤其是英國聖公會和美國聖公會）的高派神學傳統及低派神學傳統的基本分野，可參見林美玫，《追尋差傳足跡：美國聖公會在華差傳探析（1835～1920)》（台北：宇宙光全人關懷機構，2006 年 7 月初版），頁 217～219。

【附錄六】同治八年（1869）基督新教各傳教團體在華事業發展表

傳教團體代號	佈道所傳教站	禮拜堂	外國傳教士	中國教牧	守聖餐者	願受洗禮者	日間學校		住宿學校	
							男生	女生	男生	女生
(1)	29	30	11	28	337		45	0	12	10
(2)	5	4	3	4	93		10			30
(3)	25	25	29	28	154	40	159		31	43
(4)	32	32	13	50	574	224	115	0	17	32
(5)	2	2	2	0	4	3	10			
(6)	34	33	36	45	610	55	153	39	99	65
(7)	1	1	6	1	4	1	20			
(8)	9	8	5	18	409		70	10		
(10)	14	12	7	12	224		26		5	10
(11)	1	1	5	1	8				12	13
(12)	1	1	2		2	1	25			
(13)			3							
(16)	15	15	30	18	119	34				
(17)	33	30	18	58	458	146	240	5	37	38
(18)	39	33	33	48	1,276	341	372	44	4	22
(19)	2	10	7	6	141	35	70	0	12	0
(20)			2							
(21)	32	26	17	34	571	486	63			
(23)	2	1	6	4			24	24	27	
(25)	6	8	16	8	91	10	299	60		
(27)	10	10	10	6	298	70	60	0	46	69
(28)	6	6	7	10	100		97	5		
(29)	1	1	2	1						
(30)	4	2	6	7	200		1,700	15		
(31)	0	1	4	1	10				0	22
總計	303	292	280	388	5,710	1,446	3,558	202	275	354
內地會（代號16）佔百分比	5%	5%	11%	5%	2%	2%				

說明：本表自 *Chinese Recorder*, v. 2, no. 3, pp. 61～64 (1869) 整理出來。總計表內，傳教團體代號（16）爲內地會；「總計」爲各傳教團體教務實力總數；「百分比」爲內地會佔各項總數的百分比，取至小數點後第三位四捨五入。

【附錄七】光緒十二年（1886）基督新教各傳教團體在華事業發展表

傳教團體代號	活動省區	外國傳教士	中國教牧	守聖餐者	教會學校學生	信徒奉獻（中國銀元）
(1)	2	23	80	1,433	175	491.26
(3)	5	63	80	1,175		
(4)	1	23	10	146	653	222.11
(5)	6	60	204	2,408	988	3,121.10
(6)	4	90	30	4,368	1,804	1,472.00
(7)	2	23	30	384	801	500.80
(8)	1	12	23	784		2,008.43
(9)	1	3	8	18	69	88.00
(10)	3	24		547		600.00
(11)	2	18	10	44	207	35.00
(13)	1	3				
(14)	1	30	17	994	46	
(15)	4	16	82			
(16)	15	200	114	1,314	274	408.13
(17)	4	47	190	2,724	1,089	2,103.00
(18)	5	47	74	3,052	1,711	
(19)	2	11	54	1,186	142	
(20)	3	5	40			
(21)	2	46	126	3,312		1,524.74
(22)	2	6				
(23)	1	6	10	297		300.00
(24)	2	13	17	306		
(25)	2	32	28	679	587	
(26)	1	4	32	1,128	55	
(27)	1	38	53	1,611	461	
(28)	1	6	6	60	200	
(29)	4	5				
(30)	1	10	27	119	84	
(32)	4	12	40			
(43)	2	3				

傳教團體代號	活動省區	外國傳教士	中國教牧	守聖餐者	教會學校學生	信徒奉獻（中國銀元）
(44)	1	6				
(45)	1	4	3	30	438	
(49)		2				
(72)	1	6			80	
(73)		3				
(74)		1				
總計	基督教傳教團體共計十六個活動省區	901	1,388	25,067	8,153	12,874.00
內地會（代號16）佔百分比		22%	8%	5%	3%	3%

說明：本表自 James Hudson Taylor（戴德生），*China's Spiritual Need and Claims* (London: Morgan & Scott, 7th edition, 1887), pp.40～41, 92 和 *Chinese Recorder,* v. 8, no. 1, p. 46 (1887) 整理出來。表內，中國教牧項包括未按立神職者；信徒奉獻項的貨幣單位是中國銀元；傳教團體代號（16）為內地會及其相關傳教團體；「總計」為各傳教團體教務實力總數；「百分比」為內地會佔各項總數的百分比，取至小數點後第三位四捨五入。

【附錄八】光緒二十四年（1898）基督新教各傳教團體在華事業發展表

傳教團體代號	佈道所	傳教站	外國傳教士	中國教牧	守聖餐者	日間		高等教育	
						學校	學生	機構	學生
(1)	14	77	78	135	2,238	34	573	1	8
(2)	15	116	112	329	3,740	112	2,276	19	686
(4)	6	18	44	62	751	58	1,310	6	552
(5)	15	180	152	695	20,326	474	6,623	22	1,206
(6)	19	304	184	527	8,317	201	2,490	11	685
(7)	5	45	31	97	1,134	54	1,239	1	337
(8)	3	38	17	45	1,304	15	264	8	265
(9)	1	1	4	5	55	2	58	2	32
(10)	10	50	40	43	1,499	31	816		
(11)	11	6	66	53	370	18	300	1	
(13)	1		18			6		1	
(14)	6	287	51	188	4,088		1,128		
(15)	10		27	270					
(16)	149	169	776	605	7,147	114	1,589	3	137
(17)	26	8	166	510	4,911	250	2,823	6	62
(18)	16	140	108	291	7,097	117	2,530		
(19)	6	94	14	92	2,125	37	489	2	41
(20)	6		16	170					
(21)	7	122	48	112	3,790	1	174	5	44
(22)	6		17	7	400	14			
(23)	2	49	9	63	996	5	77	1	18
(24)	4	63	36	158	5,183	55	652		
(25)	18	37	30	129		31	896	4	
(26)	2	4	18	13	9				
(27)	13	49	36	127	3,000	47	1,121	2	55
(28)	5	8	19	10	375	4	66	2	8
(30)	5	29	6	50	479	18	270	5	81
(31)	1		6						
(32)	4		6	87					
(33)	5	6	24	8	204	7	113	2	48
(34)	34	1	121						

傳教團體代號	佈道所	傳教站	外國傳教士	中國教牧	守聖餐者	日 間 學校	日 間 學生	高等教育 機構	高等教育 學生
(35)	1	1	10	18	19	4	148		
(36)	1		5		1				
(37)	1	2	6	7	50	6	100		
(38)	2		6		10				
(39)			12						
(40)	3		6						
(41)	1		4						
(42)	1		3						
(43)	2	8	6	16		17	400		
(44)	7	49	23	105	911	11	107		
(45)	1	3	9	12	110	3	150		
(46)			37	11		2			
(47)	3	3	14	4	28	2	70		
(48)	2	3	14	7	5	2	162		
(49)	1		3						
(50)	4		29	14	60	4			
(51)	2		13		9	3	82		
(52)	6	3	16	4	45				
(53)	3	2	8		25	3			
(54)	3		9		4				
(55)	1		2					1	20
(56)	1		2						
(57)	1		3						
內地會系相關傳教團體	162	175	835	627	7,280	120	1,659	3	137
總　計	472	1,984	2,520	5,079	80,815	1,772	29,116	105	4,285
百分比	34%	9%	33%	12%	9%	7%	6%	3%	3%

說明：本表自 *Chinese Recorder*, v. 30, no. 3, pp. 144～145 (1899) 整理出來。表內，傳教團體代號（16）（47）（50）（52）為內地會及其相關傳教團體，其教務實力合計於「內地會系」一欄；「總計」為各傳教團體教務實力總數；「百分比」為內地會系佔各項總數的百分比，取至小數數點後第三位四捨五入。

【附錄九】光緒三十一年（1905）基督新教各傳教團體在華事業發展表

傳教團體代號	佈道所	傳教站	教會	外國傳教士	中國教牧	守聖餐者	願受洗者	日間學校或小學		中、高等學校		醫院	診察所	住院病人	門診病人	信徒奉獻
								學校	學生	學校	學生					
(1)	16	224	112	90	285	4,709	10,800	50	801	8	350	7	9	1,493	28,801	16,956
(3)	16	184	307	106	590	9,573	17,242	188	3,271	29	966	8	13	644	72,134	21,084
(4)	7	41	39	48	175	1,754	1,515	18	420	21	1,107	2	1	687	30,137	5,378
(5)	30	532	286	196	1,685	15,216	12,141	263	6,950	36	2,429	8		1,724	24,301	41,173
(6)	28	372	139	265	879	16,972		237	3,180	37	1,927	23	21		177,978	35,050
(7)	11	44	42	84	212	4,821	1,187	60	1,507	11	730	5	4	1,275	29,274	4,539
(8)	4	50		22	92	1,597	828	17	343	7	430	2	2		17,826	5,445
(9)	2	1	3	6	12	65		4	144	1	23		1		1,986	
(10)	13	92	54	88	174	5,049		43	1,214	9	432	4	5		13,764	3,918
(11)	6	36		51	80	1,447	1,752	5	93	6	169	3	4	546	19,313	1,721
(13)	1	2	3	6	10	136		5	80	2	43	1	1	151	45,700	126
(14)	6	326		55	172	4,403		53	1,162	4	146	5	4	331	20,401	
(15)				25												
(16)	205	632	476	849	1,287	14,078		122	1,831	66	1,166	7	138	366	49,809	17,881
(17)	58	242		275	1,038	16,096	2,567	366	6,795	40	586	15	9	7,260	166,215	19,002
(18)	21	273	196	131	514	14,386	12,385	166	4,108	15	900	24	15	4,850	103,738	53,380
(19)	5	92	97	18	177	2,710	1,643	44	511	4	83	1	1	184	3,279	
(20)				13												
(21)	11	279	184	99	249	14,197		117	1,730	15	712	12		8,300	24,345	8,550
(23)	2	193	167	17	292	3,883	6,435	29	622	3	265	1		740	17,370	2,133
(24)	10	110	75	35	181	6,960	1,402	24	458			4		1,231	66,757	17,622
(25)	19	61	80	82	225	3,449	730	27	554	2	132	5				1,300
(26)	5	76		39	96			3	35							
(27)	16	52		48	203	8,530		56	919	21	826	1		279	4,329	
(28)	7	18		32	66	1,488	156	30	507			2	1	711	19,232	2,207
(29)				108												
(32)				15												
(33)	5	14		35	60	834		12	279	3	120	2		337	17,218	3,839
(34)	21	19		76	106	1,483	160	16	298	5	110					844
(35)	2	12	14	13	27	235	470	8	324	1	32		1		13,695	149
(36)	2	5		14	38	167	150	12	300			1	1	227	2,987	
(37)	2	4	2	9	24	117	97	2	40	2	69	2		424	9,942	
(38)	4	32	37	33	35	302	500	7	203	4	133	4				138
(39)	3	6		17		100										100

傳教團體代號	佈道所	傳教站	教會	外國傳教士	中國教牧	守聖餐者	願受洗者	日間學校或小學		中、高等學校		醫院	診察所	住院病人	門診病人	信徒奉獻
								學校	學生	學校	學生					
(40)				30												
(41)	1		1	8	3	40		1	13				1		672	117
(42)	2	4	4	8	4	25		1	16			1		150	6,000	
(44)	10	120	85	27	224	6,443	1,663	42	536				5	1,051	18,860	23,540
(45)	1	12	9	15	32	1,187	347	9	259	2	59	1		419	11,131	76
(47)	2	5		14	19	232	1,214	3	140	1	25	1			650	1,000
(48)	5	17	20	27	62	56	753	13	309	2	30	1		16	1,423	195
(53)	9	10		27	40	204		4	68	3	54					60
(58)	2	7	9	8	38	350	215	10	264							1,500
(59)	1	0	1	7	38											140
(60)				6												
(61)	4	8		15	15	130		9	262	4	98	1				
(62)	2	0	2	18	7	70				2	54					
(63)	6	4		18	31	66		5	85	1	15		3		1,080	
(64)	11	9		45		342				2	26					
(65)	1	3		10	7			1	22	1	30					
(66)				1												
(67)	1	4	4	4	9	59		4	83	1	3					
(68)				15		119										
(69)	2	5		7	3	15		4	70	1	40					
(70)	4	8		12	21	63		4	38			1				
(71)	5	7		24	57	600		12	327				1		6,533	
內地會系相關傳教團體	207	637	476	863	1,306	14,310	1,214	125	1,971	67	1,191	8	138	366	50,459	18,881
總計	607	4,267	2,448	3,346	9,594	164,718	76,352	2,106	41,171	372	14,320	160	236	33,396	1,026,880	289,163
百分比	34%	15%	19%	26%	14%	9%	2%	6%	5%	18%	8%	5%	58%	1%	5%	7%

說明：本表自 *Chinese Recorder,* v. 38, no. 6, pp. 356～b (1907) 整理出來。表內，傳教團體代號（16）（47）為內地會及其相關傳教團體，教務實力總數合計於「內地會系」一欄；「總計」為各傳教團體教務實力總數；「百分比」為內地會系各項教務發展佔總數的百分比，取至小數點後第三位四捨五入。

【附錄十】民國十年（1921）中國內地會在各省教務實力表

省份	佈道所及傳教站			外國傳教士			中國教牧			守聖餐者			初等小學學生			高等小學學生			中學學生			教會		
	內地會	總數	百分比	內地會	總數	百分比	內地會	總數	百分比	內地會	總數	百分比	內地會	總數	百分比	內地會	總數	百分比	內地會	總數	百分比	內地會	總數	百分比
浙江	325	973	33%	82	344	24%	710	2,314	31%	11,422	48,079	24%	1,411	7,872	18%	229	1,746	13%				269	859	31%
江蘇	24	495	5%	59	938	6%	42	3,108	1%	1,004	29,783	3%	73	11,550	0.6%	31	5,015	0.6%	5	3,323	0.2%	19	314	6%
安徽	62	222	28%	41	172	24%	129	721	18%	1,341	5,070	26%	327	4,318	8%	53	1,016	5%				45	127	35%
江西	199	328	61%	102	226	45%	436	914	48%	4,855	7,827	62%	1,099	3,814	29%	57	982	6%				153	225	68%
湖北	15	402	4%	11	385	3%	29	1,394	2%	459	14,725	3%	53	3,049	2%							11	262	4%
湖南	73	472	15%	65	398	16%	131	1,282	10%	1,564	11,018	14%	361	6,432	6%	59	1,594	4%				44	235	19%
河南	182	502	36%	70	394	18%	317	1,357	23%	4,770	12,418	38%	739	5,855	13%	100	982	10%	84	275	31%	131	247	53%
山西	237	346	68%	131	240	55%	315	614	51%	5,148	8,340	63%	1,314	2,154	61%	201	304	66%	108	267	40%	163	229	71%
陝西	160	283	57%	87	126	69%	321	528	61%	4,485	7,081	63%	818	1,949	42%	32	274	0.1%				77	176	44%
甘肅	39	55	71%	48	72	67%	109	133	82%	795	1,336	60%	344	423	81%	36	63	57%				23	33	70%
直隸	13	538	2%	15	664	2%	16	1,904	0.8%	294	22,283	1%	38	8,554	0.4%							12	365	3%
雲南	103	202	51%	25	75	33%	111	272	41%	4,014	7,816	51%	735	1,782	41%	59	224	26%				64	128	50%
貴州	123	167	74%	35	45	78%	480	773	62%	5,938	9,446	63%	730	1,689	43%	37	189	20%				79	106	75%
四川	174	563	31%	122	543	22%	279	884	32%	4,473	12,954	37%	2,135	15,954	13%	258	1,835	14%	7	375	2%	114	369	31%
山東	4	1,392	0.3%	53	504	11%	15	2,951	0.5%	173	41,821	0.4%	64	17,081	0.4%							2	663	0.3%

說明：本表自 *The Christian Occupation of China*（中華歸主）整理出。福建、新疆、及東北爲內地會巡迴傳教，不列入表內。此外，「內地會」代表該會及其相關傳教團體教務實力；「總數」代表各傳教團體教務實力總數；「百分比」代表內地會佔總數的百分比，一般取至小數點後第三位，必要時取至小數點後第四位四捨五入。

參考書目

中文部分

一、書目、索引、地圖

1. 丁文江等編，《中國分省新圖》（上海：申報社，1933 年）。

2. 中華福音神學院中國教會史研究中心編纂，《中國基督教史研究書目——中、日文專著與論文目錄》（台北：中華福音神學院版社，1981 年 1 月初版）。

3. 國立中央圖書館編印，《中國近二十年文史哲論文分類索引》（台北：國立中央圖書館，1970 年初版）。

4. 趙天恩編，《中國基督教史書目初編》（美國麻州：中國神學研究院，1970 年 10 月初版；台北：校園團契出版社經銷）。

5. Bennett, Adrian Arthur.《教會新報目錄導要（1868～1874）》（San Francisco, California: Chinese Materials Center, 1975），美國中文資料中心研究資料叢書。

6. Bennett, Adrian Arthur.《萬國公報目錄導要（1874～1883）》（San Francisco, California: Chinese Materials Center, 1975），美國中文資料中心研究資料叢書。

二、檔案、年鑑、地方志、報紙

1. 中央研究院近代史研究所編輯，《教務教案檔》，共七輯，計二十一冊。（詳列如下）

　中央研究院近代史研究所編輯，《教務教案檔》，第一輯，咸豐十年～同治五年（1860～1866）（台北：中研院近史所，1974 年 2 月初版）。

　中央研究院近代史研究所編輯，《教務教案檔》，第二輯，同治六年～同

治九年（1867～1870）（台北：中研院近史所，1974 年 8 月初版）。

中央研究院近代史研究所編輯，《教務教案檔》，第三輯，同治十年～光緒四年（1871～1878）（台北：中研院近史所，1975 年 2 月初版）。

中央研究院近代史研究所編輯，《教務教案檔》，第四輯，光緒五年～光緒十二年（1879～1886）（台北：中研院近史所，1976 年 5 月初版）。

中央研究院近代史研究所編輯，《教務教案檔》，第五輯，光緒十三年～光緒二十一年（1887～1895）（台北：中研院近史所，1977 年 10 月初版）。

中央研究院近代史研究所編輯，《教務教案檔》，第六輯，光緒二十二年～光緒二十五年（1896～1899）（台北：中研院近史所，1980 年 9 月初版）。

中央研究院近代史研究所編輯，《教務教案檔》，第七輯，光緒二十六年～宣統三年（1900～1912）（台北：中研院近史所，1981 年 11 月初版）。

2. 中國教會研究中心與橄欖文化基金會重印並聯合出版，《中華基督教會年鑑》，共十三輯，計十四冊。（詳列如下）

中華續行委辦會編訂，《中華基督教會年鑑（一），1914》（上海：商務印書館，1914 年；台北：中國教會研究中心與橄欖文化基金會，1983 年 3 月台再版）。

中華續行委辦會編訂，《中華基督教會年鑑（二），1915》（上海：商務印書館，1915 年；台北：中國教會研究中心與橄欖文化基金會，1983 年 3 月台再版）。

中華續行委辦會編訂，《中華基督教會年鑑（三），1916》（上海：商務印書館，1916 年；台北：中國教會研究中心與橄欖文化基金會，1983 年 3 月台再版）。

中華續行委辦會編訂，《中華基督教會年鑑（四），1917》（上海：商務印書館，1917 年；台北：中國教會研究中心與橄欖文化基金會，1983 年 7 月台再版）。

中華續行委辦會編訂，《中華基督教會年鑑（五），1918》（上海：商務印書館，1918 年；台北：中國教會研究中心與橄欖文化基金會，1983 年 7 月台再版）。

中華全國基督教協進會編訂，《中華基督教會年鑑（六），1921》（上海：中華全國基督教協進會，1921 年；台北：中國教會研究中心與橄欖文化基金會，1983 年 8 月台再版）。

中華全國基督教協進會編訂，《中華基督教會年鑑（七），1924》（上海：中華全國基督教協進會，1924 年；台北：中國教會研究中心與橄欖文化基金會，1983 年 8 月台再版）。

中華全國基督教協進會編訂,《中華基督教會年鑑（八），1925》（上海：中華全國基督教協進會，1925 年；台北：中國教會研究中心與橄欖文化基金會，1983 年 8 月台再版）。

中華全國基督教協進會編訂,《中華基督教會年鑑（九），1927》（上海：中華全國基督教協進會，1927 年；台北：中國教會研究中心與橄欖文化基金會，1983 年 8 月台再版）。

中華全國基督教協進會編訂,《中華基督教會年鑑（十），1928》（上海：中華全國基督教協進會，1928 年；台北：中國教會研究中心與橄欖文化基金會，1983 年 8 月台再版）。

中華全國基督教協進會編訂,《中華基督教會年鑑（十一上），1929～1930》（上海：中華全國基督教協進會，1930 年；台北：中國教會研究中心與橄欖文化基金會，1983 年 10 月台再版）。

中華全國基督教協進會編訂,《中華基督教會年鑑（十一下），1929～1930》（上海：中華全國基督教協進會，1930 年；台北：中國教會研究中心與橄欖文化基金會，1983 年 10 月台再版）。

中華全國基督教協進會編訂,《中華基督教會年鑑（十二），1933》（上海：中華全國基督教協進會，1933 年；台北：中國教會研究中心與橄欖文化基金會，1983 年 10 月台再版）。

中華全國基督教協進會編訂,《中華基督教會年鑑（十三），1934～1936》（上海：中華全國基督教協進會，1936 年；台北：中國教會研究中心與橄欖文化基金會，1983 年 10 月台再版）。

3. 地方志

金城修等纂,《新昌縣志》（台北：成文出版社，1970 年 7 月台一版）。

張宗海等修纂,《蕭山線志稿》，民國 24 年（台北：成文出版社，1970 年 12 月台一版）。

喻長霖等纂,《台州府志》，民國 25 年（台北：成文出版社，1970 年 11 月台一版）。

龔嘉儁等修纂,《杭州府志》，清光緒二十四年（台北：成文出版社，1974 年 12 月台一版）。

4. 檔案、報刊、雜誌

林樂知（Allen, Young John） 主編,《教會新報》（*The Church News*），同治七年～同治十三年（1868～1874）（台北：華文書局影印本，1968 年）。

林樂知（Allen, Young John） 主編,《萬國公報》（*The Globe Magazine* 或 *Review of the Times*），光緒元年～光緒三十二年（1874～1906）（台北：華文書局影印本，1968 年）。

新青年雜誌社編輯，《新青年》（*La Jeunesse*），第二冊（東京：大安株式會社影印本，1962 年 8 月版）；第六冊（東京：大安株式會社影印本，1963 年 1 月版）。

《戴德生家譜》，中華福音神學院中國教會史研究中心特藏資料，台灣台北。

三、專　書

1. 中華續行委辦會編，《基督教全國大會報告書》（上海：商務印書館，1923 年 5 月），中華福音神學院中國教會史研究中心影引本。

2. Lutz, Jessie G.（魯珍晞）編，王成勉譯，《所傳為何？：基督教在華宣教的檢討》（台北縣新店市：國史館，2000 年）。

3. 王成勉著，《教會、文化與國家：對基督教史研究的思索與案例》（台北：宇宙光全人關懷機構，2006 年 7 月初版）。

4. 王治心著，《中國宗教思想史大綱》（上海：中華書局，1933 年）。

5. 王治心著，《中國基督教史綱》（台北：文海出版社，1966 年）。

6. 李亦園著，《文化與行為》（台北：台灣商務印書館，1979 年 11 月七版）。

7. 李亦園著，《信仰與文化》（台北：巨流出版社，1978 年 8 月初版）。

8. 李定一著，《中美早期外交史》（台北：傳記文學出版社，1978 年 5 月初版）。

9. 李定一著，《中國近代史》（台北：台灣中華書局，1974 年 7 月台十一版）。

10. 李國祁著，《中國現代史的區域研究，閩浙台地區　（1860～1916）》（台北：中央研究院近代史研究所，1982 年 5 月初版）。

11. 呂實強著，《中國官紳反教的原因　（1860～1874）》（台北：中國學術著作委員會，1973 年 8 月再版）。

12. 吳利明著，《基督教與中國的社會變遷》（香港：基督教文藝出版社，1981 年 2 月初版）。

13. 吳相湘著，《晏陽初傳──為全球鄉村改造奮鬥六十年》（台北：時報文化出版事業有限公司，1981 年 8 月初版）。

14. 阮仁澤、高振農主編，《上海宗教史》（上海：人民出版社，1993 年再版）。

15. 明燈報社編，《戴德生的生平》（上海：廣學會，1947 年 11 月三版）。

16. 林治平主編，《近代中國與基督教論文集》（台北：宇宙光出版社，1981 年 11 月初版）。

17. 林治平主編，《基督教入華百七十年紀念集》（台北：宇宙光出版社，1978 年 4 月再版）。

18. 林治平主編，《基督教與中國》（台北：宇宙光出版社，1977 年 5 月四版）。

19. 林治平主編，《基督教與中國本色化國際學術研討會論文集》（台北：宇宙光出版社，1990 年 3 月初版）。

20. 林美玫著，《追尋差傳足跡：美國聖公會在華差傳探析（1835-1920）》（台北：宇宙光全人關懷機構，2006 年 7 月初版）。

21. 林美玫著，《婦女與差傳：十九世紀美國聖公會女傳教士在華差傳研究》（台北：里仁書局，2005 年 2 月初版）。

22. 林美玫著，《禱恩述源：台灣學者基督宗教研究論文引得（1950-2005）》（台北：世界宗教博物館發展基金會附設出版社，2006 年 9 月初版）。

23. 林榮洪著，《王明道與中國教會》（香港：中國神學研究院，1981 年 8 月初版）。

24. 林榮洪著，《風潮中奮起的中國教會》（香港：天道書樓，1980 年 5 月初版）。

25. 金耀基著，《從傳統到現代》（台北：時報文化出版事業有限公司，1980 年 3 月增訂四版）。

26. 周億孚著，《基督教與中國》（香港：輔橋出版社，1965 年）。

27. 邵玉銘編，《二十世紀中國基督教問題》（台北：正中書局，1980 年 9 月台初版）。

28. 查時傑著，《中國基督教人物小傳》（台北：中華福音神學院出版社，1983 年），上卷。

29. 查時傑著，《民國基督教史論文集》（台北：宇宙光傳播中心出版社，1994 年 3 月初版）。

30. 徐欣嫻著，《全然奉獻爲中國的戴家：從戴德生到戴繼宗》（台北：宇宙光全人關懷機構，2006 年 7 月初版）。

31. 柴連馥編，《庚子教會華人流血史》（香港：宣道書局，1957 年 7 月港初版）。

32. 梁均默編，《批評非基督教言論彙刊全編》（1922 年）。

33. 郭廷以編著，《近化中國史事日誌》（台北：正中書局，1963 年 3 月初版），二冊。

34. 郭廷以著，《近代中國史綱》（香港：中文大學出版社，1980 年第二次印刷），上冊。

35. 張玉法著，《中國現代化的區域研究，山東省（1860～1916）》（台北：中央研究院近代史研究所，1982 年 2 月初版），上、下冊。

36. 張朋園著，《中國現代化的區域研究，湖南省（1860～1916）》（台北：中央研究院近代史研究所，1983 年 2 月初版）。

37. 張振之著，《革命與宗教》（上海：民智書局，1929 年 6 月初版）。

38. 張欽士編，《國內近十年來之宗教思潮》，（北京：燕京華文學會，1927年）。

39. 張鶴琴撰，《基督教中幾個較大的宗派》（台中：光啓社，1958年）。

40. 陳增輝、吳盛德編，《教案史料編目》（北平：燕京大學，1940年）。

41. 黃錫培，《捨命的愛：中國內地會宣教士小傳》（加州：美國中信出版社，2006年）。

42. 楊森富著，《中國基督教史》（台北：台灣商務印書館，1978年4月三版）。

43. 楊端六等編，《六十五年來中國國際貿易統計》（北京：中央研究院社會科學研究所，1931年）。

44. 劉師復著，《師復文存》（廣州：1928年）。

45. 蔡錦圖著，《戴德生與中國內地會（1832～1953）》（香港：建道神學院出版社，1998年2月初版）。

46. 戴玄之著，《義和團研究》（台北：文海出版社，1967年11月再版）。

47. 戴存義夫婦（Dr. and Mrs. F. Howard Taylor）著，胡宣明譯，《戴德生傳》（香港：證道出版社，1975年9月四版）。

48. 謝扶雅著，《基督教與中國思想》（香港：基督教文藝出版社，1971年2月初版）。

49. 謝扶雅著，《基督教與現代思想》（上海：青年協會書局，1941年7月初版）。

50. 魏外揚著，《中國教會的使徒行傳：來華宣教士列傳》（台北：宇宙光全人關懷機構，2006年7月初版）。

51. 魏外揚著，《宣教事業與近代中國》（台北：宇宙光出版社，1978年11月初版）。

52. 魏外揚著，《重回庚子年》（台北：宇宙光全人關懷機構，2001年11月初版）。

53. 羅香林著，《唐元二代之景教》（香港：中國學社，1966年）。

54. 羅漁撰，《東正教源流考》（台北：新士林，1974年）。

55. Pollock, John 著，饒孝榛譯，《劍橋七傑》（台北：校園書房出版社，1978年8月五版）。

56. 蘇恩佩著，《基督教神學思想簡介》（台北：校園團契，1978年3月五版）。

57. 蘇雲峯著，《中國現代化的區域研究，湖北省（1860～1916）》（台北：中央研究所近代史研究所，1981年9月初版）。

58. 蘇精著，《中國開門！馬禮遜及相關人物研究》（香港：基督教中國宗教文化研究社，2005年6月）。

59. 顧衛民輯，《鏡頭走過：內地會在華百三十年圖片集》（台北：宇宙光傳播中心，1998年4月初版）。

60. 龔天民著,《唐朝基督教之研究》(香港:輔僑出版社,1960 年 6 月初版)。

61. 龔書森著,《宣教事業與清末政治》(台南:台灣教會公報社,1963 年 6 月初版)。

四、專　文

1. 山本達郎和山本澄子(Tatsuro and Sumiko Yamamoto)撰,劉妮玲譯,〈中國的反基督教運動(1922～1927)〉,張玉法主編,《中國現代史論集》(台北:聯經出版事業有限公司,1981 年 12 月初版),第六輯,五四運動,頁 191～209。

2. 王文杰撰,〈中國近世史上的教案〉,包遵彭、李定一、吳相湘合編,《中國近代史論叢》(台北:正中書局,1956 年 12 月台初版),第一輯,第七冊,維新與保守,頁 187～195。

3. 王成勉撰,〈基督教合作之困境——「中華全國基督教協進會」之研究〉,張啓雄主編,《二十世紀的中國與世界》(台北:中央研究院近代史研究所,2001 年),頁 695～732。

4. 王爾敏撰,〈清季知識份子的自覺〉,《中央研究院近代史研究所集刊》,第二期,頁 1～47(1971 年 6 月)。

5. 全漢昇撰,〈明末清初反對西洋文化的言論〉,包遵彭、李定一、吳相湘編,《中國近代史論叢》(台北:正中書局,1959 年 3 月台二版)第一輯,第二冊,中西文化交流,頁 227～235。

6. 李玉瑛撰,《近代中國基督教教育的發展(1840～1930)》,私立東海大學歷史學研究所碩士論文,1983 年 4 月,台灣台中。

7. 李孝悌撰,〈「平教會」與河北定縣的鄉村建設運動〉,張玉法主編,《中國現代史論集》(台北:聯經出版事業有限公司,1982 年 7 月初版),第八輯,十年建國,頁 301～334。

8. 呂實強撰,〈民初知識份子反基督教思想之分析〉,中華民國建國史討論會會議論文,1981 年 8 月 23～28 日,台灣台北,抽印本。

9. 呂實強撰,〈周漢反教案(1890～1898)〉,《中央研究院近代史研究所集刊》,第二期,頁 417～461(1971 年 6 月)。

10. 呂實強撰,〈義和團變亂前夕四川省的第一個反教運動 —— 光緒二十四年余棟臣事件〉《中央研究院近代史研究所集刊》,第一期,頁 113～148(1969 年 8 月)。

11. 呂實強,〈重慶教案(1863:1886)〉《中央研究院近代史研究所集刊》,第三期下冊,頁 457～473(1972 年 12 月)。

12. 林文慧撰,《清季福建教案之研究》,國立政治大學歷史研究所碩士論文,1981 年 6 月,台灣台北。

13. 邵玉銘撰，〈宗教與美國對外擴張主義〉，邵玉銘著，《中美關係研究論文集》（台北：傳記文學出版社，1980 年 10 月初版），頁 1～18。

14. 胡國台撰，《早期美國在華教育事業之建立（1830～1900）》，國立政治大學歷史研究所碩士論文，1979 年 6 月，台灣台北。

15. 查時傑撰，〈民國基督教會史（一）〉《國立台灣大學歷史學系學報》，第八期，頁 116～124（1981 年 12 月）。

16. 查時傑撰，〈民國基督教會史（二）〉《國立台灣大學歷史學系學報》，第九期，頁 279～284（1982 年 2 月）。

17. 唐遠華撰，《基督教教會及其傳教方式在近代中國本土化之發展》，國立師範大學歷史研究所碩士論文，1981 年 12 月，台灣台北。

18. 張秋雯撰，〈光緒三十二年的南昌教案〉《中央研究院近代史研究所集刊》，第十二期，頁 61～80（1983 年 6 月）。

19. 張維華撰，〈南京教案始末〉，包遵彭、李定一、吳相湘合編，《中國近代史論叢》，第一輯，第二冊，中西文化交流（台北：正中書局，1959 年 3 月台二版），頁 201～226。

20. 張蔭麟撰，〈明清之際西學輸入中國考略〉，包遵彭、李定一、吳相湘合編，《中國近代史論叢》，第一輯，第二冊，中西文化交流（台北：正中書局，1956 年 12 月台一版），頁 1～32。

21. 涂世華，〈景教在中國天主教傳教史上的地位與興衰〉，《道風漢語神學學刊》，第 5 期，頁 150～165（1996 年）。

22. 陳一萍撰，〈戴氏與中華〉，中華福音神學院中國教會史研究中心編，《愛的挑戰——（1970～1980）戴紹曾院長華神十年講章集》（台北：中華福音神學院出版社，1980 年初版）。

23. 陳垣撰，〈從外典籍見明末清初之天主教〉，包遵彭、李定一、吳相湘編，《中國近代史論叢》，第二輯，第八冊，學術思想（台北：正中書局，1959 年 11 月台初版），頁 1～30。

24. 陳銀崑，《清季民教衝突的量化分析，1860～1899》，國立師範大學碩士論文，1980 年 6 月，台灣台北。

25. Lutz, Jessie G.（魯珍晞）著，馮鵬江譯，〈中國民族主義與一九二○年代之反基督教運動〉，張玉法主編，《中國現代史論集》，第六輯，五四運動（台北：聯經出版事業有限公司，1981 年 12 月初版）。

26. 趙天恩，〈中國教牧事奉模式之發展〉，余達心、馮蔭坤等編，《事奉的人生——中國神學研究院講師誌賀滕近輝院長六十壽辰論文集》（香港：宣道出版社，1982 年 7 月初版）。

27. 曹中平撰，《清季直隸教務與拳亂》，私立中國文化大學史學研究所碩士論文，1980 年 7 月，台灣台北。

28. 黃昭弘，《清末寓華西教士之政論及其影響》，國立政治大學政治研究所研究生論文，1970 年 6 月，台灣台北。

29. 楊翠華撰，《非宗教教育與收回教育權運動（1922～1930）》，國立政治大學歷史研究所碩士論文，1978 年 6 月，台灣台北。

30. 蔡忠梅撰，《從教會新報看今日教會文字功能》，中華福音神學院道學碩士論文，1979 年 6 月，台灣台北。

日文部份

1. 東亞研究所印，《諸外國の對支那投資》（日本：東亞研究所印行，1943 年〈昭和 18 年〉3 月），下卷。

2. 佐伯好郎譯，《景教僧の旅行誌》（東京：春秋社，1943 年）。

英文部分

1. Austin, Alvyn. *China's Millions: The China Inland Mission and the Late Qing Society, 1832～1905* (Grand Rapids, Michigan: William B. Eerdmans Publishing Co., 2007).

2. Baldwin, S. L. （包德溫）*Chinese Recorder and Missionary Journal*（《教務雜誌》，又簡稱爲 *Chinese Recorder*）, (Foochow: Rozarie Marcal & Co.), 10 Reels: 1868～1876, 1877～1882, 1883～1888, 1889～1893, 1894～1989, 1899～1903, 1904～1907, 1908～1911, 1912～1914, 1915. 中央研究院近代史研究所圖書館特藏微捲資料。

3. Band, Edward.（萬榮華）*Working His Purpose Out: The History of the English Prebyterian Mission, 1847～1947* (Taipei: Ch'eng-wen Publishing Co., reprinted, 1972).

4. Barber, Rev. W. T. A. *David Hill: Missionary and Saint* (London: Charles H. Kelly, 1898).

5. Barnhart, Clarence L. ed. *The New Century Cyclopedia of Names* (New York: Appleton-Century-Crofts, 1954).

6. Bohr, Paul Richard. *Famine in China and the Missionary: Timothy Richard as Relief Administrator and Advocate of National Reform, 1876～1884* (Cambridge, Massachusetts: Harvard University Press, 1972).

7. Bosshardt, R. A. *The Restraining Hand: Captivity for Christ in China* (London: Hodder & Stoughton, reprinted, 1938).

8. Broomhall, Anthony James（海恆博）*Hudson Taylor & China's Open Century, Book One: Barbarians at the Gates* (London: Hodder & Stoughton and the Overseas Missionary Fellowship, 1981).

9. Broomhall, A. J.（海恆博）*Hudson Taylor & China's Open Century, Book Two:*

Over the Treaty Wall (London: Hodder & Stoughton and the Overseas Missionary Fellowship, 1982).

10. Broomhall, A. J.（海恆博）*Hudson Taylor & China's Open Century, Book Three: If I Had a Thousand Lives* (London: Hodder & Stoughton and the Overseas Missionary Fellowship, 1982).

11. Broomhall, A. J.（海恆博）*Hudson Taylor & China's Open Century, Book Four: Survivor's Pact* (London: Hodder & Stoughton and the Overseas Missionary Fellowship, 1984).

12. Broomhall, A. J.（海恆博）*Hudson Taylor & China's Open Century, Book Five: Refiner's Fire* (London: Hodder & Stoughton and the Overseas Missionary Fellowship, 1985).

13. Broomhall, A. J.（海恆博）*Hudson Taylor & China's Open Century, Book Six: Assault on the Line* (London: Hodder & Stoughton and the Overseas Missionary Fellowship, 1988).

14. Broomhall, A. J.（海恆博）*Hudson Taylor & China's Open Century, Book Seven: It is not Death to Die!* (London: Hodder & Stoughton and the Overseas Missionary Fellowship, 1989).

15. Broomhall, A. J.（海恆博）*The Shaping of Modern China: Hudson Taylor's Life and Legacy* (Charlisle, United Kingdom: Piquant Editions Ltd., 2005).

16. Broomhall, Marshall.（海恩波）*The Chinese Empire: A General & Missionary Survey* (London: Morgan & Scott, 1907).

17. Broomhall, Marshall.（海恩波）comp. *Hudson Taylor's Legacy: A Series of Meditations* (London: China Inland Mission, 1931).

18. Broomhall, Marshall.（海恩波）*Hudson Taylor: The Man Who Believed God* (London: China Inland Mission, 1929).

19. Broomhall, Marshall.（海恩波）comp. *John W. Stevenson: One of Christ's Stalwarts* (London: China Inland Mission, 1919).

20. Broomhall, Marshall.（海恩波）*The Jubilee Story of the China Inland Mission* (Philadelphia, Pennsylvania: China Inland Mission, 1915).

21. Broomhall, Marshall.（海恩波）comp. *Last Letters and Further Records of Martyred Missionaries of the China Inland Mission* (London: Morgan & Scott, 1901).

22. Broomhall, Marshall.（海恩波）*Martyred Missionaries of the China Inland Mission, with a Record of the Perils and Sufferings of Some Who Escaped* (London: Morgan & Scott, 1901).

23. Broomhall, Marshall.（海恩波）comp. *Pioneer Work in Hunan* (London: Morgan & Scott, 1906).

24. Broomhall, Marshall.（海恩波）comp. *W. W. Cassels: First Bishop in Western China* (London: China Inland Mission, 1926).

25. Burns, Rev. Islay. *Memoir of the Rev. William C. Burns, M.A.: Missionary to China from the English Presbyterian Church* (San Francisco, California: Chinese Materials Center, reprinted, 1975).

26. Cable, A. Mildred（蓋群英）and Francesca French.（馮貴石）*A Woman Who Laughed: Henrietta Soltau* (London: China Inland Mission, reprinted, 1937).

27. Camps, A., L. A. Hoedemaker, M. R. Spindler, and E. J. Verstraelen eds. *Missiology: An Ecumcnical Introduction*, with the special assistance of J. D. Gort and E. J. Verstraelen for English edition (Grand Rapids, Michigan: William B. Eerdmans, 1995).

28. Carlson, Ellsworth C. *The Foochow Missionaries, 1847～1880* (Cambridge, Massachusetts: Harvard University Press, 1974).

29. Chang, Hsin-pao. *Commissioner Lin and the Opium War* (New York: W. W. Norton & Co., 1970).

30 Chang, Irene., James Hudson Taylor III, James Hudson Taylor IV, Joyce Wu, Janey Yiu, and Lisa Yiu eds., *Christ Alone: A Pictorial Presentation of Hodson Taylor's Life and Legacy* (Hong Kong: OMF Hong Kong, 2005).

31. Chesneaux, Jean. *Popular Movements and Secret Societies in China, 1840～1950* (Stanford, California: Stanford University Press, 1972).

32. *China, No. 2 (1869), Correspondence Respecting the Attack on Bristish Protestant Missionaries at Yang-Chow-Foo, August 1868* (London: Harrison and Sons, 1869; San Francisco, California: Chinese Materials Center, reprinted, 1975).

33. *China Christian Hand Book* (Shanghai: American Presbyterian Mission Press, 1896; Taipei: Ch'eng-wen Publishing Co., reprinted, 1973).

34. China Inland Mission comp. *China and the Gospel: An Illustrated Report of the China Inland Mission, 1915* (London: China Inland Mission, 1915).

35. China Inland Mission comp. *China and Gospel: Report of the China Inland Mission, 1921* (London: China Inland Mission, 1921).

36. China Inland Mission. *China's Millions*，中文翻譯作《億萬華民》，爲中國內地會教務雜誌，中華福音神學院中國教會史研究中心特藏，該研究中心藏有 1875 年～1889 年的微捲資料，台灣台北。

37. China Inland Mission. *Directory of the China Inland Mission, 1910, 1920, 1930, 1940, 1950* 爲中華福音神學院中國教會史研究中心特藏資料，台灣台北。

38. China Inland Mission. *Report of the China Inland Mission, 1930: We Wrestle* (London: China Inland Mission, 1930).

39. Ching, Julia.（秦家懿）*Confucianism and Christianity: A Comparative Study* （儒與耶），(Tokyo, Japan: Kodansha International, 2nd edition, 1978).

40. *Christianity in China: The History of Christian Missions and of the Present*

Insurrection (London: William S. Orr & Co., 1853).

41. Cohen, Paul A.（柯保安）"The Anti-Christian Tradition in China," *Journal of Asian Studies*, v. 20, no. 2, pp. 169-180 (February 1961).

42. Cohen, Paul A.（柯保安）*China and Christianity: The Missionary Movement and the Growth of Chinese Anti-foreignism, 1860～1870* (Cambridge, Massachusetts: Harvard University Press, 1963).

43. Cotham, Perry C. *Politics, Americanism, and Christianity* (Grand Rapids, Michigan: Baker Book, 1976).

44. Croil, James. *The Noble Army of Martyrs and Roll of Protestant Missionary Martyrs from A. D. 1661 to 1891* (Philadelphia, Pennsylvania: Presbyterian Board of Publication and Sabbath-school Work, 1894).

45. Crossman, Eileen. *Mountain Rain: A New Biography of James O. Fraser*, revised and edited by M. E. Tewkesbury (England: Arthentic Lifestyle and the Overseas Missionary Fellowship, reprinted, 2002).

46. Ebrey, Patricia Buckly. ed. *Chinese Civilization and Society: A Sourcebook* (New York: Macmillan Publishing Co., 1981).

47. Eddy, Sherwood. *Pathfinders of the World Missionary Crusade* (New York: Abingson-Cokesbury Press, 1945).

48. Edwards, E. H.（葉守眞）*Fire and Sword in Shansi: The Story of the Martyrdom of Foreigners and Chinese Christians* (London: Oliphant Anderson & Ferrier, 1903; New York: reprinted, 1970)

49. Eliade, Mircea. ed. *The Encyclopedia of Religion* (New York: Macmillian Publishing Co., 1987).

50. Fah, Charles H. and Stephen O. Benton. *The Open Door: A Chanllenge to Missionary Advance* (New York: Eaton & Mains, 1903).

51. Fairbank, John King.（費正清）*The Missionary Enterprise in China and America* (Cambridge, Massachusetts: Harvard University Press, 1974).

52. Forsythe, Sidney. *An American Missionary Community in China, 1895～1905* (Cambridge, Massachusetts: Harvard University Press, 1971).

53. Guiness, Geraldine.（金樂婷）*The Story of the China Inland Mission* (London: Morgan & Scott, 3rd edition, 1894), 2 volumes.

54. Groot, J. J. N. de. *Sectarianism and Religious Persecution in China* (Taipei: Literature House, 1963).

55. Gulick, Edward. V. *Peter Parker and the Opening of China* (Cambridge, Massachusetts: Harvard University Press, 1973).

56. Hertz, Karl W. *Politics is a Way of Helping People: A Christian Perspective for Times of Crisis* (Minneapolis, Minnesota: Augusburg Publishing House, 1974).

57. Ho, Hoi-lap. "Protestant Missionary Publications in Modern China, 1912～

1949: A Study of Their Programs, Operations, and Trends," Ph. D. dissertation, unpublished, 1979, Chicago University, Chicago, U.S.A.

58. Hsü, Emmanuel C. Y. (徐中約) *The Rise of Modern China* (New York: Oxford University Press, 1975).

59. Hutchinson, Paul. *A Guide to Important Mission Stations in Eastern China* (Taipei: Ch'eng-wen Publishing Co., reprinted, 1971).

60. Kane, J. Herbert. *A Concise History of the Christian World Mission: A Panoramic View of Missions from Pentecost to the Present* (Grand Rapids, Michigan: Baker Book House, 1978).

61. Kelter, Issac C. *The Tragedy to Paotingfu and Authentic Story of the Lives, Services and Sacrifices of the Presbyterian, Congregational and China Inland Missionaries Who Suffered Martyrdom at Paotingfu, China, June 30th and July 1, 1900* (New York: Fleming H. Revell Company, 1902).

62. Kuhn, Isobel. (揚宓貴靈) *Nest Above the Abyss* (London: China Inland Mission, 1949).

63. Latourette, Kenneth S. (賴德烈或來德里) *A History of Christian Missions in China* (New York: Russell, c1929, 1967; Taipei: Ch'eng-wen Publishing Co., reprinted, 1975).

64. Latourette, Kenneth S. (賴德烈或來德里) *Christianity in a Revolutionary Age: A History of Christianity in the Nineteeth and Twentieth Centuries* (New York: Harper & Brothers, 1959)

65. Liu, Kwang-ching. (劉廣京) "Early Christian Colleges in China," *Journal of Asian Studies*, v. 20, no.1, pp. 71～78 (November 1960).

66. Loane, Marcus L. *The Story of the China Inland Mission in Australia and New Zealand, 1890～1964* (Sidney, Australia: Halstead Press, 1965).

67. Lobenstine, Rev. E. C. (羅炳生), and Rev. A. L. Warnshuis, eds. *The China Mission Year Book, 1919* (Taipei: Ch'eng-wen Publishing Company, reprinted, 1973).

68. Lutz, Jessie G. (魯珍晞) *China and the Christian Colleges, 1850～1950* (Ithaca, N. Y.: Conrnell University Press, 1971).

69. Lutz, Jessie G. (魯珍晞) ed. *Christian Missions in China, Evangelists of What？* (Boston, Nase: D. C. Health & Company, 1966).

70. Lutz, Jessie G. (魯珍晞) *Opening China: Karl F. A. Gützlaff and Sino-Western Relations, 1827～1852* (Grand rapids, Michigan: William b. Eerdmans Pnblishing company, 2008).

71. MacGillivray, D. (季理斐) *A Century of Protestant Missions in China, 1807～1907* (San Francisco: Chinese Materials Center, reprinted, 1979).

72. Macgowan, John. (瑪高溫) *Christ or Confucius, Which？ Or the Story of the Amoy Mission* (London: London Missionary Society, 1889; Taipei:

Ch'eng-wen Publishing Company, reprinted, 1971).

73. Martin, W. A. P.（丁韙良）*A Cycle of Cathay* (New York: Fleming H. Revell Co., 1900, Taipei: Ch'eng-wen Publishing Co., reprinted, 1966).

74. McRoberts, Duncan. *While China Bleeds* (Michigan: Zondervan Publishing House, 1943).

75. Michie, Alexander. *The Englishman in China During Victoria Era* (Taipei: Ch'eng-wen Publishing Co., reprinted, 1966).

76. Montgomery, John A. *The Shape of the Past: A Christian Response to Secular Philosophy of History* (Minneapolis, Minnesota: Bethany Fellowship Inc., reprinted, 1975).

77. Moorman, John R. H. *A History of the Church in England* (New York: Morehouse-Barlow Co., 2nd edition, 1967).

78. Morse, H. B. *The International Relations of the Chinese Empire* (Taipei: Ch'eng-wen Publishing Co., reprinted, 1978).

79. Moule, A. C. *Christians in China Before the Year 1550* (London: Society for Promoting Christian Knowledge, 1930; Taipei: Ch'eng-wen Publishing Co., reprinted, 1972).

80. Moule, Rev. Arthur E. *The Story of the Cheh-Kiang Mission* (London: Church Missionary House, 1878).

81. Nevius, Helen S. Coan. *The Life of John Livingston Nevius for Forty Years: A Missionary in China* (New York: Fleming H. Revell Co., 1895).

82. *The Occasional Papers of the China Inland Mission, From November 1872 to March 1875*（《不定期報》，又簡稱作 *The Ocasional Papers*）(London: Morgan & Scott, 1875; Taipei: Ch'eng-wen Publishing Co., reprinted, 1973).

83. Outerbridge, Leonard M. *The Lost Churches of China* (Philadephia, Pennsylvania: Westminister Press, 1953).

84. Parker, Edward Harper. *China and Religion* (London: Hohn Murray, 1905).

85. Patterson, George N. *God's Fool* (London: Faber & Faber, 1916).

86. Porter, Lucius Chapin. *China's Challenge to Christianity* (New York: Missionary Education Movement of the Umited States and Canada, 1924).

87. Rabe, Valentin H. *The Home Base of American China Missions, 1880～1920* (Cambridge, Maso: Harvard University Press, 1978).

88. Rawlinson, Rev. Frank J.（樂靈生）ed. *The China Christian Year Book, 1926* (Taipei: Ch'eng-wen Publishing Co., reprinted, 1973).

89. Schofield. A. T. comp. *Memorials of R. Harold A. Schofield: First Medical Missionary to Shan-si, China* (London: Hodder & Stoughton, 1885).

90. Schrecker, John E. *Imperialism and Chinese Nationalism: Germany in Shantung* (Cambridge, Massachusetts: Harvard University Press, 1971; Taipei: Rainbow-Bridge Book Co., reprinted, 1972).

91. Stauffer, Milton T.（司德敷）*The Christian Occupation of China（中華歸主）: A General Survey of the Numerical Strength and Geographical Distribution of the Christian Forces in China* (Shanghai: China Continuation Committee, 1922; San Francisco, California: Chinese Materials Center, reprinted, 1979).

92. Taylor, F. Howard.（戴存義）*These Forty Years: A Short Story of the China Inland Mission* (Philadelphia, Pennsylvania: Pepper Publishing Co., 1903).

93. Taylor, Dr. and Mrs. F. Howard.（戴存義夫婦）*Hudson Taylor and the China Inland Mission: The Growth of a Soul* (London: Morgan & Scott, reprinted, 1918).

94. Taylor, Dr. and Mrs. F. Howard.（戴存義夫婦）*Hudson Taylor and the China Inland Mission: The Growth of a Work of God* (London: China Inland Mission, c1918, 7th edition, 1925).

95. Taylor, Mrs. Howard.（戴金樂婷）*Faith's Venture: A Shorter Life of Hudson Taylor* (London: China Inland Mission, 1932).

96. Taylor, Mrs. Howard.（戴金樂婷）*Margaret King's Vision* (London: China Inland Mission, 1934).

96. Taylor, Mrs. Howard.（戴金樂婷）*Pastor Hsi: One of China's Christians* (London: Morgan & Scott, 1903), volume one; (London: Morgan & Scott, 1904), volume two; (Taipei: Ch'eng-wen Publishing Co., reprinted, 1972), volume one and volume two.

97. Taylor, Mrs. Howard.（戴金樂婷）, Mrs. K. P. Shapleigh, and Dr. H. G. Barrie. *The Journey's End: Being an Account of the Last Days and Burial of the Rev. J. Hudson Taylor*, 小冊，為中華福音神學院中國教會史研究中心特藏資料，台灣台北。

98. Taylor, James Hudson.（戴德生）*A Retrospect* (London: China Inland Mission, 1954).
Taylor, James Hudson.（戴德生）*China's Spiritual Need and Claims* (London: Morgan & Scott, 7th edition, 1887).

99. Thompson, Phyllis. *God's Venturer: Hudson Taylor* (London: China Inland Mission, 1954).

100. Thompson, Phyllis. *D. E. Hoste: A Prince with God, Hudson Taylor's Successor as General Director of the China Inland Mission, 1900-1935* (London: China Inland Mission, 1936).

101. Thomson, David. *Europe Since Napoleon* (New York: Alfred A. Knopf, 2nd edition, 1965).

102. Varg, Paul A. *Missionaries, Chinese, and Diplomats: The American Protestant Missionary Movement in China, 1890～1952* (Princeton, N. J.: Princeton University Press, 1958).

103. Wang, Y. C.（汪一駒）*Chinese Intellectuals and the West, 1872～1949* (Chapel

Hill, N. C.: North Carolina University Press, 1966; Taipei, reprinted, 1976).

104. Whitehead, James D., Yu-ming Shaw（邵玉銘）, and N. J. Girardot. eds. *China and Christianity: Historical and Future Encounters* (Notre Dame, Indiana: Notre Dame University Press, 1979).

105. Wehrle, Edmund S. *Britain, China, and the Anti-missionary Riots, 1891～1900* (Minneapolis, Minnesota: Minnesota University Press, 1966).

106. Wylie, Alexander.（偉烈亞力）*Memorials of Protestant Missionaries to the Chinese: Giving a List of Their Publications, and Obituary Notices of the Deceased with Copious Indexes* (Shanghai: American Presbyterian Mission Press, 1867; Taipei: Ch'eng-wen Publishing Co., reprinted, 1967).

107. Yip, Ka-che.（葉嘉熾）*Religion, Nationalism and Chinese Students: The Anti-Christian Movement of 1922～1927* (Bellingham, Waslington: Western Washington University Press, 1980).